KG Od A do Z

Dedykuję tę książkę moim pięknym dzieciom i rodzinie

Zawładnie tobą ten, kto cię rozgniewa.
KG

KG Od A do Z

BEZ CENZURY O ŻYCIU,
KOSZYKÓWCE I WSZYSTKIM POMIĘDZY

KEVIN GARNETT

ORAZ DAVID RITZ

TŁUMACZENIE: MICHAŁ RUTKOWSKI, TYMON RUTKOWSKI

KRAKÓW 2021

KG A to Z. An Uncensored Encyclopedia of Life, Basketball, and Everything in Between

Redakcja – Grzegorz Krzymianowski
Korekta – Maciej Cierniewski
Projekt typograficzny i skład – Joanna Pelc
Adaptacja okładki – Paweł Szczepanik / BookOne.pl

Drogi Czytelniku,
niniejsza książka jest owocem pracy m.in. autora, zespołu redakcyjnego i grafików.
Prosimy, abyś uszanował ich zaangażowanie, wysiłek i czas. Nie udostępniaj jej innym, również w postaci e-booka, a cytując fragmenty, nie zmieniaj ich treści.
Podawaj źródło ich pochodzenia oraz, w wypadku książek obcych, także nazwisko tłumacza.
Dziękujemy!
Ekipa Wydawnictwa SQN

Wydanie I, Kraków 2021
ISBN: 9788382103342

534

Wydawnictwo SQN pragnie podziękować wszystkim, którzy wnieśli swój czas, energię i zaangażowanie w przygotowanie niniejszej książki:
PRODUKCJA: Kamil Misiek, Joanna Pelc, Joanna Mika, Dagmara Kolasa, Grzegorz Krzymianowski
DESIGN I GRAFIKA: Paweł Szczepanik, Marcin Karaś, Agnieszka Jednaka
PROMOCJA: Piotr Stokłosa, Aldona Liszka, Szymon Gagatek, Łukasz Szreniawa, Aleksandra Parzyszek, Karolina Prewysz-Kwinto
SPRZEDAŻ: Tomasz Nowiński, Patrycja Talaga
E-COMMERCE: Tomasz Wójcik, Szymon Hagno, Marta Tabiś, Paweł Kasprowicz
ADMINISTRACJA: Klaudia Sater, Monika Kuzko
FINANSE: Karolina Żak, Honorata Nicpoń
ZARZĄD: Przemysław Romański, Łukasz Kuśnierz, Michał Rędziak

www.wsqn.pl
www.sqnstore.pl
www.labotiga.pl

A

Anything Is Possible! Wszystko jest możliwe / Przybywam / Atlanta / Auerbach

Anything Is Possible! Wszystko jest możliwe!*

Był rok 2008, po 13 latach w końcu wygrałem te pierdolone finały i pomogłem Celtom zdobyć pierwszy tytuł mistrzowski od ponad 20 lat.

Kiedy wybrzmiała syrena kończąca mecz, czas się zatrzymał. Mój umysł się zatrzymał. Chyba część mnie oczekiwała punktów zdobytych w ostatniej sekundzie, ale wygraliśmy bardzo wysoko. Pokonaliśmy Lakersów różnicą 39 punktów. Z dachu leciało confetti, a ja jeszcze nigdy nie byłem na takim haju, jeszcze nigdy nie czułem się taki nakręcony.

Byłem przeszczęśliwy: ludzie mnie łapali, obejmowali, całowali, płakali – patrzyłem na moją żonę, widziałem moje dzieciaki, moją rodzinę, przyjaciół, kibiców, po czym zacząłem w głowie przewijać taśmę do tyłu – jak w filmie – powtarzając kolejne sceny. Wszystko pędzi w jednej chwili w moim kierunku, rzucam do kosza na

* Pomimo nielinearnego i encyklopedycznego charakteru książki autor stara się zachować częściową chronologię i następstwo zdarzeń, a niektórych rozdziałów nie daje się przenosić dowolnie zgodnie z polskim tłumaczeniem tytułów, nie zaburzając narracji (w tym przypadku pod literę W jak „wszystko jest możliwe") – dlatego zdecydowaliśmy pozostawić oryginalną strukturę i (w niektórych przypadkach) oryginalne tytuły rozdziałów [jeśli nie zaznaczono inaczej, przypisy pod tekstem pochodzą od tłumacza].

Fot. Brian Babineau / NBAE / Getty Images

Z Billem Russelem po zwycięstwie w Finałach w 2008 roku

podjeździe u Billy'ego, choć jeszcze nie umiem grać, budzę się o piątej rano w Karolinie, nie mogąc przestać myśleć o kozłowaniu, jestem dzieciakiem ze wsi, a potem nastolatkiem, który próbuje rozwalić tych skurwieli na ulicach Chicago, wszystkie te zwycięstwa, porażki, zderzenia, siniaki, miliony wspomnień, miliony godzin spędzonych na ciężkiej pracy, dobijając się, łapiąc otarcia i zadrapania, żeby przebić się tam, gdzie chciałem się przebić – i oto nareszcie tu jestem. Dziennikarka Michele Tafoya trzyma mikrofon przed moją twarzą. Tłum bostońskich kibiców szaleje. Musi krzyczeć, żebym mógł ją usłyszeć.

– MVP ligi. Najlepszy obrońca sezonu. Teraz wreszcie możesz dodać do CV tytuł mistrza NBA. Jak się z tym czujesz?

Kładę dłoń na jeszcze ciepłej czapeczce mistrzowskiej, którą mam na głowie.

– O rany, jestem teraz taki nakręcony.

Zebranie myśli zajmuje mi kilka chwil.

Kolejne obrazy przelatują mi przez głowę: siedzę w steakhousie Ruth's Chris podczas rodzinnego obiadu, oglądam D-Wade'a walczącego z Chaunceyem Billupsem w finałach Konferencji Wschodniej, moje problemy w Greenville, turnieje amatorskie AAU, niekończące się mecze w okolicznych parkach, dorastanie, granie, bez końca, nauka, buzująca energia, rosnąca z roku na rok intensywność, ogromne pragnienie, te wszystkie marzenia przez 12 lat spędzonych w Minneapolis, przemożne pragnienie zdobycia tego dla kibiców T-Wolves, przemożne pragnienie zdobycia tego dla kibiców Celtics, przemożne pragnienie tego zwycięstwa – pożądałem tego mistrzostwa bardziej niż czegokolwiek innego, bardziej niż pieniędzy, bardziej niż sławy, bardziej niż seksu. A teraz zaczynam to sobie uświadamiać, rzeczywistość pełznie mi wzdłuż kręgosłupa, wlewa mi się do duszy, więc zdejmuję czapeczkę, odchylam głowę do tyłu i zaczynam wydzierać się jak szaleniec.

– Wszystko jest możliwe!

Kilka chwil później dodaję jeszcze:

– Na samym szczycie! Jestem na samym szczycie! Udowodniłem to! Udowodniłem!

Krzyczę tak głośno, że mój głos słychać ponad tymi 16 – a wkrótce 17 – mistrzowskimi banerami, które zwisają pod kopułą hali, mój ryk wznosi się aż do nieba. Wrzeszczę do Malika Sealy'ego i Eldricka Leamona, do wszystkich, których kochałem i straciłem. Do wszystkich tych, którzy sprawili, że tu jestem.

W pewnym momencie tej szaleńczej szarpaniny dostrzegam Kobeana. Nazywam go Kobeanem albo Beanem, bo jego tata miał ksywkę Jellybean. Bean wie, przez co przechodziłem. Goniłem jego, goniłem Shaqa, goniłem Timmy'ego Duncana, goniłem osiągnięcia ich wszystkich, a teraz wreszcie nadeszła moja chwila.

– Gratulacje, stary – mówi Bean. – Ciesz się tą chwilą, bo niewiele więcej takich przeżyjesz. Za rok to ja skopię ci dupsko, suko.

Muszę się jakoś odgryźć, muszę mu jakoś odpowiedzieć.
– Dopiero zaczęliśmy. To nie Minnesota.
– Zobaczymy.
– Pozdrów Vanessę i dzieciaki – mówię. – Kocham cię, bracie.
– Też cię kocham, stary.
Jak goryl łapię go za szyję i pytam:
– Bean, ale dałeś dziś z siebie wszystko, prawda?
– Oj tak, kurwa – odpowiada Kob. – Chciałem cię rozjebać, suko.
To piękne, bo przecież wiem, jaki jest wkurwiony – Bean nienawidzi przegrywać bardziej niż ktokolwiek inny – ale wiem też, że musi się choć trochę cieszyć, że przytrafiło się to właśnie mnie, jego ziomalowi.
Bean, tak jak ja, wierzy w ludzką duszę, której nie da się powstrzymać. I właśnie ta dusza sprawia, że wszystko jest możliwe. Te słowa wyszły prosto z mojego serca, z moich trzewi, wzięły się z całego mojego życia. Można odnieść je do tego, co dzieje się właśnie teraz, do tej chwili, do tej sekundy, bo właśnie tu jestem, ja, koleś, który cierpi na ADD i ADHD, w związku z czym nie czyta zbyt wielu książek, za to siedzi i pisze teraz własną książkę. To ci dopiero wyprawa, co?
Zaburzenia koncentracji uwagi (ADD) i zespół nadpobudliwości psychoruchowej (ADHD). Mam jedno i drugie. Mam też dysleksję, a to znaczy, że wszystko, kurwa, widzę od tyłu. Miewam wizje. Przez długi czas myślałem, że jestem upośledzony, aż w końcu mój wspaniały przyjaciel – wielkie dzięki, Toreyu Austin – powiedział: „Słuchaj, stary, a może to oznacza, że masz jakąś supermoc". Słowa Toreya nadeszły w samą porę. Przedtem musiałem się zmagać z poczuciem niższości, bo nauczyciele się czepiali, że nie najlepiej radzę sobie z czytaniem. Formalna diagnoza pojawiła się na późniejszym etapie mojego życia, kiedy byłem już dorosły. Bo jako dzieciak z Karoliny Południowej nie miałem dostępu do znających się na rzeczy

specjalistów, którzy mogliby stwierdzić, co jest ze mną nie tak. Miałem po prostu problemy z ułożeniem słów na stronie.

A przecież właśnie to teraz robię – zapisuję słowa na stronie.

To jeden z powodów, dla których postanowiłem ułożyć tę książkę jak encyklopedię – w krótkie, proste hasła do przeczytania na jeden raz. Bo mam problemy z czytaniem i z utrzymaniem uwagi i nie jestem typem, który położyłby się z książką na kanapie na godzinę albo dwie. Mogę wziąć ją do ręki, rzucić okiem na jedną albo dwie strony, a potem spadam. I chciałem napisać coś, co sam chciałbym przeczytać. Chciałem coś zmienić, zrobić to inaczej. Nigdy specjalnie się nie przejmowałem przestrzeganiem zasad. Olałem reguły, kiedy zgłosiłem się do draftu, zamiast iść studia. Albo wtedy, gdy wynegocjowałem najwyższy w tamtych czasach kontrakt w świecie zawodowego sportu. I wtedy, kiedy rozgrywałem piłkę albo ustawiałem się na skrzydle zamiast pod koszem, jak wszyscy inni wysocy koszykarze. I na pewno nie zamierzam przejmować się jakimiś zasadami, pisząc tę książkę.

Wiem, że „ADD" i „ADHD" znajdują się w alfabecie przed „Anything Is Possible!". W ogóle jest całkiem sporo słów, nazwisk i zwrotów, które zaczynają się na literkę A, były w moim życiu ważne i zgodnie z alfabetem powinny znaleźć się przed „Anything Is Possible!". Na przykład „AAU" (Amateur Athletic Union) albo „Alpha Dog" (samiec alfa), albo „AI" (Allen Iverson). Uwierzcie mi, w końcu jeszcze do tego dojdziemy. Ale musiałem zacząć od „Anything Is Possible!", bo właśnie to jest najważniejsze. W tym zdaniu mieści się wszystko, o czym przeczytacie w tej książce. Ale jest jeszcze jedno słowo – „agenda". Pozwólcie, że powiem to wprost: moja agenda polega na tym, żeby pokazać wam, jak negatywy mogą zamienić się w pozytywy i jak te pozytywy mogą zmienić twoje życie na lepsze. A jedynym sposobem, w jaki mogę to zrobić, jest uczciwe opisanie wszystkich negatywów. Wszystkich błędów, które popełniłem. Wszystkich trudności, z którymi się borykałem. Bólu, którego doświadczyłem. Wiem, że szczerość bywa krępująca. Teraz po raz pierwszy mówię szczerze o chorobie, która sprawiała, że miałem problemy z nauką. Nie powiedziałem o tym nawet Kobeanowi, choć przecież on sam też był dyslektykiem. Ale skoro mam być naprawdę szczery, to muszę się też przyznać, że zastanawiam się teraz, czy to dobry pomysł. Zaczynam mieć wątpliwości.

Wątpliwości podstawiają ci nogę, zawracają cię z drogi, sprawiają, że odpuszczasz. Zwątpienie to jedyna rzecz, która powstrzymuje nas przed eksplorowaniem nowych obszarów. Musisz je zrozumieć. Nie możesz go po prostu wykasować, bo tak ci się podoba. Musisz nad nim pracować. Wszyscy musimy. Musimy ze skurwielem pogadać. Musimy powiedzieć: „Widzę pana, Panie Zwątpienie. Słyszę pana, Panie Zwątpienie. Wiem, że chcesz mnie powstrzymać przed tym, co chciałem zrobić. Ale wiem też, że choć jesteś częścią mnie, nie zamierzam pozwolić ci na to, żebyś stał się c a ł y m mną. Nie mam wyboru, więc będę cię tolerował. A ponieważ wiem, że to będzie sprytne, spróbuję cię nawet zrozumieć. Bo im lepiej cię zrozumiem, Panie Zwątpienie, tym mniej będziesz do mnie mówił. Zabieram cię zatem z siedzenia kierowcy i przesadzam twoje dupsko do tyłu, na miejsce pasażera. Wiem, że będziesz marudził, że jadę w niewłaściwą stronę i że nigdy nie dojadę do celu. Nie zamierzam się tym przejmować. I nawet jeśli będziesz gadał tak bez końca, to ja trzymam teraz ręce na kierownicy. To ja prowadzę samochód. I jadę tam, gdzie chcę dojechać".

Te słowa oznaczają triumf nad zwątpieniem. Stawianie czoła wyzwaniu to jedyny znany mi sposób, w jaki można dać sobie radę z tym wyzwaniem. Otwieram się przed wami jako Kevin Garnett, jako człowiek, jako koszykarz, jako ja i zamierzam pokazać wam, czego potrzebowałem, żeby ten człowiek się pojawił. Kiedy dorastałem, trudno było mi odnaleźć miłość. Być może właśnie owe trudności częściowo wyzwoliły we mnie bestię. I sprawiły, że mną zawładnęła. Czasami wydawało się, że bestia sama się zniszczy. Ale dziękuję Bogu Jehowie, że już będąc małym chłopcem, zrozumiałem, że mogę tę intensywność wykorzystać dla osiągnięcia własnych celów. Że m u s z ę ją w ten sposób wykorzystać. Że m u s z ę traktować ją jak narzędzie. Że m u s z ę zrobić z niej swoją strategię. I to w inteligentny sposób. Ta bestia to energia, która potrzebuje doskonalenia i koncentracji. A energia trzęsie całym światem.

Ale ostrzegam: moja energia jest inna. Ciężko nad nią zapanować. Nie da się jej zatrzymać. Nie działa zgodnie z przewidywalnymi wzorcami. Jestem wszędzie i nie chodzi tylko o moje ADHD. To coś więcej. Coś głębszego. Coś świętszego. Możecie to nazwać esencją mnie. Moją duszą. Moja dusza chodzi zygzakiem. Tak było przez całe moje życie. Tak przeżyłem całe życie. Dlatego ta książka też będzie chodziła zygzakiem. To kolejny powód, dla którego zdecydowałem się na podejście nielinearne. Nie chodzi tylko o to, że przeżyłem w ten sposób całe życie, ale o to, że tak właśnie je wspominam i takie mi się wydaje, gdy nad nim rozmyślam. Nie mam jednej prostej narracji, która wiedzie od początku do końca. Widzę błyski, burze, wybuchy, erupcje, eksplozje. Wspomnienia zalewają mi umysł, tak jak tego wieczora, kiedy zdobyliśmy mistrzostwo. Jeśli moją historią jest koszykówka, to przecież piłka na parkiecie jest w ciągłym ruchu. Kozłuję, podaję, markuję rzut, rzucam lobem, dunkuję. W jednej chwili zastanawiam się nad jakimś gównem, które wydarzyło się dziesięć lat temu, ale już po chwili myślę o tym, co stało się dziesięć sekund wcześniej. Jeśli jednak wczytasz się w tę książkę dokładnie, to pomimo ciągłych przeskoków do przodu i do tyłu zauważysz, że wszystkie kropki się ze sobą łączą.

Wyruszmy więc na wyprawę, podczas której będziemy radzić sobie z wątpliwościami i rozbijać przeszkody. Pojedźmy w podróż do miejsc, o których wszyscy mówią, że tam nie dotrzemy. Zróbmy rzeczy, o których nam mówią, że nie wolno ich robić. Wyzwólmy kreatywność, niech eksploduje.

Arrival. Przybywam

Urodziłem się w Greenville w Karolinie Południowej 19 maja 1976 roku. Pojawiłem się na świecie wyposażony w nadmierną energię i okazywałem ją w najgorszy możliwy sposób.

Głównym łącznikiem ze światem zewnętrznym była dla mnie Mama.

Shirley Garnett. Obrotna. Sprytna. Żadna tam przytulaśna mamuśka. Niechętnie trzymała mnie za rękę, zawsze koncentrowała się na tym, że mam się uczyć, aby dać sobie radę w życiu. Dyscyplina. Determinacja. Oddanie się naukom świadków Jehowy. Struktura. Ekstremalna etyka pracy. Właśnie że pójdziesz do Sali Królestwa Świadków Jehowy. Właśnie że będziesz wykonywał swoje obowiązki. Właśnie że zrobisz to, co mówię, bo jeśli nie, to... „Jeśli nie, to" brzmiało zbyt strasznie, żeby móc w ogóle o tym pomyśleć. Dlatego robiłem to, co mi mówiono.

Mama była lwicą, która sprawiła, że stałem się lwem.

Kilka podstawowych faktów:

Jestem chłopakiem ze wsi. Karolina to totalne odludzie.

Jestem chłopakiem wychowanym w domu pełnym dziewczyn.

Mama, dwie siostry (starsza Sonya i młodsza Ashley), no i ja.

Mama zaraziła mnie etyką pracy, zanim skończyłem pięć lat. Kosiłem trawę. Rąbałem drewno. Nie mieliśmy roweru, więc wszędzie chodziłem albo biegałem, przez lasy, przeskakując przez potoki, odnajdując właściwy krok. Codziennie sprzątałem dom. Było u nas bardzo schludnie. Wszystko musiało być na swoim miejscu. W domu panowały porządek i czystość, a ja nawet nie wiedziałem, że mam zaburzenia kompulsywne. Do dziś jest tak, że gdy przychodzę do domu, to każda rzecz musi być na swoim miejscu. Zero kurzu. Żadnych brudnych naczyń w zlewie. Razem z siostrami szorowaliśmy podłogę, ale nie przejmowaliśmy się tym specjalnie, bo Mama włączała radio i puszczała nam piosenki Stephanie Mills, która śpiewała, że damy radę – *Put Your Body In It* czy *You Can Get Over*. Teddy Pendergrass śpiewał, że wszyscy się budzą w *Wake Up Everybody*, a McFadden & Whitehead, że nic nas nie zatrzyma w *Ain't No Stopping Us Now*. Stara muzyka soulowa pomagała nam przebrnąć przez te wszystkie zadania i sprawiała, że znój nabierał rytmu.

Mama uczyła mnie dobrych manier. Masz mówić: „Tak, psze pani" i „Tak, psze pana".

Mama imała się różnych zajęć. Od poniedziałku do piątku pracowała w fabryce 3M, a w weekendy sprzątała u ludzi w domach. Brała też nocne zmiany w hotelu, gdzie harowała od szóstej po południu do szóstej rano, a mimo to odnajdywała w sobie energię, żeby po powrocie do domu przygotować nas do wyjścia do szkoły. Szacun dla Mamy za to, że pomogła nam przez to wszystko przebrnąć.

Ale miłość Mamy była trudną miłością. Była twarda i wychowywała mnie twardą ręką. Na przykład wdałem się kiedyś w bójkę, gdy nagle pojawili się kolesie więksi ode mnie. Zacząłem uciekać. Mama zobaczyła, jak uciekam, złapała mnie i połamała mi rózgę na głowie. „Chłopcze – powiedziała. – Wracaj tam i walcz". Nie miałem wyjścia. Nauczyłem się bić przeciwników. Nauczyłem się uprawiać zapasy. Nauczyłem się używać pięści – i to na różne sposoby.

Mama miała ośmioro rodzeństwa i przez całe życie musiała o wszystko walczyć sama, na wszystko zapracować. Uważała, że powinienem robić to samo. To może się wydawać okrutne, ale dziś wiem, że miała rację.

Czasem się myliła. Kiedyś brzydko skaleczyłem się w nogę, próbując przeskoczyć przez bramę. Mama przemyła mi ranę, ale strasznie na mnie naskoczyła. „Nie możesz robić takich rzeczy". Dobrze jednak wiedziałem, że doszło do tego, bo źle oceniłem odległość skoku. Następnego dnia znowu tam poszedłem, przeanalizowałem sytuację i zrobiłem to lepiej. Przeskoczyłem ponad bramą z pięciocentymetrowym zapasem. Wiedziałem, że j e s t e m w s t a n i e robić takie rzeczy.

Tłoczyliśmy się w małym mieszkanku z dwiema sypialniami w Nicholtown, niewielkiej uroczej dzielnicy Greenville.

Miałem swoje zabawki – figurki G.I. Joe, He-Man, Transformers, które ze mną rozmawiały. Wymyślałem różne historie. Błąkałem się po lesie za naszym blokiem, a tam różne przygody stawały się rzeczywistością. Mogłem puszczać wodze fantazji, przywoływać różnych bohaterów, bawić się. Miałem szaloną wyobraźnię.

Atlanta

W niektóre weekendy Mama pakowała nas w samochód i jechaliśmy przez dwie godziny do Atlanty, żeby móc podziwiać rzeczy, jakich nigdy nie widzieliśmy. Taka właśnie była Mama. Zatrzymywaliśmy się w przydrożnym motelu Days Inn, ale nie powstrzymywało jej to przed przewiezieniem nas przez Buckhead, luksusową dzielnicę Atlanty. „Jedziemy poszukać domu na sprzedaż" – mówiła, choć nie byłoby nas stać na nic w tej stylowej dzielnicy, gdzie nawet trawniki były wielkości boisk baseballowych.

– Widzicie ten domu na wzgórzu? – pytała.

– Ja widzę.

– Widzicie, jakie piękne kwiaty tam posadzili? Widzicie te wielkie drzewa? Widzicie to piękno wokół?

– Tak jest.

Mama lubiła malować przed nami takie obrazy. Ale po tych wszystkich fantastycznych opowieściach zawsze kończyła na finansach.

– Jak myślisz synu, ile to może być warte?

– Nie mam pojęcia.

– Przynajmniej milion dolarów. A może więcej. Musisz ciężko pracować, musisz być mądry i kiedyś też będziesz miał taki dom.

Mówiła, że w wielu z tych domów mieszkają czarni. Świat komfortu i luksusu nie jest wcale zarezerwowany tylko dla białych. Może i Mama była surowa, ale potrafiła też marzyć. No i sprawiła, że ja też zacząłem marzyć.

Red Auerbach

zobacz **Doc**

B

Ball Boys. Chłopcy od podawania piłek / Charles Barkley / Beauty. Piękno / Chauncey B-B-B-B-Billups / Larry Bird / Black and Proud. Czarny i dumny / Blok / The Bold and the Beautiful. Moda na sukces / The Book of Job. Księga Hioba / Bourré/ Breakdancing / British Knights / James Brown / Brązowa torba papierowa / Bug / Bye. Pa

Ball Boys. Chłopcy od podawania piłek

Dziś nazywa się ich d z i e c i a k a m i od podawania piłek, ale kiedy przyszedłem do NBA, to byli po prostu chłopcami. Biegali wokół nas, układali ręczniki, podawali nam wodę, robili całą tę brudną robotę, której nie chciał wykonywać nikt inny. Większość z nich była szczęśliwa, bo mieli dostęp do tego, co działo się za kulisami. Te dzieciaki mnie fascynowały. Widziałem, jakie są szczęśliwe, kiedy mogą podawać nam czapeczki i buty, jaką przyjemność sprawia im możliwość zbierania piłek i rzucania ich zawodnikom. Widziałem też, jacy są pomocni i gotowi do działania, żeby ułatwić nam życie.

Zadawałem im miliony pytań: Hej, skąd jesteś? Ile masz lat? Jak zdobyłeś tę robotę?".

Odpowiedź brzmiała zazwyczaj jakoś tak: „Mój tata jest właścicielem klubu" albo „Moja ciocia jest dziewczyną dyrektora generalnego".

W Minneapolis Clayton, odpowiedzialny w drużynie za sprzęt, zobaczył mnie kiedyś, że gadam w szatni z dziewięcioma chłopakami, i chciał się dowiedzieć, dlaczego to robię. „Bo to fajne chłopaki – odpowiedziałem. – Mają ciekawe historie do opowiedzenia".

W Nowym Jorku, w Portland, w Salt Lake City, w Houston, w Dallas, w Miami ciągle zadawałem tym chłopcom to samo pytanie: „Dlaczego nie chodzicie do szkoły?".

„No przecież chodzimy. Ciężko się uczymy".

Prawda jest taka, że chłopcy od podawania piłek mają w sobie mnóstwo energii. Pozytywnej energii. A pozytywną energię zawsze można wykorzystać. Warto jest jej szukać. Pozytywna energia bierze się często z miejsc, po których byś się tego nie spodziewał. Dlatego nie wolno nam na nikogo spoglądać z góry, nie wolno nam czuć się od nikogo lepszym. Bo wtedy tracimy szansę na pozyskanie energii.

Z początku wydawało mi się, że wszystkie te dzieciaki są do siebie podobne, Ale z czasem zaczęło się to zmieniać. Coraz więcej drużyn powoli tworzyło programy w ramach lokalnych systemów oświatowych. Dobra frekwencja szkolna i dobre oceny mogły sprawić, że dostaniesz tę robotę. A to motywowało dzieciaki do chodzenia do szkoły i nauki. Bardzo szybko zacząłem widywać dzieciaki o różnych kolorach skóry i z różnych sfer. I byłem szczęśliwy. Różnorodność sprawia, że jestem szczęśliwy.

Charles Barkley

Uwielbiam Chucka. To jeden z moich ulubieńców. Wyjątkowo inteligentny typ. I jeden z najlepszych nauczycieli.

Identyfikuję się z Chuckiem, bo tak jak ja jest z facetem z Południa – pochodzi z malutkiego Leeds w Alabamie. Uwielbiałem oglądać go w Sixers, kiedy grał w tych swoich króciutkich spodenkach. Był nowym typem koszykarza. Potrafił rozegrać piłkę, prowadził akcję spod jednego kosza pod drugi. Potrafił trafić za trzy punkty. I był cholernie silny fizycznie. Mój ziomek potrafił naprawdę przypierdolić. Był jednym z niewielu koszykarzy, którzy sprawiali wrażenie, jakby mieli w sobie tyle samo energii co ja – a w każdym razie jedną z niewielu takich gwiazd. W lidze grało wielu supersilnych zawodników, ale zazwyczaj byli zadaniowcami – na przykład Maurice Lucas, Rick Mahorn czy Bill Laimbeer. Nazywano ich „zastraszaczami". Byli koszykarskimi odpowiednikami hokejowych zabijaków. Uwielbiałem ich oglądać. Podziwiałem ich za to, że niczego się nie boją. Ale widziałem też, na czym tak naprawdę polega ich praca – mieli irytować wszystkich naokoło i wybijać rywali z rytmu. Gdy wypadali z boiska za faule albo w ogóle sędziowie wyrzucali ich za przewinienia niesportowe, to trudno, a jeśli udało im się sprowokować przeciwnika, który wylatywał z boiska razem z nimi, to nawet lepiej.

A Chuck był pierwszym znanym mi koszykarzem, który miał umiejętności zabijaki, ale umiał być jednocześnie najlepszym zawodnikiem na boisku. Jak wtedy, kiedy Sixers grali przeciwko Pistons, a on w ostatnich sekundach meczu pobił się z Laimbeerem. Gdy wreszcie przestali się bić, Chuck pomaszerował do szatni i wyładował resztki złości na toalecie. Połamał pieprzony sedes. Ale najbardziej szalone w tej całej historii było dla mnie to, że Chuck zdobył w tamtym meczu 36 punktów i zanotował 15 zbiórek!

Kiedy pytano go o jego siłowy styl gry, odpowiadał: „Dopóki nie trafisz za to do aresztu, to wszystko jest w porządku". Inni zawodnicy, którzy reprezentowali podobną mentalność, nie byli postrzegani przez fanów jako zadaniowcy, ale jako czarne charaktery. Kibice uwielbiali uczucie nienawiści, jakie ci gracze w nich budzili. Z Chuckiem jednak było inaczej. Był tak dobry, że nie dało się go nie kochać. Należał do dwóch najlepszych prowokatorów i trash-talkerów, przeciwko którym grałem – tym drugim był Gary Payton – ale niezależnie od tego, ile razy sprowokował rywali, to zawsze dbał, żeby najważniejsze było to, jak gra, a nie jak prowokuje. A jego ostatnim słowem były zawsze akcje na parkiecie, a nie słowne gierki. Zawsze go za to podziwiałem.

Wśród moich rywali grających chyba w największym stopniu pod koszem dominowali Chuck, Shaq i Hakeem. I nie chcę przez to powiedzieć, że lekceważę Karla Malone'a albo Timmy'ego Duncana.

Ale ścieranie się z Chuckiem to było coś innego. Przypominało to grę w szachy. Istniał w tym też aspekt mentalny. Im bardziej go analizowałem, tym bardziej znajdowałem się pod jego wpływem. Podziwiałem go także za to, że powiedział, że *nie powinienem* go podziwiać. „Nie jestem twoim wzorem do naśladowania" – ogłosił w słynnej reklamie Nike. Ja jebię, to było mocne. Czarno-biała reklama bez muzyki. Tylko Chuck wpatrzony w kamerę, przedstawiający swoją prawdę. To był ogromny kontrast w stosunku do radosnych, pełnych uśmiechu reklam Gatorade z serii Be Like Mike. Tamta reklama Gatorade nie miała nic wspólnego z moją rzeczywistością. Za to rzeczywistość Chucka była taka sama jak moja.

To Chuck był pomysłodawcą tej reklamy. Sam przyszedł z tym konceptem do Nike. Mówi, że zainspirowały go spotkania w szkołach, kiedy to wygłaszał przemowy do uczniów. Odwiedzał szkoły, do których uczęszczali głównie biali, i pytał, jak wielu z nich marzy o grze w NBA. Podnosiło się tylko kilka rąk. Większość dzieciaków mówiło, że chciałoby zostać lekarzami, prawnikami albo strażakami. A potem szedł do szkoły, gdzie uczniowie byli w większości czarni, i tam dla odmiany prawie wszystkie dzieciaki chciały grać w NBA. Frustrowało go to, że czarne dzieciaki uważają, że ich jedyną szansą na wspaniałą karierę jest zostać sportowcem albo artystą estradowym, i chciał tą reklamą zainicjować dyskusję, jak to zmienić.

Kiedy grałem przeciwko Chuckowi, nie chciał ze mną rozmawiać o niczym. Nie przyznaje się do tego, ale kiedy trafiłem do ligi, to za mną nie przepadał. Grał wtedy w Phoenix, a jego kariera trwała od ponad dziesięciu lat. Był członkiem rodziny królewskiej NBA. Tymczasem do ligi przychodzi młody ziom, który strasznie chce udowodnić światu, że coś potrafi. To było trochę tak jak z psem, który już od jakiegoś czasu mieszka w domu, po czym nagle pojawia się tam nowy szczeniaczek i zaczyna prowokować starsze zwierzę, skamląc i warcząc na niego albo depcząc mu po ogonie. W tamtych czasach mnóstwo zawodników przychodzących do NBA było zawstydzonych, trzymało dystans, chodziło ze zwieszonymi głowami. Ale nie ja. Ja byłem inny. Byłem g o t o w y. Nie sądzę, żeby Chuckowi się to podobało. Na pewno nie na początku. Ale z czasem mnie pokochał.

Zbliżyliśmy się jeszcze do siebie, kiedy prowadziłem program *Area 21* na TNT. Zawsze się ze sobą przekomarzaliśmy i pierdoliliśmy jakieś bzdury. Nabijałem się z niego, że przysypia na antenie, a on najeżdżał na moje dżinsy rurki, które zresztą noszę do dzisiaj – i nie zamierzam za to przepraszać.

W 2016 roku w Karolinie Północnej przegłosowano obrzydliwą „ustawę łazienkową", która dyskryminuje osoby transpłciowe. Zbliżający się Mecz Gwiazd miał zostać rozegrany w Charlotte i Chuck publicznie stwierdził, że powinien zostać w związku z tym przeniesiony w inne miejsce. Powiedział swoim szefom w TNT, że jeśli tak się nie stanie, nie będzie komentował tego spotkania. I w dużej mierze dzięki naciskom Chucka mecz został rozegrany w Nowym Orleanie. W wywiadzie z Ellen DeGeneres powiedział: „Skoro jesteś czarny, to musisz walczyć o prawa innych. Bo czarni wiedzą, co znaczy dyskryminacja. A jeśli masz jakąś siłę przebicia, to tym bardziej zawsze powinieneś walczyć ze wszelkimi przejawami dyskryminacji. Nie zamierzam siedzieć i bezczynnie przyglądać się jakiejkolwiek dyskryminacji".

Beauty. Piękno

W naszych rodzinnych wyprawach do Atlanty najciekawsze jest to, że w zasadzie nie były nam do niczego potrzebne. Ale Mama chciała mi wpoić pragnienie tego, czego nie byłbym w stanie w inny sposób zobaczyć. A tak – mogłem to poczuć. Bardzo wcześnie zobaczyłem to piękno, poznałem je w dziwny sposób. I to piękno zawładnęło moim umysłem, moją duszą i całego bardzo mnie zmieniło. Nie chodzi mi o wiarę, chodzi o ludzki sposób widzenia. Wiedziałem, że to piękno, bo zmienił się mój sposób postrzegania świata. I wiedziałem to już, będąc młodym chłopakiem.

Zaraz za Roosevelt Apartments znajduje się wielkie, imponujące wzgórze. Zanim do niego dotrzesz, widzisz sznury do suszenia bielizny, na których ludzie wieszają pranie. Skarpetki, majtki i staniki powiewają na wietrze. Słońce praży na niebieskim niebie. Ćwierkają ptaszki. Mocny zapach dzikich kwiatów. Jakiś kundel ugania się za kotem przy śmietniku. Wiewiórki tuptają po drzewach. Dźwięki muzyki – może *Celebration* w wykonaniu Kool & the Gang albo *Master Blaster* Steviego Wondera – dochodzące ze znajdujących się w mieszkaniach gramofonów i radioodbiorników.

Spacer pośród tych sznurów do wieszania prania i przyglądanie się wzgórzu, które zajmuje powierzchnię jakichś ośmiu tysięcy metrów kwadratowych. Na dole jest strumień. Przy strumieniu rosną drzewa. Prawie jak w lesie. Tyle że drzewa są przycięte na górze. Wygląda to tak, jakby ktoś specjalnie podciął je tak, żeby można było zobaczyć, co znajduje się dalej. A za tymi drzewami widać autostradę, po której w obie strony jeżdżą samochody.

Te sznury na pranie, ten strumień, to wzgórze, te drzewa i te samochody na autostradzie – cały ów pejzaż to najpiękniejsza rzecz, jaką w życiu widziałem. Nie umiem wam wyjaśnić dlaczego, ale ten widok zawsze trąca jakąś strunę wewnątrz mnie. To obraz, którego nigdy nie zapomnę. Kiedy dziś go wspominam, rozumiem już, co reprezentuje – pokazuje, jak rozległy jest świat. I choć byłem wtedy jeszcze tylko dzieciakiem, który nie miał o niczym pojęcia, to wiedziałem, że moje osiedle mnie nie definiuje i nie ogranicza. Mogłem wyjść na zewnątrz i zobaczyć ten widok, tę ogromną otwartą przestrzeń. Mogłem zobaczyć ludzi, którzy siedzą w samochodach i gdzieś jadą. A to oznaczało, że ja również mogę pojechać gdziekolwiek. Wtedy jeszcze nie mógłbym tego stwierdzić, nie umiałbym znaleźć odpowiednich słów ani tego zrozumieć i ogarnąć – ale teraz mogę już tak powiedzieć: piękno to bycie w ruchu.

Piękno tamtej sceny urzekło mnie do tego stopnia, że stałem tak przez całą godzinę, tylko głęboko oddychając. A kiedy już miałem dość, spojrzałem w górę na słońce i zacząłem gapić się na żółty blask tego niesamowitego światła. Poczułem światłość.

A potem dostałem klapsa od Mamy.

– Chłopcze, co ty wyprawiasz, dlaczego gapisz się w słońce? Nie wiesz, że możesz sobie w ten sposób wypalić oczy?

– Ale ja lubię patrzeć na słońce – odpowiedziałem. – To sprawia, że wszystkie otaczające mnie kolory zamieniają się w zieleń i czerń. Kiedy wpatruję się w słońce, wszystko wygląda pięknie. Kiedy wpatruję się w słońce, to czuję się, jakbym śnił.

– Lepiej będzie, jak pokłonisz głowę i zaczniesz rozmawiać z Bogiem Jehową.

Kiedy tylko Mama sobie poszła, zacząłem znowu wpatrywać się w słońce. Ale tym razem się modliłem: „Panie Boże Jehowo, czuwaj nade mną. Czuwaj nad moją Mamą i nad moimi siostrami. Proszę, chroń nas. I proszę Cię, Panie, pobłogosław mnie, abym mógł któregoś dnia się stąd wyrwać. Spraw, żebym znalazł się w jakimś lepszym miejscu".

Gapiłem się dalej, nadal widziałem żółć, zieleń i czerń i wciąż czułem ciepły blask światła. Kiedy skończyłem, mrugnąłem i spojrzałem w dal. Świat powrócił i znów był w centrum mojej uwagi. Ale ten obraz pozostał we mnie na zawsze. Samochody w oddali. Ja siedzący w jednym z tych samochodów. I piękno związane z przemieszczaniem się z jednego miejsca do drugiego.

Chauncey B-B-B-B-Billups

W taki właśnie sposób nakręcony spiker Pistons, John Mason, zapowiadał mojego ulubieńca z Detroit. „B-B-B-B-Billups".

Niektórzy nazywają go Big Shotem*. Skróciłem tę ksywkę do Shot. Był jednym z koszykarzy, o których słyszałem, dorastając. Nie było wtedy jeszcze mediów społecznościowych ani mixtape'ów na YouTubie, ale wszyscy dobrze się zapowiadający koszykarze słyszeli o sobie nawzajem. Shot, Vince Carter, Paul Pierce, Shareef Abdur-Rahim, Jelani McCoy, Robert Traylor. Wszyscy mieli swoich agentów. W końcu miałem okazję zobaczyć, co potrafią, podczas licealnego meczu gwiazd McDonald's All-American Game rozegranego w St. Louis w kwietniu 1995 roku. Mecz był totalnie pojebany. A wszystko zaczęło się jeszcze przed nim, podczas konkursu wsadów, podczas którego Vince postawił całą halę na nogi. Rywalizacja powinna zostać rozstrzygnięta już po pierwszej rundzie, w której Vince zaliczył zajebisty wsad z obrotem o 360 stopni z linii rzutów wolnych, po którym zastygł w przysiadzie w pozie Bruce'a Lee, i jeszcze jeden z przełożeniem piłki pomiędzy nogami, po którym wszyscy wybiegliśmy na parkiet, żeby mu pogratulować.

Ale podczas meczu z nikim nie zamierzałem się już zaprzyjaźniać. Przyjechałem tam po to, żeby sprawdzić się w rywalizacji z najlepszymi młodymi koszykarzami w Ameryce. I tak jak w każdym meczu, w jakim brałem udział, chciałem wygrać. Łatwo nie było. Ekipa Wschodu była naszpikowana gwiazdami: Steph**, Vince, Shareef, a do tego jeszcze kolesie tacy jak Antawn Jamison i Ron Mercer, którzy, tak jak ja, mieli przed sobą długie kariery w NBA. W reprezentacji Zachodu byłem ja, Paul, Jelani i Tractor Traylor. Był tam też Shot, ale nie grał, bo miał kontuzjowany bark.

Ale to nie miało znaczenia. Rozwaliliśmy ich we dwóch z P***. Znałem P, grałem z nim już wcześniej w AAU, więc była między

* Ważniak, Wielki Strzelec.

** Stephon Marbury.

*** Paul Pierce.

nami chemia na parkiecie. Tamten mecz zapowiadał, co się może wydarzyć, i to, co ostatecznie wydarzyło się 12 lat później, kiedy zagraliśmy w jednej drużynie. Zachód wygrał wtedy 126:115. P zdobył 28 punktów – najwięcej ze wszystkich – tylko dwóch punktów zabrakło mu do rekordu strzeleckiego Jordana ustanowionego w 1980 roku. Ja dodałem do tego 18 oczek, 11 zbiórek i nagrodę MVP meczu. Ale to P powinien był ją wtedy dostać.

Ale może najmilszą częścią tamtego weekendu była pogawędka z Shotem w trakcie jazdy na lotnisko, przed powrotem do domu. Pewnie uważał mnie za wariata, bo widział, jaki jestem nakręcony podczas meczu, ale rozmowa była naprawdę na luzie. Chociaż głęboka. Snuliśmy wizje tego, co może nas czekać w przyszłości. Na którą uczelnię pójdziemy. Do którego klubu NBA trafimy. Dzieciaki i ich marzenia. Ale Shot należał do innego typu dzieciaków. Już wtedy był dojrzały. I wcale nie interesowała go tylko jego historia. Chciał poznać również moją.

Przez kolejne lata zbliżyliśmy się do siebie. Pokochałem go. Koleś ma wielkie serce. I hojną duszę. Uwielbia swoją rodzinę. Shot i jego żona Piper dość wcześnie mieli dzieci. Jestem ojcem chrzestnym Ciary, jednej z ich córek. Kiedy jeździmy razem na wakacje, to Piper wynajmuje w hotelu wielki apartament, żebyśmy się w nim wszyscy pomieścili. Dlatego też, gdy już zadomowiłem się w Minneapolis i rozbudowałem dom, to nazwałem nową część Apartamentem Billupsów.

Shot na bardzo wczesnym etapie kariery zorientował się, że koszykówka to biznes. Podczas draftu w 1997 roku został wybrany z trójką przez Boston Celtics. A potem, w połowie sezonu, klub sprzedał go do Toronto. W tamtym sezonie trener Celtics, Rick Pitino, znajdował się pod potężną presją, żeby awansować do play-offów, i uznał, że pozyskanie doświadczonego rozgrywającego daje mu na to większą szansę. I tak oto Shot powędrował do Raptors w zamian za Kenny'ego Andersona. Wiem, że było mu wtedy ciężko. Wiem, że czuł się skrzywdzony i zdradzony. Ale to była cenna lekcja. W biznesie koszykarskim nie ma miejsca na lojalność. Lojalność pomiędzy zawodnikami – jak najbardziej. Ale nie w przypadku właścicieli i nie w kwestiach zasadniczych. Do mnie dotarło to dopiero pod koniec kariery. Do większości koszykarzy nie dociera nigdy. Można zatem powiedzieć, że Shot miał szczęście, że w jego przypadku do zderzenia z rzeczywistością doszło tak wcześnie.

Przez kilka kolejnych lat nie było mu łatwiej. Został sprzedany do Denver. Trenerem był tam wtedy Mike D'Antoni. Przestawił Shota na pozycję rzucającego obrońcy. I było to dla niego kolejne ukryte błogosławieństwo. Niektórzy dziennikarze pisali, że to degradacja – że Shot zostaje przesunięty na pozycję, na której będzie rzadziej przy piłce. Ale z pewnością pomogło mu to w rozwinięciu umiejętności rzutowych – to wtedy stał się tak zabójczo precyzyjny, dzięki czemu dorobił się przydomka „Mr Big Shot" i został facetem od ważnych rzutów. W Denver znalazł się też w domu, w mieście, w którym się wychował. Shot zawsze podkreślał, jak bardzo kocha Kolorado – i na parkiecie, i poza nim, tak jak wtedy, kiedy odwiedził w szpitalu jedną z osób, która przeżyła masakrę w liceum w Columbine*. Ale nie miał okazji spędzić w domu wiele czasu. Po kilku latach został sprzedany do Orlando, gdzie przesiedział na ławce cały sezon, lecząc kontuzję barku.

Wiele osób uważało wtedy, że Shot był draftową porażką, ale to bzdury. Powiedziałem mu: „Pakuj dupsko i przyjeżdżaj do Minnesoty. Nie udało nam się zagrać w jednej drużynie w St. Louis, ale może uda się tutaj. Tyle że nie będziesz grał w pierwszej piątce.

* 29 kwietnia 1999 roku w Colombine, 15 kilometrów od Denver, doszło do jednego z największych masowych morderstw w historii Stanów Zjednoczonych – dwóch nastolatków weszło na teren szkoły i strzałami z broni palnej zamordowało 12 uczniów i jednego nauczyciela, raniąc jeszcze 24 osoby.

Naszym pierwszym rozgrywającym jest Terrell Brandon. TB jest jednym z najmądrzejszych rozgrywających w NBA. Mnóstwo się od niego nauczyłem i ty też się nauczysz".

Shot schował wtedy do kieszeni ego. Dostrzegł w tym szansę, uznał, że może się rozwinąć i pomóc naszej drużynie. I dokładnie tak się stało. TB został mentorem Shota. A Shot zapożyczył bardzo wiele od TB. Kiedy zaś Terrell doznał paskudnej kontuzji kolana, to powiedział Shotowi: „Teraz twoja kolej". Niewielu koszykarzy NBA w takiej sytuacji wspierałoby rywala do składu, niewielu kibicowałoby Shotowi, żeby odniósł sukces. Większość widziałaby w tym zagrożenie dla własnej pozycji. Wielki szacun, TB.

To, że mogliśmy grać z Shotem w Minnesocie, było piękne. Jego rodzice to naprawdę dobrzy ludzie, a jego brat Hot Rod był dla mnie prawdziwym przyjacielem. Ich rodzina mnie adoptowała. Uwielbiałem spędzać z nimi czas, jadać przy ich stole albo zapraszać ich na obiad do siebie. Wszystko robiliśmy z Shotem razem, ubieraliśmy się nawet w stroje Świętego Mikołaja i robiliśmy wspólnie zakupy świąteczne na cele charytatywne.

Pamiętam pewną wypowiedź Shota, która zrobiła na mnie duże wrażenie. „To, że ktoś nie gra z takim ogniem jak KG, nie musi jeszcze oznaczać, że jest mięczakiem – powiedział. – I nie oznacza to też, że mu nie zależy. Ale tak właśnie postrzega to w swoim totalnie szalonym umyśle KG. Jeśli zwróci na coś uwagę i uczepi się jakiejś myśli, to wierzy w nią niezależnie od wszystkiego. To niekoniecznie zaleta, jeśli masz być przywódcą, ale on już taki jest".

Od kogoś takiego jak Shot zawsze mogę przyjąć krytykę, bo mało kto zna mnie tak dobrze jak on.

Latem 2002 roku Kevin McHale powiedział Shotowi, że może mu zaproponować wieloletnią umowę, ale nie może mu obiecać, że będzie grał w pierwszej piątce. Nadal miał być rezerwowym dla TB. Shot się nad tym zastanawiał, aż w końcu Detroit złożyło mu ofertę nie do odrzucenia. Miał zostać pierwszym rozgrywającym Pistons. Miał kolejny szczyt do zdobycia. Odchodząc, złamał mi serce, ale byłem jednocześnie szczęśliwy, że dostał od losu taką szansę.

Jak wiemy, Shot dał radę w Detroit, a w 2004 roku zdobył mistrzostwo, pokonując w finale Lakers 4-1. Zdobył nagrodę MVP Finałów, po czym – w typowy dla siebie sposób – skomentował to tak: „Najchętniej pociąłbym tę nagrodę na 13 części i każdemu dał kawałek". Odmienił kulturę Pistons. Wziął wszystko to, czego nauczył się od Terrella Brandona, i pomnożył to przez cztery. Wzmocnił się fizycznie, popracował nad rzutami za trzy punkty, przestał się obawiać i zaczął częściej wchodzić w ataku pod kosz. Mój brat poprawił się w każdym aspekcie gry w koszykówkę.

Spełniał się również poza koszykówką. Kiedy Obama rozpoczął kampanię w stanie Michigan, poprosił Shota, żeby ten zapowiedział go na konwencji. Właśnie na taki szacunek zapracował sobie Shot. Kiedy marzę o tym, że zostanę kiedyś multimiliarderem i kupię sobie za własne pieniądze klub NBA, to wyobrażam sobie, że jego współwłaścicielem zostanie właśnie Chauncey Billups.

Larry Bird

zobacz **Izolacja; „Król Kunta"; Kobe**

Black and Proud. Czarny i Dumny

„Kruczoczarny kolor skóry jest przepiękny – powiedziała mi kiedyś Mama. – Smaruj skórę balsamem, żeby świeciła. Nie możesz być bladoszary. Nikt mi bliski nie kupuje tych bzdur, że jaśniejsze jest weselsze, bo bardziej przypomina bielsze. Nie ma lepszego koloru od ciemnoczarnego. Zrozumiałeś?"

Usłyszałem i zrozumiałem. A jej duma stała się moją dumą.

Blok

W trakcie kariery zablokowałem ponad dwa tysiące rzutów. Ale równie ważne były te akcje, których nie zaliczono jako bloków. Kiedy dołączyłem do NBA, zauważyłem, że niektórzy zawodnicy walą w lecącą piłkę nawet po gwizdku sędziego. Tego typu taktyka sprawiła, że uzmysłowiłem sobie, że gram z najlepszymi koszykarzami na świecie. W szkole średniej takie rzeczy nigdy się nie zdarzały. Ale zawodowcy doskonale wiedzieli, jak ważne jest to, żeby odnaleźć właściwy rytm rzutu. Oczywiście, że można rzucać podczas meczu, żeby ten rytm odnaleźć, ale każde pudło oznacza, że rywale mają szansę na zdobycie punktów. A jeśli nie wejdziesz w rytm odpowiednio szybko, to jesteś w dupie. I oddawanie rzutów po gwizdku było pozbawionym ryzyka ćwiczeniem, które mogło wprowadzić gracza we właściwy rytm. Wystarczyło zobaczyć, jak piłka raz wpada do kosza, i zawodnik mógł się rozkręcić na resztę meczu.

No cóż, skoro oni mogli zaliczyć treningowy rzut, to ja mogłem zaliczyć treningowy blok. Kiedy zobaczyłem, ile takich treningowych rzutów oddaje się w trakcie meczu, pomyślałem sobie: „Wypierdalać! Nikomu nie pozwolę na zyskanie dodatkowej przewagi". I zacząłem wywalać te rzuty po gwizdku w powietrze, blokując jak jakiś skurwiel opadające piłki. Nie będzie żadnych łatwych rzutów. A przynajmniej nie wtedy, kiedy ja jestem pod koszem.

Pierwszy raz zrobiłem to już w debiutanckim sezonie w Minnesocie. Graliśmy przeciwko Pacers i w pewnym momencie mecz został przerwany na kilka minut, bo zegar się zepsuł i trzeba go było naprawić. Reggie Miller uznał, że nie będzie marnował czasu i odda kilka rzutów. Pierwsze z nich zbiłem na tablicę. Potem próbował jeszcze kilka razy. Z takim samym skutkiem. W końcu przyszedł sędzia i powiedział, żebyśmy dali sobie spokój. Reggie zabrał piłkę i sobie poszedł. I o to mi właśnie chodziło – zabrać piłkę z rąk Reggiego i nie pozwolić mu się rozgrzać.

W debiutanckim sezonie w Minnesocie

Fot. Sam Forenich / NBAE / G

Po tamtym meczu robiłem tak już zawsze. Wielu rywali się wkurzało. Tak jakbym łamał jakieś niepisane zasady. Pamiętam, jak Vince Carter powiedział, że kiedy przeciwnicy zorientowali się, co robię, zaczęli oddawać szalone rzuty, które nie miały szans wpaść do kosza, żeby sprawdzić, jak wysoko będę w stanie do nich wyskoczyć. Ale dzisiaj robią tak w lidze już wszyscy.

Moje życie zawsze polegało na kwestionowaniu zasad – blokowanie rzutów oddawanych po gwizdku to tylko kolejny przykład.

The Bold and Beautiful. Moda na sukces

Mama mamy to Babcia Mil. Rzadko kiedy mnie przytulała, rzadko kiedy dawała mi buziaka. I podobnie jak Mama, nie była specjalnie zainteresowana gotowaniem. Podgrzewała resztki w mikrofali i karmiła nas przekąskami. Mieszkała na Watts Avenue, najgorszej ulicy w najgorszej dzielnicy w Greenville.

„Nie zamierzam się przeprowadzać do żadnej eleganckiej dzielnicy – mówiła. – Nie chcę żadnego wielkiego domu. Nie zamierzam przed nikim uciekać".

Babcia Mil była prawdziwą kobietą. Jej matka i siostry jej matki były niewolnicami. Gwałcono je. Babcia Mil dźwiga na swoich barkach trudną historię. Dlatego zawsze nosiła ze sobą broń. Chodziła z nią do sklepu spożywczego. Zero gierek. Zero żartów, zawsze była spięta.

Kiedy odwiedzałem Babcię Mil, musiałem być cicho od pierwszej do czwartej po południu. Bo wtedy oglądała opery mydlane: *Dni naszego życia*, *Inny świat*, *Santa Barbara* i *Modę na sukces*. Bardzo je przeżywała. Mówiła do ekranu: „Nie wychodź za niego!", „Dziecko, popełniasz ogromny błąd!", „Trzymaj się od niej z daleka, jeśli wiesz, co jest dla ciebie dobre!". Ona mogła sobie komentować, ale ja miałem siedzieć cicho. Podczas przerw na reklamy robiła mi szybko kanapkę bolońską z mortadelą. Kroiła tę pieprzoną bułkę na pół, brała szklankę mleka, kazała mi podgrzać porcję wieprzowiny z fasolą i z masłem na górze. Nauczyła mnie robić pierwsze posiłki.

To dzięki Babci Mil – i dzięki Mamie – stąpam twardo po ziemi.

Babcia Mil uczyła mnie także historii. To dzięki niej dowiedziałem się o Nacie Kingu Cole'u. Mówiła, że to najlepszy piosenkarz w historii. Mówiła też, że śpiewa o tym, czego pragną i czarni, i biali, ale dostało mu się za to, że przełamywał granice. Miał własny program w telewizji, który szybko został odwołany, bo białym sponsorom nie podobało się to, jak na jego tle wypadają białe dziewczyny. Niech żyje Nat King Cole.

Babcia Mil opowiadała też o tym, jak Elvis naśladował kolesi takich jak Chuck Berry i dodawał do tego coś od siebie. Mówiła, że Elvis wywodził się ze światka funku w Memphis. Że uczył się od czarnych muzyków, o których nigdy nawet nie słyszeliśmy.

Dzięki starszym pokoleniom dowiedziałem się o istnieniu kogoś takiego jak James Brown. JB to inny typ niż Chuck Berry. Nie kryje się z tym, kim jest. Nie boi się tego, że wygląda obleśnie, że brzmi obleśnie i że śpiewa obleśnie. Kiedy już zrobiłem się wystarczająco stary, to w podobny sposób zacząłem patrzeć na Bobby'ego Browna. On też jest Czarny w każdym calu.

Starsze pokolenie pomaga mi też pokonać strach. Burze w Karolinie bywają straszne. Widać błyski piorunów, słychać grzmoty. Wygląda to tak, jakby zaraz miał nastąpić koniec świata.

„Po prostu idź do sypialni – mówiła podczas burzy Babcia. – Połóż się. Ten cały hałas to najzwyczajniej w świecie pan Bóg, który wykonuje swoją pracę. Podlewa wodą ziemię. Sprawia, że rośliny mogą rosnąć. Że możemy przeżyć kolejny dzień. Chwała Panu".

I tak właśnie zrobię. Kładę się, leżę cicho i słucham burzy, rozmyślając nad potęgą natury, nad tym, że świat wcale się nie kończy. Świat jest po prostu uzupełniany. Potrafię radzić sobie ze światem dzięki kobietom takim jak Babcia Mil.

Mama chciała też, żebym wiedział, z jakiego świata się wywodzę. Trochę jej to zajęło, ale udało jej się w końcu odnaleźć gdzieś w lesie grób dawno utraconego ojca w LaGrange w stanie Georgia, na południe od Atlanty. Zabierała tam mnie i moje siostry. Gdzieś w czerwonej glinie, na mokradłach Georgii. Zabija się tam szopy, wiewiórki i oposy, wszystko, co mieszka w lesie i nadaje się do ugotowania na obiad. Moje buty były całe w błocie. Zdejmowałem je i szedłem dalej na bosaka. Pływałem w wodopoju. Musiałem uważać, żeby nie ukąsił mnie wąż. Jeździłem tam każdego lata, żeby spędzić czas z Dziadkiem Edem.

The Book of Job. Księga Hioba

Mama była wyznawczynią Jehowy i Sali Królestwa, w której odbywały się msze świadków Jehowy. Nie miałem wyjścia, musiałem tam chodzić. Nie byłem z natury religijny. Ale nie było mowy, żeby kwestionować to, czego nas nauczano. I choć zaraz po tym, jak wyjechałem z Karoliny, przestałem chodzić na msze do Sali Królestwa, to zapamiętałem niektóre wyniesione stamtąd lekcje.

Wtedy jeszcze nie zdawałem sobie z tego sprawy. Jak każdy dzieciak w moim wieku. Ale z perspektywy czasu widzę, że dzięki każdemu doświadczeniu, przez które musieliśmy przejść, chłonęliśmy coś nowego, uczyliśmy się czegoś, co pomagało nam zrobić kolejny krok naprzód. Tak jak wspomniałem wcześniej, całe wieki zajęło mi zrozumienie, że mam dysleksję i wszystkie te zaburzenia. Przez długi czas nikt nie potrafił zdiagnozować tego gówna, stało się to dopiero pod koniec mojej kariery w NBA. Kiedy byłem dzieciakiem, wiedziałem tylko tyle, że mam problemy z czytaniem i że jeszcze trudniej jest mi się skoncentrować. Mama mi w tym nie pomogła, ale na swój dziwny sposób pomogła mi Sala Królestwa. Zaraz wam to wytłumaczę…

Moje siostry zawsze dostawały w szkole najlepsze oceny. Ja wręcz przeciwnie. Widziałem zdania pisane od tyłu i nie miałem pojęcia dlaczego. Mama nabijała się z tego, że nie umiem zrozumieć książki ani przeczytać jej w odpowiedni sposób. Czułem z tego powodu straszny wstyd i brakowało mi pewności siebie. Ale jednocześnie byłem małym geniuszem matematycznym. Kiedy moja siostra Sonya zobaczyła, jak korzystam z palców do obliczeń, powiedziała: „Nie, zostaw te ręce. Musisz to zobaczyć. Musisz to sobie wyobrazić".

I rzeczywiście, potrafiłem to zrobić. Szybko to załapałem. Mogłem liczyć, widziałem liczby w głowie. Cyfry mi się nie mieszały. W przeciwieństwie do słów.

Aż nadeszła chwila, kiedy musiałem również dobrać odpowiednie słowa. W Sali Królestwa każdy dzieciak musi wygłosić przemówienie przed całą kongregacją. I musi się ono wywodzić z Pisma Świętego. Kiedy nadszedł czas na moje wystąpienie, bałem się jak cholera. Ale nie miałem wyboru. Mama by mi nie odpuściła. Sala Królestwa by mi nie odpuściła. Zrobiłem to. Przestudiowałem Pismo Święte, stanąłem przed wszystkimi i opowiedziałem o czymś, co zawsze we mnie siedziało – o Księdze Hioba.

Zrozumienie tej części Biblii pomagało mi na każdym etapie życia. Ale to, że musiałem stanąć oko w oko z publicznością, sprawiło, że byłem jeszcze bardziej pewny siebie. Czułem, że dam radę. Choć byłem nieśmiały, mogłem zwrócić się do tłumu. Nie migałem się, nie uciekałem ani nie zemdlałem. Stanąłem przed ludźmi i powiedziałem to, co zamierzałem powiedzieć.

Oto jak rozumiem Księgę Hioba:

Diabeł i Bóg poważnie ze sobą rozmawiają. Bóg chwali swojego człowieka, Hioba, za religijność. Diabeł twierdzi, że Hiob wierzy tak głęboko tylko dlatego, że ma fajne życie. I wystarczy, że je utraci, a odwróci się od Boga i zacznie wchodzić w konszachty z Diabłem. Nie ma mowy, odpowiada Bóg. Diabeł proponuje zakład: „Pozwól mi się z nim zabawić, a ja tak uprzykrzę mu życie, że zacznie bluźnić i wyzywać cię od najgorszych". I Bóg się godzi, stawiając tylko jeden warunek – że Diabeł pozostawi Hioba przy życiu.

No to mamy zakład. Diabeł zabija wszystkie zwierzęta Hioba, zabija jego służących, zabija całą dziesiątkę jego dzieci. Hiob jest zdruzgotany, goli głowę, rozdziera szaty, ale nadal chwali Boga.

Diabeł jest już teraz podwójnie zdeterminowany. Wraca do Boga i prosi go, żeby ten pozwolił mu dalej sprawiać Hiobowi ból. Bóg podbija stawkę i przyjmuje zakład. Tym razem Diabeł sprawia, że całe ciało Hioba pokrywa się obrzydliwymi wrzodami. Ból jest nie do zniesienia. Nawet żona Hioba mówi, że pora potępić Boga.

Ale nic z tych rzeczy, mój ziom Hiob konsekwentnie chwali Pana. Pojawia się czwórka przyjaciół, którzy bardzo mu współczują. Przez sześć dni nic nie mówią. Siódmego dnia zaczynają atakować. Każdy, w tym i Hiob, ma swoją własną interpretację tego, dlaczego Bóg tak bardzo Hioba doświadcza. Ale żadne z tych tłumaczeń nie jest wystarczająco dobre. Hiob uważa, że argumenty jego przyjaciół są pokręcone. Atakuje swoich braci i wygania ich z domu. Hiob widzi, że wszystko musi rozegrać się pomiędzy nim a Bogiem.

Historia zatacza koło i Hiob rzuca wyzwanie Bogu. Chce wiedzieć, dlaczego dobry człowiek cierpi, podczas gdy źli ludzie mają się świetnie. Nie otrzymuje żadnych odpowiedzi – Bóg nic nie mówi – ale Hiob nie przestaje pytać. W końcu Bóg się pojawia i mówi, że ludzie nigdy go nie zrozumieją, ale że Hiob zostanie nagrodzony za wiarę i oddanie. W nagrodę za to, że był tak silny, Hiob dostał od Boga tysiące zwierząt i dziesięcioro nowych dzieci. Hiob dożywa 140. roku życia.

Jaki z tego wniosek?

Cierpliwość. Męstwo. Wiara.

Nawet wtedy, kiedy ból jest nie do zniesienia.

Cierpliwość. Męstwo. Wiara.

Nawet wtedy, kiedy wiesz, że cię oszukują.

Cierpliwość. Męstwo. Wiara.

Nawet kiedy odwracają się od ciebie przyjaciele i rodzina.

Cierpliwość. Męstwo. Wiara.

Nawet kiedy nie masz już siły na znoszenie kolejnych ciosów.

Cierpliwość. Męstwo. Wiara.

Cierpliwość sprawia, że utrzymujesz się na nogach. Męstwo dodaje ci sił i pozwala iść do przodu. Wiara sprawia, że wierzysz, że w tym popierdolonym świecie jest coś więcej niż tylko to, co widać gołymi oczami.

Jest jakiś boski porządek, który po cichu rządzi tym światem. Nie ma nic lepszego od duszy. I tak jak Hiob – możesz próbować to rozkminić razem z kumplami, możesz gadać tak długo, aż zrobisz się siny na twarzy. Ale dusza, boski porządek, dobroć Boga – nie da się tego wyjaśnić. Po prostu są. Albo się z tym godzisz, albo nie. I wierzę, że jeśli się z tym godzisz, to idziesz do przodu. A jeśli nie, to będziesz cierpiał jeszcze bardziej.

Bourré

Najsłynniejsza gra karciana w NBA. Nauczyłem się w nią grać dopiero w swoim debiutanckim sezonie w lidze. Najpierw zaś dowiedziałem się, że bankrut nie może grać w bourré. Musisz wiedzieć, co robisz. Stawiasz na szali prawdziwe pieniądze. Różne kombinacje pików sprawiają, że stawka szybko idzie w górę. Królem bourré jest Rajon Rondo. Potrafił rozgrywać dwie partyjki bourré naraz i w obu wygrywać. Jego mózg jest opleciony drutem bourré, który sprawia, że potrafi rozkminić to gówno szybciej niż ktokolwiek inny. Lepiej nie grajcie z nim w bourré.

Breakdancing

Michael mówił, że Billie Jean nie była jego kochanką. Nie miałem pojęcia, o czym mówił, ale co z tego. Ten rytm mnie porwał. Sprawiał, że zaczynałem tańczyć. Moje siostry i ja oglądaliśmy ten teledysk na małym telewizorku. Oglądaliśmy wszystkie teledyski

Michaela, te stare, jeszcze z czasów Jackson 5, i te nowe – z *Thrillera* i z *Bad*. Mogłem zatańczyć wszystko. Byłem zwinny. Byłem śliski. Byłem wyluzowany. Mogłem zatańczyć wopa*. Albo pop and locka**. Mogłem się ślizgać. Obracać. Zmieniać pozycję. Gibać się po swojemu. Dodawać do choreografii elementy, które przyszły mi do głowy. Jeśli chodzi o pracę nóg, moim trenerem był Michael.

Wkręciłem się w breakdancing. Skakałem po śmietnikach, wyciągałem z nich pudła i malowałem je sprayem. A potem zanosiłem je do swojej podstawówki Blythe Elementary, ustawiałem na dziedzińcu i zaczynałem na nich tańczyć. Albo chodziłem na łyżwy na White Horse Road. Moją ulubioną piosenką było wtedy *It Takes Two* Roba Base'a i DJ E-Z Rock. Z tyłu koszulki było napisane małą czcionką moje nazwisko, miałem bluzę marki Members Only i buty Airwalk za kostkę. To były buty do jazdy na deskorolce. Uwielbiałem jazdę na deskorolce. Stanowiła ważną część mojego życia. Deska była marki Nash, wszędzie na niej jeździłem. Jazda na deskorolce i taniec są podobne, bo w obu chodzi o pracę nóg i trzymanie równowagi. A to, w jaki sposób zostały zaprojektowane podeszwy airwalksów, żeby trzymać się deski, pomagało też na kartonach.

Zorientowałem się, że koszykówka jest dużo łatwiejsza, bo praca nóg bardzo przypomina taniec. Naśladowałem pracę nóg innych koszykarzy dokładnie w ten sam sposób, w jaki wcześniej robiłem to z innymi tancerzami. Praca nóg była zawsze jedną z moich najsilniejszych stron. Wielu zawodników ma z tym problemy, zwłaszcza pod koszem. Ja nigdy takich problemów nie miałem.

British Knights

zobacz **Shoes. Buty**

---

* Rodzaj tańca hip-hopowego z lat 80. XX wieku.

** Rodzaj tańca funkowego z lat 70. XX wieku.

James Brown
zobacz **The Bold and Beautiful. Moda na sukces; Król Kunta; WNBA**

Brązowa papierowa torba
„Znalazłbyś jakąś robotę – mówi Mama. – I zacząłbyś zarabiać pieniądze". Miałem już pracę – kosiłem trawę – i tak zarobiłem na deskorolkę. Pracowałem też na grillu w Burger Kingu. I pakowałem zakupy w supermarkecie. Ale Mama chciała, żebym znalazł lepiej płatne zajęcie, a z Mamą nie ma dyskusji. „Oczywiście. Poszukam czegoś innego".

Zatrudniłem się na zmywaku w lokalnym barze, którego nazwa – Cheers (Zdrówko) – nawiązywała do tytułu serialu telewizyjnego. (Przy okazji – nigdy nie oglądałem *Zdrówka!*, ale uwielbiałem *MacGyvera*).

„Synu – mówił menedżer Cheers – będziemy ci płacić trzy dolary za godzinę. Pracujesz od szóstej po południu do drugiej w nocy. Zgadzasz się albo spadaj".

Zgodziłem się. I pojawiłem w kuchni, w której panowało totalne piekło. Pracowali tam głównie Meksykanie, ale byli też czarni. Jeden z ziomali nie nosił koszulki. Wytatuowany, widać, że dopiero co wyszedł z pierdla, z szyi zwisały mu trzy złote łańcuchy. Jedną ręką gotował, a drugą jarał szluga. Zapach krojonej cebuli był tak ostry, że z oczu ciekły mi łzy. Podrzucanie naleśnikami, podsmażanie bekonu, strzelający tłuszcz, gotująca się woda, parząca się kawa, skwierczące steki, jeden koleś chwali się panną, którą wyrwał, inny handluje trawką. Tyle różnych głosów, tyle ruchu. Ale nie ma czasu na to, żeby się zastanowić, żeby zwolnić, więc w środku tego szaleństwa muszę odnaleźć swój rytm, muszę pozmywać naczynia, jakoś znaleźć sobie miejsce w systemie, bo uwierzcie mi – tam j e s t jakiś system i wystarczy, że jedna jego część się posypie, a wszystko się zawali. Muszę się jakoś w to wpasować, wejść w ten matrix, z którym nie miałem do czynienia nigdy wcześniej, matrix, który ciągle się zmienia, bo właśnie o dziesiątej wieczorem do baru wpadło dziesięcioro gości, którzy zamawiają wszystko, co jest w menu. Muszę więc się rozdwoić, zmyć gary, błyskawicznie je wytrzeć, patrząc, jak moi ziomale i Meksykanie radzą sobie z grą – facet obsługujący grilla, facet przy kuchence, facet przy desce do krojenia, koleś, który przyprawia mięso, gość od warzyw, który kroi marchewkę i skrapia wodą pietruszkę. To wszystko trwa i trwa, jest coraz szybciej i gwałtowniej, kolesie są coraz zabawniejsi, gadają, bluzgają, przekomarzają się, obrażają, świetnie się bawią, zarówno największe ponuraki, jak i największe luzaki, jakich znam.

Na koniec jestem zmęczony jak skurwysyn i dostaję brązową papierową torbę z 24 jednodolarówkami. Jeśli będę szybko się uczył, to może zostanę kiedyś pomocnikiem kelnera albo nawet kelnerem. Nauczę się tego, jak radzić sobie z ludźmi, i pozostanie to ze mną do końca życia. Tylko ta brązowa papierowa torba będzie z czasem coraz grubsza.

Ale jednej rzeczy jeszcze wtedy nie wiedziałem, a dziś już wiem – że ta brązowa papierowa torba i kuchnia, w której przelałem hektolitry potu, żeby nauczyć się tamtejszego systemu, to najlepszy życiowy paradygmat dla wszystkiego tego, co miało mnie w życiu spotkać. Gdziekolwiek trafisz, musisz nauczyć się systemu. Zrozumieć matrix, w który wchodzisz. Układ, w który musisz się wpasować. I to niezależnie od tego, czy jest to nowoczesna kuchnia w Cheers, czy hala Boston Garden. Zawsze jest jakiś rytm. Wejdź w ten rytm i wszystko będzie dobrze. Jeśli jednak zaczniesz z nim walczyć, to jesteś w dupie. A jeśli będziesz w dupie, to ta brązowa papierowa torba na pewno będzie robiła się coraz mniejsza.

Bug

Kiedy byłem dzieckiem, to ciągle się przeprowadzaliśmy. Przenosiny nie zawsze sprawiają, że jest miło. Ale zdarzały się dobre czasy, zwłaszcza kiedy mieszkaliśmy w bloku w Lake Shore w jednym mieszkaniu razem z inną rodziną. Oni w jednej sypialni, my w drugiej, a salon, łazienka i kuchnia były wspólne. Miałem wtedy trzy albo cztery lata. Głową tej drugiej rodziny był pan James Peters. Miał piękną żonę Pam i synka Jamiego, nazywanego Bugiem (Robakiem), bo był mały i nabity. Państwo Petersowie i Bug stali się moją rodziną marzeń.

Pan Peters, tak jak Mama, pracował w fabryce i przez większość czasu nie było go w domu. Ale w weekendy patrzyliśmy, jak myje swoją ulubioną własność, nissana maximę. Mnie i Bugowi nie wolno było tykać tego auta. Mogliśmy tylko patrzeć, jak je myje, jak je woskuje, jak czyści opony, jak odkurza w środku, jak suszy wszystko w taki sposób, jakby był to jakiś cenny klejnot. To pan Peters sprawił, że pokochałem samochody. Kiedy trafiłem do NBA, a Bug przyjechał odwiedzić mnie w Minneapolis, kupiłem dwa lexusy gs300, jeden dla Buga, drugi dla mnie, żebyśmy mogli przejechać się nimi po Greenville. Kiedy rozpocząłem drugi sezon gry w Wolves i wróciłem do Minnesoty, zostawiłem swojego lexusa panu Petersowi, który jeździł nim potem jeszcze przez wiele lat. Tak naprawdę to myślę, że nadal nim jeździ. Wiem, że dba o ten samochód bardziej niż ktokolwiek inny.

Bug i ja zostaliśmy braćmi. To braterstwo bardzo mi pomagało, zarówno wtedy, kiedy wypływałem na szerokie wody, jak i wówczas, gdy przeżywałem trudne chwile. Bug był myślicielem. Nikt nie wspierał mnie tak jak on. Ja byłem yin dla jego yang*. Wiel-

* Yin i yang – koncepcja filozoficzna wywodząca się z antycznej filozofii chińskiej i metafizyki, opisująca dwie przeciwne, uzupełniające się siły.

ka dusza. Wielki uśmiech. Wielka dusza. Wielki mózg. Spokojny facet spod znaku Panny, który lubi własne towarzystwo. Szachista. Ciuchy zawsze dopasowane kolorystycznie. Nosił zegarek z Fredem Flintstone'em i ciemnobrązowym paskiem. Uwielbiałem ten zegarek. I uwielbiałem Buga.

Zdaje się, że wydarzyło się to którejś nocy. Nie spałem. Być może Bug nie chciał mi nic mówić, bo wiedział, że obaj się popłaczemy. Wiem tylko tyle, że któregoś ranka, kiedy się obudziłem, już ich nie było.

– Gdzie jest Bug? Gdzie są pan i pani Peters? – zapytałem.

– Wyprowadzili się – odpowiedziała Mama.

– Dokąd?

– Nie wiem.

O rany, mój brat zniknął i nie było już nikogo, kto mógłby mnie pocieszyć. Mama nie była typem pocieszycielki.

Bug miał jeszcze wrócić, ale wtedy nie miałem jeszcze pojęcia, czy do tego dojdzie i kiedy to nastąpi.

Bye. Pa

Tak naprawdę to pełen przydomek brzmi „Bye Bye" (Pa, Pa). Tak nazywano mojego prawdziwego ojca. Powiedział mi o tym wujek Pearl. Wujek Pearl był spryciarzem. Wymiatał. I znał wszystkich braci, którzy rządzili w okolicy. I tak też poznał mojego tatę. To on mi powiedział, że tata ma ksywkę Bye Bye. Powiedział mi też, że tata grał w liceum w szkolnej drużynie koszykarskiej. Nazywali go tam „Bye Bye 45", bo błyskawicznie ruszał do kontrataków. Niestety nigdy nie miałem okazji się o tym przekonać.

Kiedy zacząłem wychodzić na ulicę, niektóre stare wilki mówiły: „Hej, ty chyba jesteś Mały Bye. Musisz być synem Bye. Masz taką samą małą głowę jak on. I masz taki sam ogień w oczach".

Nie wiedziałem, co mam o tym myśleć. Ani co im odpowiedzieć. Nie chciałem się wygłupić, więc siedziałem cicho. W ogóle byłem raczej cichym dzieckiem. I nieśmiałym. Dzieciakiem, który zawsze się zastanawiał, o co chodzi z facetem o ksywce Bye.

No i były te dziwne wydarzenia, jakby żywcem wzięte z bajek dla dzieci.

Codziennie rano moja starsza siostra Sonya prowadziła mnie do przedszkola, a potem sama szła do gimnazjum Beck Academy. Codziennie mijaliśmy dwoje ludzi, którzy stali pod domem. Machali do nas, jakby nas znali, i wołali: „Hej!".

No to ja im odmachiwałem: „Hej!".

Uśmiechali się, więc ja też się uśmiechałem, ale właściwie nigdy nie miałem pojęcia dlaczego. Było w nich coś znajomego. Ale przecież miałem wtedy tylko cztery lata. Co ja mogłem wiedzieć? Pojawiała się jakaś pozytywna wibracja, a ja w nią wchodziłem. Czasami padał deszcz, ale deszcz nie przeszkadza dzieciakom w chodzeniu do szkoły. Deszcz nie przeszkadzał też tym ludziom w staniu pod domem i machaniu do mnie. Nie pytajcie dlaczego, ale zwróciłem uwagę, że oboje byli leworęczni. Codziennie się przyglądałem, jak mi machają, i była to najlepsza chwila każdego mojego dnia. Trwało to jakiś rok.

Trzy lata później pojawił się mój tata. Przeprowadził się do Goose Creek, pięć godzin drogi od Greenville. Powiedział, że dlatego nie mógł nas odwiedzać. Nieważne, cieszyłem się, że go widzę. Kto by się nie cieszył z tego, że spotyka ojca? Zaczął od tego, że zapakował mnie do samochodu i zawiózł do domu rodziców. Dobrze zgadliście – tych dwoje miłych starszych ludzi, którzy codziennie do mnie machali, kiedy szedłem do przedszkola, okazało się jego rodzicami. Nagle zyskałem nową babcię i nowego dziadka. Przytulali mnie. Popłakali się. Ja też się popłakałem. „Od zawsze wiedzieliśmy, kim jesteś – powiedział Dziadek. – Ale wiedzieliśmy też, że pomiędzy twoją mamą i twoim tatą źle się układa. Nie chcieliśmy się wtrącać i wszystkiego komplikować".

Mama taty, Babcia McCullough, świetnie gotowała. Karmiła mnie kotletami schabowymi, chlebem kukurydzianym i szarlotką. Babcia opowiadała mi różne historie, powiedziała, że dostałem imię po jednym z wujków, Kevinie Marku McCulloughu. I że muszę go poznać. To był niski koleś, który przypominał Eddiego Murphy'ego. Zabawny jak skurwysyn. Bez przerwy robił sobie jaja. Razem z piękną żoną Genevą tworzyli wspaniałą rodzinę. Poznałem jeszcze jedną ciocię od strony ojca, Pam, która – przysięgam na Boga – wyglądała jak Pam Grier*. Była wysoka – miała 190 centymetrów wzrostu – seksowna, miła i kochana. Miała ogromne ręce, na których nosiła pierścionki. I lakier w kropki na paznokciach. Paliła długie papierosy Virginia Slims. Była stylowa, ale miała też w sobie mnóstwo ciepła. Ciocia Pam była super.

Mama pozwoliła mi spędzić tamten tydzień z ojcem i jego rodziną. Od razu się w nich zakochałem. Od razu stali się moją rodziną. Pokochałem ich wszystkich.

Ale w samym środku tej miłości dostrzegłem jeszcze jedno oblicze mojego ojca – jego skłonność do przemocy. A kiedy tylko ją dostrzegłem, od razu wiedziałem, że nie chcę taki być. To zmieniło całe moje życie. Doprowadziło mnie do skrętu kiszek. I sprawiło, że zrozumiałem, że powinienem traktować kobiety jak królowe, a nie jak przedmioty. Dotyczyło to wszystkich, nawet moich sióstr, które – tak przy okazji – były tak samo silne jak Mama. Gdyby tylko chciały, to mogłyby znokautować każdego jednym ciosem.

Rozumiałem, dlaczego Mama zawsze nosiła przy sobie broń. Musiała sobie radzić z potężnymi facetami. Ale ona też była potężna, a nawet potężniejsza od nich. Nie zamierzała nikomu pozwolić się wykorzystać. Nie miałem o to pretensji, rozumiałem to. Szanowałem

---

* Aktorka amerykańska, grała m.in. tytułową rolę w *Jackie Brown* Quentina Tarantino.

ją za to, że sama się szanuje i nie pierdoli się w tańcu. Nie podskoczysz jej, a jeśli nawet podskoczysz, to dostaniesz wpierdol.

Spędziłem z Bye niewiele czasu. Tydzień minął szybko, a potem ojciec wyjechał, nie oglądając się za siebie. Kiedy jego duch mnie prześladował, myślałem sobie: pierdolić go. To dupek. I tchórz. Boi się być ojcem. A skoro nie chce mieć ze mną nic wspólnego, to ja nie zamierzam mieć nic wspólnego z nim. No i rzeczywiście, nigdy nie miałem.

Ale to nie powstrzymywało wujka Pearla, żeby mi o ojcu opowiadać. Mówił, że tata był zawsze ostry. Że bywał gładki w obyciu. Panienki go uwielbiały. Wujek Pearl mówił, że to po ojcu odziedziczyłem dobre maniery. Też to widziałem, bo chociaż byłem nieśmiałym dzieckiem, to lepiej gadało mi się z dziewczynkami niż z chłopcami. Widziałem, jak skrępowani są moi koledzy, kiedy podchodziła do nas jakaś dziewczynka. Brakowało im języka w gębie, wycofywali się. A ja wręcz przeciwnie. Moglibyście pewnie pomyśleć inaczej, biorąc pod uwagę to, że miałem taką straszną mamę. Mogłoby się wam wydawać, że kobiety sprawiały, że się denerwowałem.

Ale miałem szczęście. Miałem tak dość ojca, że to równoważyło problemy z mamą. A może te dwa aspekty mieszały się gdzieś w mojej duszy w taki sposób, że łatwiej mi było gadać z kobietami. I nie chodzi mi wcale o seks. Rzecz nie w tym, że wykorzystuję łatwość nawiązywania kontaktów z kobietami do podrywów. Nie idzie mi o przystawianie się do lasek, lecz o to, że potrafię dostrzec w nich fascynującą osobę. Kobiety mnie ekscytują, pobudzają moją ciekawość. Chcę ich słuchać, chcę wiedzieć, skąd pochodzą, jak to się stało, że są tym, kim są, co czują, dlaczego czują się tak, jak się czują.

Dziwne, że przez większość życia byłem tak samo wściekły na mamę i na tatę. I łatwo mi wzbudzić w sobie tę złość na nowo. Ale im jestem starszy, tym lepiej nad sobą panuję, tym lepiej kontroluję swoją energię. I myślę, że wszyscy powinniśmy to robić. Zajęło mi to sporo czasu, ale nauczyłem się, że zarówno moja kobieca energia, jak i moja męska energia wywodzą się od wielkich i potężnych ludzi.

Im dłużej żyję, tym bardziej staje się dla mnie oczywiste, że największe wyzwanie to zrównoważenie wszystkich tych rzeczy z przeszłości. Muszę odnaleźć równowagę, żebym nie ranił innych na skutek krzywd, których zaznałem w dzieciństwie.

W związku z tym, że spotkałem tatę i jego rodzinę, doszło do jeszcze jednego szalonego zwrotu akcji.

Na organizowanym przez Boys & Girls Club letnim obozie dla dzieciaków poznałem całą plejadę ciekawych postaci. Ślicznych dziewczyn. Fajnych chłopaków. Ale dorobiłem się tam także nieprzyjaciół. Zwłaszcza jeden typ okazał się młodym samcem alfa. Kiedy chlapaliśmy się w basenie, to on ochlapywał mnie wyjątkowo mocno. Nakręcaliśmy się. Biliśmy się. Jednego dnia on stłukł mnie, drugiego ja jego. Nie chodzi o to, że się nienawidziliśmy, ale z jakiegoś powodu zaczynaliśmy się bić za każdym razem, gdy jeden z nas znalazł się w pobliżu tego drugiego.

Kiedy poznałem ciocię Pam, powiedziała, że ma syna w moim wieku.

– Masz jego zdjęcie? – zapytałem.

– Oczywiście.

Ale zanim jeszcze zdążyła mi je pokazać, do pokoju wszedł jej syn.

Spojrzeliśmy na siebie zdumieni. Oczywiście to był ten sam brat, z którym zawsze biłem się na obozie letnim Boys & Girls!

Shammond Williams.

Tym razem się nie pobiliśmy, tylko objęliśmy.

– Znam tego czarnucha!* – krzyknąłem.

– Jak ty mówisz? – zapytała moja nowa babcia, bo nie spodobał jej się mój język.

---

* *Nigga* – autor często używa słowa „czarnuch" (*nigga*) w pozytywnym kontekście, w znaczeniu „brat", „ziom"; swoje podejście do słów *nigga* i *nigger* opisuje w rozdziale *Słowo na N*.

– Przepraszam, Babuniu, mój błąd.

Wtedy po raz pierwszy w życiu użyłem słowa „Babunia". I było mi z tym bardzo dobrze.

– Oj, chłopcze, powinieneś teraz umyć sobie buzię mydłem – odpowiedziała. – Wiem, że wy wszyscy używacie na ulicy okropnego języka. Ale tutaj nie wolno ci się tak odzywać. Nie jesteś głodny?

No i dostałem talerz *macaroni and cheese**, próbując przetrawić to, że mój dawny wróg jest moim kuzynem.

Shammond Williams, tak jak ja, trafił ostatecznie do NBA. Przedtem ukończył uczelnię North Carolina i był tam gwiazdą koszykówki. Shammond był bardzo szanowany w całym Greenville. Jego tata miał ksywkę Schoolboy (uczeń). Legendarny koleś, który spełnił wszystkie swoje uliczne marzenia. Pamiętacie Nicky'ego Barnesa**, czarnoskórego ojca chrzestnego z Harlemu? No to Schoolboy był czarnoskórym ojcem chrzestnym Karoliny, jednym z naszych bohaterów.

Bandy były wszędzie. Bracia z Greenville. Bracia z Southside. Bracia z Travelers Rest. Bracia Andersonowie. Jeśli szukałeś kłopotów i chciałeś spotkać jakiegoś skurczybyka, to wiadomo było, że znajdziesz go na Cleveland Street Y, gdzie kręciło się całe to gówniane towarzystwo. Ale jeśli znalazł się tam akurat Shammond, był luz. Przypominał polityka, który nie uznaje kompromisów. Jestem dumny, że mam takiego kuzyna.

---

* Makaron w kremowym sosie serowym, popularne danie kuchni amerykańskiej.

** Leroy Nicholas Barnes – amerykański boss gangu, który działał w latach 70. XX wieku w Harlemie.

C

Carnation Evaporated Milk. Mleko skondensowane / Vince Carter / Sam Cassell / Chalk. Kreda / Mark „Super Duper" Clayton / Derrick Coleman / Cynthia Cooper-Dyke / Cosmetology. Kosmetologia / Kevin Costner / The Courts. Boiska / Crews. Bandy / Mark Cuban

Carnation Evaporated Milk. Mleko skondensowane

Mleko skondensowane. Mielonka. Sardynki z krakersami. Masz dwie kromki chleba? No to możesz włożyć w środek cokolwiek. Nie ma mortadeli? To posmaruj grubo majonezem. Nie masz majonezu? To użyj syropu klonowego albo melasy, albo samego cukru. Kiedy wyłączali nam ogrzewanie, Mama zapalała kuchenkę, żebyśmy mogli się ogrzać. Były też piece naftowe i w środku nocy trzeba było wstać, żeby je napełnić. Nie wiedzieliśmy nawet, że jesteśmy na dnie. Nie zdawaliśmy sobie sprawy z tego, przez co przechodzimy. To było po prostu nasze życie. Ubrania wiszące na sznurze do suszenia. Szybkie zbieranie prania ze sznura, zanim zacznie padać. Radź sobie z tym, co masz. Przeżyj.

Vince Carter

zobacz **Chauncey B-B-B-B-Billups; Blok; Dunk; Izolacja; LeBron James; One-and-Done. Rok i z głowy; Gary Payton; Shoes. Buty**

Sam Cassell

zobacz **Glen Davis; Allen Iverson; MV3; Paul Pierce; Flip Saunders; Showdown. Pojedynek**

Chalk. Kreda

Zaczęło się od Jordana. Kiedy w 1984 roku przyszedł do NBA, miał ten swój rytuał. Tuż przed rozpoczęciem meczu nakładał na ręce trochę kredy, żeby poprawić chwyt piłki, i strzepywał ją dłonią przy stoliku sędziowskim. To tam siedzieli dziennikarze z Bulls TV i z radia: Johnny „Red" Kerr i jego partner, Jim Durham. Kiedy Michael zrobił to po raz pierwszy, Johnny wspomniał, że kreda lata dosłownie wszędzie. Gdyby nic nie powiedział, to cholera wie, czy stałoby się to tradycją. Ale powiedział, więc potem Jordan już za każdym razem strzepywał kredę z rąk, żeby wkurzyć Johnny'ego i Jima. Stało się to czymś w rodzaju rytuału. I atrakcją dla publiczności śledzącej transmisję w domach przed telewizorami. Johnny i Jim zaczęli zakładać maseczki chirurgiczne i inhalatory albo otwierali parasole, żeby uchronić się przed opadającą kredową chmurą.

Kiedy trafiłem do ligi, to przejąłem ten rytuał, tyle że wykorzystywałem go w inny sposób.

Nigdy nie udało mi się przekonać do dziennikarzy sportowych. Szybko się zorientowałem, że uwielbiają wywoływać kontrowersje. Jeśli uda im się sprowokować cię do powiedzenia jakiegoś gówna o zawodniku drużyny przeciwnej albo – nawet lepiej – do obsmarowania jednego z kolegów z drużyny, są przeszczęśliwi. Nie wszyscy są chujami, ale wielu z nich uważa, że ich zadanie polega na wywoływaniu problemów. Zawsze ich unikałem, jak tylko się dało, ale niestety masz obowiązek udzielania wywiadów, więc starałem się hołdować jednej zasadzie – im mniej powiem, tym lepiej. Właściwie to niedługo po tym, jak trafiłem do Bostonu, razem z Paulem Pierce'em i Rayem Allenem przyjęliśmy zasadę, że wywiadów będziemy udzielali tylko we trzech. Dzięki temu oni słyszeli wszystko to, co mówiłem ja, a ja słyszałem wszystko to, co mówili oni, i dziennikarze nie mieli szans na przeinaczenie naszych słów albo wyrwanie ich z kontekstu i wykorzystanie przeciwko nam. Staram się nie czytać tego, co piszą. Koncentruję się na swojej grze, a nie na tym, co mówią tak zwani eksperci analizujący mecz. Mam trenerów, genialnych trenerów, którzy mogą mnie krytykować. Mam też własny rozum i umiejętność samooceny i jestem w stosunku do siebie bardziej surowy niż ktokolwiek inny. Niczego więcej mi nie potrzeba.

Ale choć staram się tego gówna nie czytać, to robią to inni, a potem wszystko mi przekazują. Prędzej czy później to do mnie trafia. Na początku meczu, kiedy przygotowywałem się do występu, podchodziłem więc obok miejsca przy linii bocznej, gdzie siedzą dziennikarze, i wypełniałem dłonie kredą, biorąc jej dużo więcej, niż potrzebowałem, a następnie rzucałem nią w ich kierunku i zaczynałem klaskać – tyle że klaśnięcie miało tak naprawdę jedynie ukryć, że właśnie obrzuciłem ich kredą. Kreda była wszędzie, lądowała na ich komputerach. Nie był to żaden żart, jak w przypadku Jordana, Johnny'ego i Jima – zawsze miałem ubaw, kiedy widziałem, jak wściekli są dziennikarze albo jak zasłaniają twarze papierzyskami. W tamtych czasach nie było jeszcze Twittera ani Instagrama. Gdy napisali na twój temat coś złego albo w oczywisty sposób nieprawdziwego, nie mogłeś odpowiedzieć im w internecie. Więc co niby miałem zrobić? Napisać list do wydawcy? W tamtych czasach media uważały, że zawodnicy powinni siedzieć cicho i nie reagować. Ale ja taki nie byłem. Moją odpowiedzią była chmura kredy.

Potem LeBron przejął ten rytuał i zmienił go po swojemu. Brał w ręce jeszcze więcej kredy niż ja, a potem wyrzucał ją w powietrze. Ludzie to uwielbiają. Kibice szaleją. A ja? Za każdym razem, kiedy to widzę, to myślę sobie: „Co za obciach. Tyle kredy i ani jednego wkurwionego pismaka, na którego by opadła".

Mark „Super Duper" Clayton

Miałem 11 czy 12 lat, kiedy Mama wypłaciła pieniądze, które udało jej się zaoszczędzić, pracując na niezliczonych etatach, i kupiła nam

Fot. Bruce Bennett Studios / Getty Images Studios / Getty Images

Mark Clayton

dom w Mauldin. Lepsza, bardziej sympatyczna okolica. Dobrze utrzymane domy z bujnymi zielonymi ogrodami pełnymi kwiatów. Lepsze otoczenie, ale życie naszej rodziny stało się straszniejsze. Mama wyszła ponownie za mąż. A ja zyskałem ojczyma, Ernesta. Był facetem z miasta. Na początku nie dogadywaliśmy się zbyt dobrze. Trudny typ. Kiedyś widziałem, jak z grupką ziomali wynoszą jakieś sprzęty ze sklepu AGD. Były też inne historie, o których nie chciał rozmawiać. Zdarzało się, że nie było go w domu przez wiele miesięcy. Nie miałem pojęcia dlaczego. A potem bum – wracał i zaczynał awanturować się o jakieś duperele. Kilka razy zrobiło się niewesoło. Był bardzo agresywny i miał ciężką rękę. Nie było policji, która mogłaby zareagować. Moją policją są sąsiedzi, a sąsiedzi trzymają się z dala od rodzinnych awantur. Zamieszanie. Strach. Niepewność. Ból. Zabierzcie mnie stąd. Pozwólcie mi wyjść na dwór i zagrać w kosza.

W starej okolicy, zanim przeprowadziliśmy się do Mauldin, na pierwszym miejscu, przed koszykówką, był futbol. Patrzyłem na to, jak Tony Dorsett* przytula piłkę, przedzierając się przez linię. Zakochałem się w Walterze Paytonie**. I chciałem być Markiem „Super Duper" Claytonem***, odbierającym podania od Dana Marino****. Umiałem latać. Wyobrażałem sobie, że wyprzedzam obrońców i łapię wszystko, co jest w zasięgu wzroku.

Wyobraźcie sobie taką scenę: wielkie boisko futbolowe za gimnazjum Hughes, na którym w obie strony biega 50 braci. Tak właśnie graliśmy – 25 na 25 – z jednym rozgrywającym. Totalna wolna amerykanka. Delirium. Eksplozja. No i ja w samym środku wydarzeń. Musiałem tam być, bo przecież byli tam wszyscy zajebiści

---

* Gwiazdor NFL występujący na pozycji running backa w Dallas Cowboys na przełomie lat 70. i 80., czterokrotny uczestnik Meczu Gwiazd Pro Bowl, zdobywca Super Bowl w 1978 roku.

** Gwiazdor NFL występujący na pozycji running backa w Chicago Bears na przełomie lat 70. i 80., dziewięciokrotny uczestnik Meczu Gwiazd Pro Bowl, zdobywca Super Bowl w 1986 roku.

*** Mark Clayton – gwiazdor NFL występujący na pozycji skrzydłowego w Miami Dolphins w latach 80. i na początku lat 90., pięciokrotny uczestnik Meczu Gwiazd Pro Bowl, razem z drugim skrzydłowym, Markiem „Super Duperem" (trzykrotnym uczestnikiem Meczu Gwiazd), tworzyli w Miami popularny duet „Bracia Marks".

**** Gwiazdor NFL występujący na pozycji quarterbacka w Miami Dolphins w latach 80. i 90., dziewięciokrotnie wybierany do Meczu Gwiazd Pro Bowl, MVP NFL w 1984 roku.

kolesie z naszej dzielni. I to właśnie w tych pojebanych meczach zdobyłem reputację.

Bo jeśli gram twardo, jeśli gram w złości, no kurwa, jeśli żyję wściekle, to jest tak dlatego, że wściekłość i ból to moja najbliższa rodzina. Ból prowadzi do wściekłości. Ale biorąc pod uwagę tamte czasy i okolicę, w jakiej się wychowałem, wściekłości nie wolno okazywać. Dzieciakom nie wolno pyskować. I nikomu z nas, dzieciaków, nie wolno powiedzieć niczego, co mogłoby doprowadzić do wściekłości Ernesta. Albo Mamę.

Mama miała różne swoje zasady. Nie wolno palić, nie wolno pić – i bardzo dobrze. To jest w porządku. Dzięki temu żyjemy moralnie. Ale czasami wjeżdżała ze zjebką w klimacie świadka Jehowy. Jehowa mówi, że masz zrobić to, Jehowa mówi, że masz zrobić tamto. A potem się odwracała i zaczynała po mnie jechać za to, że złamałem jedną z jej zasad.

Kiedy dostawałem wpierdol od Ernesta, wyobrażałem sobie, że pojawi się nagle mój prawdziwy ojciec i mnie uratuje – że niczym Batman albo Superman rozwali drzwi i rozpierdoli mojego ojczyma. „Nie wolno ci tego robić mojemu synowi! Nie wolno ci go dotykać! To moje dziecko!"

Ale niezbyt długo tak fantazjowałem. Mój prawdziwy ojciec pozostał duchem. Ernest dalej mnie tłukł, aż w końcu nabrałem ciała i pokazałem mu, że potrafię oddać, a potem jeszcze poprawić.

To złe wspomnienia. Dobre wspomnienia wiążą się z Bugiem. A przeprowadzka do Mauldin oznaczała ponowne z nim spotkanie. Kiedy po tylu latach zobaczyłem go po raz pierwszy, byłem w szoku. I czułem się podekscytowany. Bug i jego rodzice, państwo Petersowie, mieszkali blisko nas. Spotkanie po latach sprawiło, że zrobiło mi się cieplej na sercu. Bug miał brodę i wszędzie długie włosy – nawet na nogach i rękach. Miał krzywe nogi. Ja w tym czasie bardzo urosłem, a on nadal miał 165 centymetrów wzrostu.

A tak przy okazji, to właśnie Bug poznał mnie z Billym, Kevinem i wszystkimi ziomkami, którzy ciężko pracowali, żeby grać w kosza. To w Mauldin narodziła się moja miłość do koszykówki.

Derrick Coleman

Kiedy będąc nastolatkiem, mocno podrosłem w krótkim czasie, źle wpłynęło to na moją pewność siebie. Wiem, że może się to wydawać dziwne. Przecież bycie wysokim jest zazwyczaj postrzegane jako coś dobrego. Ale dla dzieciaka oznacza to też tyle, że zawsze cię widać. Nie możesz się schować. Jesteś w centrum zainteresowania. A jeśli nie czujesz się ze sobą najlepiej – a tak przecież jest z większością dzieciaków – to nie chcesz być widoczny. Możesz się czuć niezręcznie. Możesz nawet czuć się tak, jakbyś był jakimś wybrykiem natury. A ponieważ byłem nieśmiały, to zainteresowanie innych było ostatnią rzeczą, jakiej pragnąłem.

Gdy wyskoczyłem tak w górę nie wiadomo skąd i stałem się pełnowymiarowym dorosłym, ciężko mi było przejść tę transformację z normalności do anormalności. W tym zakresie najbardziej pomogła mi Mama. Wspominałem już o szorstkiej stronie jej charakteru. To ona była pierwszą osobą strzelającą z pistoletu, jaką w życiu widziałem. Jeśli zapytalibyście mnie, kogo najbardziej bałem się przez całe życie, odpowiedziałbym, że właśnie Mamy.

Ale to Mama miała też mądrość i odwagę, żeby przemówić mi do rozumu.

Czasami, kiedy widziała, że mam kryzys, zatrzymywała się i zaczynała ze mną rozmawiać.

– Co się dzieje? – pytała.

Zaczynałem coś chrząkać i mamrotać, a w końcu mówiłem coś w stylu:

– Jest mi dziwnie.

– Z czym jest ci dziwnie?

Derrick Coleman

Fot. Clarence Williams / Los Angeles Times / Getty Images

– Z tym, że jestem taki wysoki.

– Chłopcze – odpowiadała – nie ma powodów, żebyś czuł się z czymkolwiek dziwnie. Masz wszelkie powody, żeby czuć się dobrze. Każdy chłopiec marzy o tym, żeby być wysoki. Każdy facet o tym marzy. Bo to oznacza, że możesz na każdego patrzeć z góry. To błogosławieństwo. Zauważyłam, że się garbisz, że się osuwasz i zapadasz w sobie. Nie chcę tego więcej widzieć. Chcę żebyś zawsze stał wyprostowany. Wyprostowany i z podniesioną głową. Wyprostowany i dumny. Dumny z tego, że jesteś taki wysoki. Dumny z tego, kim jesteś.

Kiedy wystrzeliłem w górę, koszykówka stała się dla mnie bardziej atrakcyjna niż futbol. Rosłem tak szybko, że mój wzrost zaczął wyprzedzać koordynację ruchów. A pierwszą rzeczą, na jakiej zacząłem się koncentrować, stało się kozłowanie. Zwariowałem na punkcie kozłowania. Przed szkołą wstawałem o piątej rano, ubierałem się, brałem podręczniki i piłkę, po czym po cichu wymykałem się z domu, żeby nikogo nie obudzić. Zostawiałem książki na przystanku autobusowym, brałem piłkę i wchodziłem na górę długą ulicą Basswood. Kozłowałem, schodząc w dół, a potem kozłowałem z powrotem, wchodząc na samą górę. I tak w kółko, aż wszyscy pasażerowie pojawiali się na przystanku. Na początku kozłowałem jedną ręką. Potem drugą. Jestem przekonany, że sąsiedzi mnie nienawidzili. Dźwięk nieustannego kozłowania musiał sprawiać, że dostawali szału. Albo spali jak zabici, albo mieli dobre serca, bo nigdy mi nie powiedzieli, że mam spierdalać.

Był taki koleś, mój ziomal Wes, który lubił siadywać rano na ganku i mi się przyglądać.

– Podnieś głowę! – krzyczał do mnie. – Widziałeś, jak robi to Coleman? Też powinieneś tak robić.

– Kto to taki ten Coleman?

– Derrick Coleman. Gra w Syracuse. Powinieneś wiedzieć takie rzeczy.

To były mniej więcej te czasy, kiedy w siłę rosła telewizja ESPN. Transmitowali wszystkie mecze turnieju uniwersyteckiego Big East. Zacząłem więc oglądać Derricka. Stał się moim ulubionym koszykarzem, a Syracuse Orange – moją ulubioną drużyną. Oglądałem też w akcji Alonzo Mourninga. I Malika Sealy'ego. Analizowałem ich grę. Uczyłem się od nich. A zaraz potem jechałem na deskorolce do parku, szukając możliwości zagrania w jakimś meczu.

Cynthia Cooper-Dyke

zobacz **WNBA**

Cosmetology. Kosmetologia

Przed przeprowadzką do Mauldin Mama zajęła się kosmetologią i zaczęła pracę w sklepie Guys and Dolls. Niedługo później założyła własny biznes. Zaraz potem Ernest razem z grupką Meksykanów zaczęli przerabiać garaż na coś innego. Wkrótce Mama miała do dyspozycji kilka suszarek do włosów, pojemniki na szampon i całe to ustrojstwo. Działający biznes. Przez dwa lata pracowałem w jej salonie kosmetycznym.

– Chodź no tu, chłopcze, pomóż mi. Wyjmij wałki z włosów pani Maybury.

Byłem posłuszny, więc to robiłem. Wyjmowałem wałki. Myłem podłogę. Zmywałem zlewy.

– A teraz umyj włosy pani Washington i pamiętaj: zrób to dobrze.

Większość klientów salonu wywodziła się z Sali Królestwa. Mieli tam salę gimnastyczną, w której niektórzy chłopcy grali w kosza. W naturalny sposób do nich dołączyłem. Ale rywalizacja wyzwala coś, co nazywali doczesną energią. A podczas meczów rozgrywanych w kościele doczesna energia nie jest czymś mile widzianym. Plotki na ten temat dotarły do Mamy. Mama powiedziała, że mam odpuścić. Powiedziała też, że jeśli doczesna energia wyzwala się we mnie wtedy, kiedy gram, to mam przestać grać.

Mama była nie tylko stanowcza. Potrafiła w takich sytuacjach użyć siły. Rozumiałem to. Rozumiałem też, że moje zadanie polega na tym, że mam jej słuchać. Ale wtedy moja pasja pokonała strach. Musiałem grać. A żeby grać coraz lepiej, musiałem grać z największymi skurwielami. Sprawiali, że uciekałem z domu, żeby grać w kosza. A Mama była tak zajęta klientkami, że mogłem wałęsać się po okolicy tyle, ile chciałem.

Przez cały ten czas Mama nie przejmowała się koszykówką. Skupiała się na mojej nauce. Na tym, czy odrabiam lekcje. Czy zdam do następnej klasy. Czy pójdę na studia. Kiedy w liceum Mauldin dostałem się do szkolnej reprezentacji, nawet jej się do tego nie przyznałem. Przez całą pierwszą i drugą klasę liceum nie wiedziała, że gram. Dopiero w trzeciej klasie liceum, podczas meczu, w którym rzuciłem 40 punktów, zobaczyłem ją na trybunach. Z trudem to przełknąłem.

To był piątkowy wieczór. Do niedzieli nie wróciłem do domu. Zostałem z przyjaciółmi. Wiedziałem, że Mama będzie zła. I rzeczywiście – była tak wściekła, że kiedy znalazła w szafie ukryty tam strój koszykarski, to go podarła.

– Nie będziesz grał w koszykówkę – powiedziała. – Masz się skoncentrować na nauce.

Znałem ją na tyle dobrze, że wiedziałem, że dyskusja nie ma sensu. Ale byłem też świadom, że niezależnie od wszystkiego muszę grać w koszykówkę.

W poniedziałek poszedłem do szkoły, a trener dał mi nowy strój. I dalej grałem.

Kevin Costner

Costner był spoko, kiedy zagrał razem z Whitney Houston w *Bodyguardzie*, ale moim ulubionym filmem z jego udziałem jest *Gra o miłość*. Kevin wciela się tam w rolę miotacza baseballowego, który próbuje zaliczyć idealny mecz. Bardzo się z nim identyfikowałem.

Dziewiętnastoletnia kariera zawodowa bohatera granego przez Kevina, Billy'ego Chapela, dobiega końca. Jest reprezentantem starej baseballowej szkoły. Gra pomimo kontuzji. Jest lojalny wobec swojej drużyny. Uwielbia kolegów z zespołu. Tytuł filmu* mówi w zasadzie wszystko. Bohater gra dla miłości, a nie dla sławy czy pieniędzy.

Kiedy wchodzi na podwyższenie dla miotacza i zaczyna rzucać piłkę, to dźwięki ryczących tłumów – krzykaczy, hejterów, wrzeszczących szaleńców, cały ten zgiełk – znikają. Pozostaje tylko cisza. Cisza, która pozwala ci wejść w rytm. Przydarzyło mi się to nieskończenie wiele razy. Czy to w hali Madison Square Garden, czy w Staples Center, czy w Boston Garden. Czasem w sezonie zasadniczym, kiedy indziej w ważnym meczu play-offów. Decybele mogły wykraczać poza skalę, ale nie miało to znaczenia.

Moje ulubione filmy

1. *Igraszki losu*
2. *Life*
3. *Noce Harlemu*
4. *American Pie*
5. *Sherlock Holmes (w wersji z Robertem Downeyem Jr.)*

Wchodzę na parkiet i niczego nie słyszę. Na kilka sekund znajduję się w dźwiękoszczelnej bańce. Ta bańka pomaga mi się skoncentrować. Ta cisza pozwala mi powrócić do siebie.

Często powracam do tego filmu i oglądam go ponownie, żeby sobie przypomnieć, że w środku huraganu znajduje się zawsze oko cyklonu. I choć otaczają je wrzeszczące skrzydła, to w samym oku jest cichutko. Spokojnie. Pozwala nam to dostrzec, że przy

* *For Love of the Game* można dosłownie przetłumaczyć jako *Z miłości do baseballa.*

odpowiedniej koncentracji możemy iść do przodu w ciszy i osiągnąć coś, co wszystkim innym wydaje się niemożliwe do zrobienia.

The Courts. Boiska

Najpopularniejszym dla koszykówki miejscem w Greenville były boiska znajdujące się w parku Springfield. Trochę jak Kronk w Detroit, odjechana bokserska sala Emanuela Stewarta, który trenował tam najdzikszych bokserów, takich jak Thomas „Zabójca" Hearns, zwany też Kobrą z Motor City. Jeśli przetrwałeś treningi w Kronk, to byłeś w stanie przetrwać wszystko. I tak samo było z parkiem Springfield.

Królem boiska był tam Reggie Goldsmith. Wyglądało na to, że Goldowi wszystko przychodzi łatwiej. Był pierwszą supergwiazdą z Mauldin. Szanowało go całe hrabstwo Greenville. Miał 173 centymetry wzrostu i był obrońcą, śliskim jak cholera. Kolesie z miasta szanowali go za to, że miał niezłe ręce. Potrafił się bić. Panienki go uwielbiały. Gold miał też złotego nissana 300zx. Kiedy byłem jeszcze młody i chodziłem do parku, to patrzyłem na niego i mówiłem sobie: „O kurwa, to Gold". A gdy pojawiał się, jak już graliśmy, to rzucał coś w stylu: „Wypierdalać z boiska, skurwiele. Macie tu więcej nie przychodzić". Z tak wyluzowanym podejściem był siłą rzeczy samcem alfa, który rządził w parku. Wszystko kontrolował. Wkraczał do akcji, kiedy ktoś znęcał się nad słabszymi. Luzak, do którego wszyscy lgnęliśmy.

Chociaż Gold nigdy nawet nie zbliżył się do NBA – wylądował na uczelni w jakimś małym miasteczku – to stał się dla nas wzorem do naśladowania. Był też gościem, którego historia osobista przecinała się z moją. Okazało się, że ojczym Golda był najlepszym kumplem mojego prawdziwego ojca. Spotykał się też z kilkoma moimi starszymi kuzynkami.

Kiedy Gold miał siedem lat, przyszedł do mojej chaty i spotkał tam moją mamę, która miała mnie wkrótce urodzić. Moi rodzice byli wtedy jeszcze razem. Pamiętał, że była tam moja siostra Sonya, a starsi wyganiali ją z domu, bo byli na haju i nie chcieli, żeby dzieciaki się zorientowały.

Gold był też pierwszym trash-talkerem, którego istnienie zauważyłem. Kiedy oglądał z trybun moją grę, mówił: „Pokaż mu, co potrafisz, wielkoludzie. Nie czekaj. Skop mu dupsko". Nawet kiedy nie grał, kontrolował wydarzenia na boisku za pomocą tego, co mówił. A kiedy był na boisku, wykazywał się finezją – potrafił zadunkować po dobitce niecelnego rzutu, po czym odwracał się do obrońców i mówił: „Nie spodziewaliście, że tak was rozpierdolę, co?".

Gold wyrzucał z siebie tysiąc słów na minutę. To, jak szybko mówił, miało wiele wspólnego z rytmem jego gry. Było to też jednym z powodów, dla których potrafił zapanować nad każdą sytuacją. Jego głos rządził w parku. To od Golda nauczyłem się szybko gadać i z czasem sam mogłem zapanować nad parkiem dzięki niewyparzonej gębie.

Jakiś koleś, którego nie znałem, zastanawiał się, jak wejść w mecz, i zaczął się na mnie wydzierać, próbując zbić mnie z tropu.

– No spróbuj, ze mną takie akcje ci się nie udadzą, wielkoludzie.

– No dobra, to chodź – odpowiadałem. – Będziesz następny.

Ruszał w moim kierunku. Bum! Jazda! Oto ja, rozwalam mu dupsko, markuję rzut, po czym dunkuję ponad nim, totalnie go, kurwa, upokarzając.

– I co, dalej jesteś taki chojrak? Dalej będziesz pyskował? – pytałem.

Poza Reggiem Goldsmithem największymi zawodnikami na parkiecie byli bracia Baron i Paul Frankowie. Baron miał ksywkę Niedźwiedź, 198 centymetrów wzrostu, ważył 135 kilo, był łysy i strasznie się pocił. Chwytał cię za szyję, podnosił, po czym powalał na ziemię. Paul też był mistrzem nokautu, takim naszym Charlesem Barkleyem. Uwielbiałem go. Niedźwiedź był naszym Patrickiem

Ewingiem, naszym Olajuwonem. Wraz z Bugiem i Willem Valentine'em został członkiem mojej ekipy. Nazywali nas Basswood Boys. Byliśmy czymś w rodzaju rodziny. Kurczowo trzymaliśmy się razem, dobrze się bawiliśmy, ale musicie wiedzieć jedną rzecz o ludziach z naszej okolicy – najpierw się bijemy, dopiero później wyciągamy broń. W dzisiejszych czasach wszyscy strzelają, bo wszyscy mają broń. Ale nawet w tamtych czasach dzieciaki z Chicago, Los Angeles czy z Nowego Jorku nosili w kieszeniach pistolety częściej niż cukierki. W Karolinie było inaczej. W Karolinie podstawową bronią była pałka, deska albo kij baseballowy. No i oczywiście pięści. Jeśli ktoś przypierdolił się do jednego z nas, to miał przejebane u wszystkich.

Crews. Bandy

Korzenie sięgają głęboko. Trzeba się cofnąć do czasów plemion z Biblii. Wilki chodzą w stadach. Psy również. I my też. W zależności od kultury bandy bywają różne. Dzieciaki z uniwersytetów dołączają do bractw i stowarzyszeń, żeby mieć poczucie przynależności. Kiedy są dorośli i bogaci, to zapisują się do specjalnych klubów zrzeszających śmietankę towarzyską.

W naszej dzielni dość wcześnie zaczęliśmy łączyć się w bandy. Czasami były one dość niewinne – po prostu zwykłe dzieciaki, które lubiły spędzać czas w swoim towarzystwie. Ale zdarzało się, że bandy zmieniały się w gangi. Różne momenty historyczne wymagają różnych reakcji. Według mnie przyczyną powstawania band jest potrzeba poczucia bezpieczeństwa. A o bezpieczeństwo łatwiej jest w grupie. Bezpieczeństwo wynikające z tego, że otaczasz się braćmi, o których wiesz, że możesz na nich liczyć. Bezpieczeństwo, które bierze się z tego, że wiesz, że nie jesteś sam.

Urodziłem się w drugiej połowie lat 70., a dorastałem w latach 80. Lata 80. były mordercze. Swoją pierwszą bandę miałem w Karolinie.

Nie można było jej porównać z bandami z Chicago. Musiałem szybko nauczyć się zasad panujących w tamtejszych bandach. Lata 80. były traumą dla większości Czarnej Ameryki. Nie twierdzę, że dla wszystkich, ale miliony braci i sióstr miały przejebane – nie tylko ci, którzy sami ćpali, ale także ci, których kumple i członkowie rodzin ćpali.

Południu nie udało się uniknąć czasów narkotyków. Koka wymiotła moich ziomali niczym tsunami. Koka zniszczyła równowagę w naszej dzielni. Sprawiała, że lata 80. stały się koszmarem pełnym samobójstw. Niektórzy moi wujkowie, najfajniejsi z kolesi, jakich znam, wariowali przez kokę. Stary, w naszym bloku chyba nie było ani jednej rodziny, której członek nie spróbowałby koki albo w jakiś sposób nie przedawkował. Przyglądanie się temu było koszmarem. Cała populacja zdewastowana tym diabelskim narkotykiem.

Skąd się wziął? Kto stał za tą plagą? Kto czerpał z niej zyski? Wyglądało to na dokonane z premedytacją ludobójstwo. Do dziś zastanawiam się nad tym, jakie siły za tym stały. Wiem tyle, że to zajebało całą Czarną Amerykę i doprowadziło do rozwoju band i gangów.

Kiedy trafiłem do NBA, zabrałem ze sobą moją bandę. Możecie nazwać lata 90. posttraumatyczną wersją lat 80. Wciąż jeszcze byliśmy w szoku po tym, przez co musieliśmy przejść, żeby przetrwać. Nasze bandy otaczały nas, pocieszały i chroniły. Im wyżej byłem w koszykarskiej hierarchii, tym wyżej pięła się ze mną moja banda. W pewnym momencie czułem się tak, jakbym miał ze sobą całą armię.

A potem wydarzyło się coś dziwnego. W drugiej części mojej kariery – powiedzmy, że w jej drugim dziesięcioleciu – moja banda zaczęła się kurczyć. Im byłem dojrzalszy, tym mniej towarzystwa potrzebowałem. Przewińmy taśmę do dzisiaj, kiedy siedzę sobie w pustym domu i piszę książkę. Nie ma ze mną nikogo. Żadnej bandy, która mi kibicuje. Spoglądam sobie na góry w oddali, piszę i się zastanawiam, próbując zebrać myśli. Samotnik. Solista. I jest mi bardzo dobrze w moim własnym towarzystwie.

Nie chcę przez to powiedzieć, że bandy są złe. Wtedy, kiedy potrzebowałem bandy, to naprawdę jej potrzebowałem. W mojej popieprzonej dzielni albo w jakiejś popieprzonej kulturze korporacyjnej, albo w popieprzonej NBA banda pomaga ci pozostać przy zdrowych zmysłach. Skoro jesteś na topie, to dlaczego nie miałbyś się dzielić radością i nie zabrać na przejażdżkę swojej bandy? Ale na koniec dnia, kiedy sława przeminie, kiedy umilkną owacje, chodzi już tylko o to, żeby robić swoje. Żeby jasno myśleć. Żeby podejmować mądre decyzje. Żeby samemu umieć wszystko przemyśleć.

Bycie samemu to coś innego niż samotność. Samotność oznacza, że czegoś ci brakuje. Ale jeśli spędzę godzinę albo dzień, albo tydzień sam, to jest spora szansa, że dowiem się czegoś, czego wcześniej nie wiedziałem. I choć nie rozmawiam ze swoją bandą codziennie i już nie imprezujemy tak jak kiedyś, to wciąż mam tych ludzi w sercu. Wciąż łączy nas więź. To, co stało się z nami, dzieje się ze wszystkimi prawdziwymi bandami. Dorośliśmy.

I dziś, i na zawsze pozostaniemy OBF*. Official Block Family – Oficjalną Rodziną z Bloków.

Mark Cuban

Uwielbiam gościa. To on pierwszy z finezją radził sobie z władzami ligi. Pokazał im, jak należy traktować koszykarzy. Cuban był wielkim kibicem, który został właścicielem klubu. W czasach kiedy się tego nie robiło, zainstalował w szatniach wideo i wielkie monitory. Podjął decyzję o zakupie wygodnych krzeseł. Wprowadził salony do masażu ze świeczkami i muzyką New Age. Traktował zawodników tak, jakby byli królami. I karmił ich jak królów. Zawodnicy gości

* OBF to również marka odzieżowa stworzona przez Garnetta.

Fot. Stephen Dunn / Getty Images

Mark Cuban

dostawali po meczach luksusowe czterodaniowe obiady. Mogę sobie tylko wyobrażać, co dostawali Mavs.

Muszę mu oddać szacunek. Po moim pierwszym daniu zjedzonym w hali American Airlines Center poszedłem do jego biura i powiedziałem:

– Panie Cuban, przepraszam, że przeszkadzam, ale muszę panu coś powiedzieć. Kiedy byłem debiutantem, to musiałem ganiać do Taco Bell i McDonald's i nosić dla wszystkich jedzenie. Chciałem tylko, żeby pan wiedział, że bardzo doceniam to, co pan robi.

– Dzięki, KG. Rozegrałeś dziś dobry mecz.

Bardzo szybko się okazało, że Cuban zmienia całą kulturę klubową. Ośrodki treningowe, kucharz zatrudniony na okrągłą dobę. Duży nacisk na dietę. Odpowiedni dobór soków. Supernowoczesne prysznice, z których woda płynie pod maksymalnym ciśnieniem.

Wanny z hydromasażem, wystarczająco duże, żeby pomieścić facetów mierzących 213 centymetrów. Teraz zatrudniają nawet fryzjerów, żeby zawodnicy mogli się ostrzyc przed powrotem do domu.

Historia NBA jest czymś więcej niż tylko historią kilku skąpych właścicieli, których jedynym celem jest śrubowanie zysków kosztem zawodników. I właśnie Cuban to zmienił. Wprowadził benefity związane ze zdrowiem i wygodą, które – gdyby sami zawodnicy musieli je opłacić – kosztowałyby być może i 200 tysięcy dolarów. I wierzę, że zrobił to nie tylko dlatego, że jest kibicem, który uwielbia swoją drużynę, ale również dlatego, że uznał, że tak właśnie powinno się zrobić. Nie wspominam o tym, jak bardzo przyciąga to koszykarzy do Mavs. Jak dla mnie to Cuban jest niesamowicie spoko gościem.

D

Glen Davis / Depresja/ Dissecting. Dokładna analiza / DMX / Doc / Doktor J / Doktor Jekyll i Pan Hyde / Double Team. Podwajanie / Drużyna asów / Duke kontra Michigan / Tim Duncan / Dunk / Kevin Durant

Glen Davis

Bycie debiutantem w NBA jest trudne, niezależnie od tego, w jakiej jesteś drużynie. To proces ciągłej adaptacji. Musisz się przyzwyczaić do podróży, do spania w hotelach. Musisz się przyzwyczaić do tego, że wszyscy, których znasz, nawet jeśli spotkałeś kogoś tylko raz w życiu, nagle się pojawią i będą cię prosić o załatwienie biletów albo proponować zainwestowanie w ich biznes, albo po prostu będą chcieli kasy. No i musisz się przyzwyczaić do tego, że nie jesteś już wymiataczem.

Przed przejściem na zawodowstwo to ty rządziłeś w każdej drużynie, w której grałeś. Ale kiedy trafiasz do NBA, bardzo szybko musisz nauczyć się pokory. Właśnie dołączyłeś do bractwa zrzeszającego najlepszych koszykarzy na świecie. Płyniesz morzem historii. Już nie jest tak, jak na studiach, gdzie pula talentów jest szeroka jak Wielki Kanion. Wszyscy koszykarze NBA są świetnymi grajkami. I wszyscy starają się u t r z y m a ć w NBA. Mają rodziny, o które muszą zadbać. Mają gęby, które muszą wyżywić. Każdy robi wszystko, żeby utrzymać pracę. Debiutanci mogą być postrzegani jako zagrożenie dla bezpieczeństwa zatrudnienia. Terrell Brandon, który został mentorem Shota, to wyjątek potwierdzający regułę.

Glen Davis

Fot. Elsa / Getty Images

Debiutanci w NBA są jak żywiec w wodzie pełnej rekinów. Muszą walczyć, żeby przeżyć, i udowodnić, że zasługują na miejsce w lidze.

Wyobraźcie sobie więc, jak to jest być debiutantem w Celtics w sezonie 2007/08. W składzie macie mnie, P i Raya, którzy właśnie zjednoczyli się we wspólnym celu – żeby zdobyć mistrzostwo NBA.

Moje pierwsze spotkanie z Glenem Davisem, zaraz po jego przyjeździe do Bostonu, skończyło się niemiłą kłótnią. Już nawet nie pamiętam, o co się ścięliśmy. Pamiętam za to, że obaj się wkurwiliśmy. Następnego dnia nawet się do siebie nie odzywaliśmy. Ale 24 godziny później Glen przyszedł do mnie i powiedział: „Słuchaj, Ticket, jeśli chodzi o tę kłótnię przedwczoraj, to moje zachowanie było nie na miejscu. Przepraszam".

Pierwszy raz jakiś inny koszykarz NBA za coś mnie przeprosił. Chwycił mnie za serce.

– Nie zamierzam się z tobą napierdalać – powiedział. – Chcę się od ciebie uczyć.

– Słuchaj, stary – odpowiedziałem. – Ja też cię przepraszam.

I tyle. Potem zostaliśmy braćmi. Kumplami na całe życie. Okazało się, że miał dzieciństwo trudniejsze nawet od mojego. Wszyscy nazywali go Big Baby. A ja nazywałem go Funkiem.

Mogłem go nauczyć sporo rzeczy – jak bronić przeciwko wyższym koszykarzom, jak zastawiać się pod koszem albo jak wykorzystać swoją mobilność. Jak na wysokiego gracza podkoszowego Funk był bowiem bardzo ruchliwy. No i sprytny.

Jeśli miałbym iść na wojnę, to zabrałbym ze sobą do okopów Funka.

Został pierwotnie wybrany w drafcie przez Seattle. Upchnęli go w transferze z Rayem. Celtics oddali wtedy za mnie kilku wysokich graczy, między innymi Ala Jeffersona. Musieliśmy więc zaufać Funkowi, że będzie w stanie zrobić więcej niż typowy debiutant. I dał radę.

W grudniu nasz pierwszy center, Kendrick Perkins, musiał pauzować przez kontuzję dużego palca u nogi. Nie było to takie dziwne.

Koszykarzom ciągle przytrafiają się kontuzje dużego palucha. Tyle że Perk nie doznał tej kontuzji, grając w kosza. Źle złożył łóżko i zawaliło mu się na nogę. Media strasznie się z tego nabijały, z perspektywy czasu też muszę przyznać, że było to dość śmieszne, ale wtedy nikomu z nas nie było do śmiechu. Połowa drużyny była nowa w porównaniu z zespołem sprzed roku i potrzebowaliśmy każdego meczu, żeby nawzajem się siebie nauczyć, przystosować do wspólnej gry i złapać chemię. Do tej pory w każdym meczu na parkiet wybiegała taka sama pierwsza piątka – ja, P, Ray, Rondo i Perk – no i wymiataliśmy, wygraliśmy 17 z pierwszych 19 meczów. Ale nie byliśmy usatysfakcjonowani i wcale nie uważaliśmy się za faworytów do zdobycia tytułu. Wręcz przeciwnie, myśleliśmy sobie tak: „Kurwa, Perk, grasz w NBA, zarabiasz nie najgorzej, jak to w NBA. Dlaczego musisz sam składać meble? Dlaczego robisz zakupy w sklepach IKEA?".

W taki oto sposób Funk miał zadebiutować w pierwszej piątce. Był kurewsko zdenerwowany. Oddychał szybko i głęboko, jakby przegiął z hiperwentylacją. Ale włożył w grę całe serce. Zdobył 16 punktów – w tym dziesięć z linii rzutów wolnych – i odnotował dziewięć zbiórek. Wtedy już wiedziałem, że koleś będzie kluczowy dla osiągnięcia przez nas sukcesu. Dlatego też tak po nim jechałem, cisnąłem go i podnosiłem mu poprzeczkę. Codziennie razem pracowaliśmy. Nie było lepszego partnera do treningu od Funka.

A potem, w grudniu 2008 roku, nadszedł wieczór, kiedy graliśmy z Portland. Pod koniec trzeciej kwarty prowadziliśmy różnicą 25 punktów, więc wszyscy zawodnicy pierwszej piątki mogli usiąść na ławce. Tyle że w połowie czwartej kwarty Blazers zmniejszyli stratę do 13 oczek. W tamtej drużynie Boston Celtics zajebiste było to, że potrafiliśmy się nawzajem kontrolować. Nie potrzebowaliśmy sztabu szkoleniowego, żeby nam mówił, że nie gramy wystarczająco dobrze i nie wykorzystujemy swoich umiejętności. Podczas przerwy na żądanie zebrałem grupę rezerwowych, którzy byli na boisku, i powiedziałem im, co jest nie tak. Nie byłem zbyt miły. Nie byłem grzeczny. No i Funk się wkurwił. Ale nie wkurwił się na mnie. Wkurwił się na siebie. Wkurwił się, że nie grał lepiej i że zawiódł drużynę. Zawodnicy pierwszej piątki musieli wrócić na parkiet. Funk wybiegł ze zbiórki i usiadł zapłakany na ławce, a kamery telewizyjne to uchwyciły. Obok niego siedział Sam Cassell, który założył mu na głowę ręcznik, żeby nikt nie widział go w takim stanie. I świetnie to rozumiem, działał instynktownie. Chciał chronić prywatność kolegi. Wiedział, że media zrobią z tego wielką aferę, i oczywiście tak się właśnie stało. Ale nie było żadnego powodu, dla którego Funk miałby się wstydzić tych łez. Wręcz przeciwnie – powinien być z nich dumny. Bo pokazywały, jak bardzo mu zależy. Wtedy w Celtics wszyscy tacy byliśmy. Totalnie emocjonalni i pełni pasji. Mieliśmy serca na dłoni i dawaliśmy z siebie wszystko. A ja zawsze będę wolał grać z zawodnikiem, który gra z pasją, nawet jeśli nie jest aż tak utalentowany jak ktoś, kto ma jej mniej.

A Funk miał i jedno, i drugie – pasję i talent.

W ciągu czterech lat, które spędziliśmy razem w Bostonie, zaliczył kilka historycznych chwil. Takich jak występ w czwartym meczu finałów w 2010 roku przeciwko Lakers, w którym zdobył 18 punktów – z czego połowę w czwartej kwarcie.

„Czułem się jak bestia – powiedział potem na konferencji prasowej. – Naprawdę, będę z wami zupełnie szczery. Czułem się tak, jakby nie sposób mnie było zatrzymać".

Po meczu byłem z niego cholernie dumny i byłem też zajebiście dumny z tego, co powiedział. Widziałem, że mówi z pewnością siebie, nad którą tak ciężko z nim pracowałem, pomagając mu ją wpoić. Uczeń stał się mistrzem.

Ale wciąż zdarzały się dni, kiedy musiałem mu przypominać, że nigdy mnie nie przeskoczy w byciu samcem alfa.

Byliśmy w Toronto, gdzie dzień później mieliśmy rozegrać mecz. Zawsze wychodziliśmy razem na kolację, żeby zjeść wspólnie całą drużyną, więc wskoczyliśmy do vana i niczym armia barbarzyńców pojechaliśmy do knajpy ze stekami Ruth's Chris. Dali nam prywatną salę i zamknęli drzwi, ale nie dało się uciszyć hałasu, który z siebie wydawaliśmy. Firma Beats wypuściła właśnie przenośne głośniki i puszczaliśmy na cały regulator najnowsze kawałki Lila Wayne'a. Zaczęliśmy grać w kości i zrobiło się jeszcze głośniej, aż w końcu przyszedł menedżer i poprosił nas, żebyśmy byli trochę ciszej. Ale nie byliśmy w stanie się uciszyć, więc postanowiliśmy wypierdalać.

Dzień później nasz mecz w Toronto przypominał walkę psów. Ostatecznie wygraliśmy po celnym rzucie oddanym równo z końcową syreną. Byliśmy podekscytowani i nabuzowani. Wsiedliśmy do samolotu. Było jak w *Soul Plane: Wysokie loty*, filmie z Kevinem Hartem, Method Manem i Snoop Doggiem, w którym na wysokości dziewięciu kilometrów nad ziemią bracia robią szaloną imprezę. No cóż, w porównaniu z tym, co myśmy zrobili, *Soul Plane* był jak *Mary Poppins*. Graliśmy w kości, graliśmy w bourré. Szalona energia. Nikt nie byłby w stanie nas uspokoić. Doc musiał zapiąć zasłonę pomiędzy przodem i tyłem samolotu, gdzie znajdowało się co najmniej sześć różnych stolików hazardowych, na których jednocześnie grano. Nazwaliśmy to sobie małym Las Vegas.

Funk zdążył już zdjąć koszulę i ciągle chciał się z kimś siłować na rękę. Właśnie kogoś pokonał. Miał też za sobą kilku cheerleaderów, na przykład Tony'ego Allena. I kiedy Funk rozwalił Leona Powe'a, który też jest przecież silnym skurwielem, Tony zaczął się wydzierać: „O kurwa! Ale go rozjebałeś!".

A ja tylko siedziałem i się przyglądałem. Grałem rolę Robina. Nie musisz być zawsze Batmanem. Paul Pierce też się przyglądał i chciał się zabawić, więc powiedział coś w stylu, że w pojedynku z Funkiem postawiłby na mnie. Funk był gotów. Zaczął wrzeszczeć:

– No to jedziemy!

– Do kogo, kurwa, mówisz? – zapytałem Funka.

– Do twojego dupska, śmieciu – odpowiedział.

– Uspokój się.

– Właśnie, że się, kurwa, nie uspokoję. To ja tu rządzę.

– Pierdol się.

Baby nie zamierzał odpuścić. Starliśmy się głowami. P zaczął krzyczeć:

– Stawiam na Ticketa. Nikt nie pokona Ticketa.

P położył na stole dużą sumę. Wszyscy zaczęli obstawiać. Młodzi chłopcy kontra stare wilki.

Zanim się starliśmy, powiedziałem Funkowi:

– Widziałem, że lewą ręką chwytasz się stołu, żeby zrobić dźwignię. Widziałem, jak musiałeś z tego skorzystać, żeby sobie poradzić z tym młodym byczkiem.

Powiedziałem to, bo tak naprawdę było, ale powiedziałem to też po to, żeby go zdenerwować.

– To nie miało nic do rzeczy – powiedział Funk.

Dalej pyskował, a ja wciąż mu przypominałem, że bez dźwigni z nikim by nie wygrał.

– Zamknij się, kurwa! – powiedział. – Dawaj rękę.

No i to zrobiłem. Ale kiedy chwyciliśmy się za ręce, to zorientował się, że mam dłuższą rękę niż on, że mam nad nim przewagę wzrostu. I choć nie jestem napakowany, to z pewnością jestem znacznie silniejszy, niż moglibyście się spodziewać.

Żeby jeszcze bardziej zdenerwować Funka, kiedy chwyciliśmy się za ręce, zacząłem machać lewą ręką niczym dyrygent dyrygujący orkiestrą.

– Do niczego tej ręki nie potrzebuję, nie zamierzam nią za nic chwytać – powiedziałem. – A ty jak, koleś?

– Zaraz cię rozjebię, Ticket – odpowiedział.

A ja na to:

– Nikogo teraz nie rozwalisz, czarnuchu. Nie jestem Leonem Powe'em.

Zobaczyłem, że na jego czole pojawiły się kropelki potu, więc dalej go prowokowałem.

– Może jeszcze mocniej chwycisz za stolik, bo jak widzisz, to gówno na mnie nie działa tak, jak sobie zaplanowałeś.

Funk zaczął stękać. A ja zacząłem jeszcze bardziej wymachiwać wolną ręką, nabijając się z niego każdym jej ruchem. Chłopcy się wydzierali.

Oczy Funka zrobiły się ogromne. Pot zaczął kapać mu z czoła. Lał się strumieniem. Czułem, że go boli.

Ale nadal wymachiwałem wolną ręką.

I nadal mu mówiłem, że nigdzie się nie wybieram.

A potem poczułem delikatne rozluźnienie w jego chwycie. Tego właśnie potrzebowałem. Wydałem z siebie wrzask i powaliłem jego rękę – bum! – natarłem na niego bykiem i powiedziałem:

– Nigdy więcej nie wolno ci okazywać mi braku szacunku. Jestem silverbackiem* tego jebanego stada. To ja tu rządzę.

Wstaliśmy, objęliśmy się i zaczęliśmy śmiać jak wariaci, którymi zresztą byliśmy.

Depresja

zobacz **Narkotyki; Cisza**

Dissecting. Dokładna analiza

Uważam, że dokładne analizowanie stylu gry innych zawodników było klejnotem w koronie mojego koszykarskiego dziedzictwa. Mam na myśli geometrię, analizę kątów, zmuszanie rywala do obrotu, a kiedy już się obróci – gotowość do podebrania i wydarcia mu

---

* Goryl srebrnogrzbiety, szef stada.

piłki. Mój matematyczny talent. Moje trzecie oko. Widzę, jak rywal przygotowuje się do zamarkowania rzutu, ale nie dam się nabrać na ten zwód. Piłka jest tutaj, zaraz wyrwę mu ją z rąk. Im lepiej grałem, tym częściej miałem wrażenie, że rywale spowalniają. Czułem się jak w *Matrixie*. Byłem sprawny fizycznie – częściowo był to dar od Boga, a częściowo wytrenowałem tę cechę dzięki tysiącom godzin ciężkiej pracy. Ale prawdziwa finezja brała się z analizy. To tam sfera fizyczna łączyła się z mentalną.

DMX*

Kiedy DMX zaczął rapować, grałem już w NBA. I chociaż nie byłem bandziorem ani złodziejem, to od ulicy oczekiwałem czegoś więcej – a konkretnie tego samego gówna, o którym rapował DMX.

DMX szczekał dokładnie tak samo jak ja. Nie miał gładkiego głosu. Jego ton był chropowaty. Ostry. Podobało mi się to. Jego muzyka rozbrzmiewała w naszym pokoleniu. Ta muzyka mnie reprezentowała. Grałem w jej rytm. Co by było, gdyby Magic Johnson był chłopakiem z sąsiedztwa? Albo gdyby miał takie nastawienie jak DMX? Tak właśnie myślałem o swoim stylu gry.

Grałem w rytm muzyki, której słuchałem. Grałem, ruszając prosto na rywali. Muzyka waląca prosto w twarz i koszykówka waląca prosto w twarz. Kultura hip-hopu oślepiająca koszykarzy i koszykarze oślepiający kulturę hip-hopu. Ruch obustronny.

Żyłem zgodnie z tym, jakiej muzyki słuchałem. Chodziłem razem ze swoją bandą w miejsca, do których inni bracia bali się chodzić. Łączyła nas zajebiście głęboka przyjaźń. Na dobre i na złe. Tak to wtedy wyglądało. Taka była kultura.

Dzięki DMX-owi mieliśmy swoje hymny.

---

* Earl Simmons, urodzony w 1970 roku amerykański raper i autor piosenek, popularny w latach 90. Zmarł 9 kwietnia 2021 roku.

DMX

Fot. Theo Wargo / Getty Images

Doc

Mogłem z nim poczekać do R, ale jest dla mnie zbyt ważny, żeby czekać tak długo. Wprowadzam go do tej historii dość wcześnie. Wprowadzam go już teraz, bo go wyczuwam. Bez Doca nigdy nie dotarłbym na szczyt.

Było lato 2007 roku. Po 12 sezonach spędzonych w Minnesota Timberwolves dołączyłem do Boston Celtics w zamian za pięciu zawodników i dwa wybory w pierwszej rundzie draftu w ramach największego transferu za jednego zawodnika w historii NBA. Byłem podjarany. Przed rozpoczęciem sezonu mój nowy trener, Doc Rivers, przyszedł do Paula Pierce'a, Raya Allena i do mnie, czyli do trzech zawodników, którzy – jak sądził – będą w stanie dać Bostonowi mistrzostwo, i poprosił, żebyśmy spotkali się dzień później w porcie na nabrzeżu o szóstej rano.

Wszyscy trzej solidarnie jęknęliśmy.

– No dobra – powiedział. – Niech będzie o ósmej.

Przyjechaliśmy na miejsce punktualnie o ósmej. Był tam tylko Doc i jakaś stara łódź. Wyglądała jak autobus na wodzie.

– Co to takiego? – zapytałem.

– Kaczka* – odpowiedział Doc.

– Co będziemy robić?

– Wsiadamy do kaczki. Zabieram was na przejażdżkę.

Paul spojrzał na mnie, Ray spojrzał na Paula, a potem wszyscy trzej skierowaliśmy wzrok na Doca, jakbyśmy chcieli spytać: „Co tu się odpierdala?".

Wsiedliśmy do łódki, a Doc powiedział swoim zachrypłym, ale zawsze pozytywnym głosem:

– Pojedziemy na wycieczkę statkiem po Bostonie. Kiedy zdobędziecie mistrzostwo, to właśnie w tej łodzi popłyniecie przez miasto, ludzie wyjdą na ulice i będą wiwatować. Opłyniemy tę tamę. Przepłyniemy pod tym mostem. Zatrzymamy się pod tym budynkiem. I przez cały czas ludzie będą szaleć ze szczęścia, bo uda wam się wyprowadzić tę drużynę z koszmaru poprzedniego sezonu do sezonu zwycięskiego. Będą szaleć, bo doprowadzicie do najbardziej niesamowitej odmiany losów w historii koszykówki. Będą szaleć, bo ty, Kevin, zdobędziesz nagrodę dla najlepszego obrońcy. Wiedzą już, że jesteś świetny w ataku, ale nigdy wcześniej nie widzieli cię grającego tak fantastycznie w obronie.

Nie mogłem oderwać od niego oczu. Doc jest wielką osobowością. Jego zachrypnięty głos sprawiał, że miało się ochotę słuchać go bez końca. Był stanowczy i przekonujący. Ale tak naprawdę dotarła do mnie jego wyzierająca spod tej siły dusza. Niektórzy ludzie

* Duck boat – przypominający kaczkę autobus przerobiony na amfibię, atrakcja oferowana często turystom w miastach leżących nad morzem, nad jeziorem albo nad rzeką, umożliwiająca zwiedzanie miasta lądem i wodą.

Fot. Ronald Martinez / Getty Images

Z Dokiem Riversem

potrafią dobrze planować, inni są wizjonerami. Doc to wizjoner. Manifestuje to, co czuje, a jego uczucia sprawiają, że jesteś totalnie zmotywowany. Doc jest kimś takim, kogo nie chce się zawieść.

W tym sezonie w lutym siedzieliśmy w szatni po meczu z Lakers w hali Staples Center. To był nasz ostatni mecz przeciwko nim w sezonie zasadniczym. Doc wziął kopertę i powiedział:

– Puszczę to teraz w obieg i chcę, żebyście wszyscy włożyli do środka po 100 dolarów.

Co takiego? Po co?

– Jeśli mi ufacie, to po prostu włóżcie tu tę kasę.

Ufaliśmy mu. Wszyscy włożyli po 100 dolarów, nawet asystenci i ludzie odpowiedzialni za sprzęt.

– Dobra – powiedział Doc. – A teraz zapieczętuję tę kopertę i schowam ją pod sufitem. Jeśli chcecie te pieniądze jeszcze kiedyś zobaczyć, to będziecie musieli tutaj wrócić i spotkać się z Lakersami w finale.

Kiedy wróciliśmy do LA na finały, Doc nie zapomniał o swojej obietnicy. Wyciągnął kopertę ze skrytki pod sufitem i oddał nam nasze studolarówki. To była piękna chwila.

Kiedy Clippersi zwolnili Doca po zakończeniu sezonu w 2020 roku, byłem wściekły. Statystyki przemawiały na jego korzyść: w ciągu siedmiu sezonów Clippers sześciokrotnie wchodzili do play-offów. Doc miał odsetek wygranych meczów na poziomie 63,1 procent. Ale poza statystykami są jeszcze fakty duchowe. Udało mu się utrzymać drużynę w ryzach w bardzo trudnych czasach. Za samo to klub powinien dać mu jeszcze jedną szansę. A szefowie Clippers przedwcześnie zabili marzenia.

W 2014 roku ujawniono, że właściciel Clips, Donald Sterling, jest rasistą. Został nagrany. Co zrozumiałe, koszykarze Doca byli w szoku. Morale drużyny kompletnie się posypało. I wtedy Doc stanął w szatni i powiedział: „Nazywam się Glenn Rivers. Jestem z Chicago, jestem czarny i jestem wkurwiony. Nasz właściciel jest rasistą i nie chcę mieć z nim nic wspólnego". A potem zmienił temat i zaczął mówić o czymś znacznie ważniejszym. Bo ta historia była o czymś więcej niż tylko o Sterlingu. Sterling był chujem, ale przeszedł już do historii. Doskonałość w jakiejkolwiek dziedzinie życia – w sporcie, w polityce, w biznesie, w czymkolwiek – można osiągnąć w czasach próby. Bo to one wystawiają charakter człowieka na próbę.

Kiedy w Kenoshy w stanie Wisconsin rozpętało się piekło i gliniarze zabili Jacoba Blake'a, Doc wykorzystał pomeczową konferencję prasową, żeby powiedzieć: „To niesamowite, że tak bardzo kochamy ten kraj, a kraj nie odwzajemnia tej miłości".

Takie są fakty.

Zastanawiam się nad trenerską Mount Rushmore. Widzę tam wyrzeźbione podobizny Gregga Popovicha, Phila Jacksona i Reda

Auerbacha. Widzę Larry'ego Browna i Johna Thompsona. Ale widzę tam też Doca. Jest tam wysoko.

Był dla mnie ojcem, który sprawił, że stałem się koszykarzem kompletnym. Cisnął mnie bardziej niż ktokolwiek inny. Uważał, że popełnianie błędów jest w porządku. Mówił, że jest w porządku, kiedy czujesz się zmęczony, w porządku, kiedy coś zawalisz. Kazał mi odpoczywać. Zanim poznałem Doca, nie zdawałem sobie sprawy, że powinienem się czasami wyłączyć. Doc był typem trenera, który zabierał drużynę do kina tylko po to, żeby zawodnicy oderwali się na chwilę od koszykówki. Wiedział, że obsesja może sprawić, że coś przekombinujemy, że przesadnie zareagujemy albo że wypadniemy z rytmu. Doc miał też w sobie głęboką mądrość, jeśli chodzi o rodzinę, wychowanie dzieci i o to, w jaki sposób należy się zachowywać, żeby móc o sobie powiedzieć, że jest się uczciwym człowiekiem.

Jest tylko jeden Doc Rivers.

Doktor J

zobacz **Dunk; Shoes. Buty**

Doktor Jekyll i Pan Hyde

zobacz **Tim Duncan**

Double Team. Podwajanie

Wszyscy opowiadają zawsze o tym, że w Celtics była pierwsza Wielka Trójka i w jaki sposób zmieniło to koszykówkę, tworząc fundamenty dla LBJ-a, D-Wade'a i Chrisa Bosha w Miami albo dla Stepha, Klaya i KD w Golden State. Ale niewiele osób mówi o tym, dlaczego posiadanie Wielkiej Trójki tak dobrze się sprawdza. Nie chodzi przecież tylko o to, żeby mieć w składzie trzy supergwiazdy.

Rzecz w tym, że posiadanie tych zawodników na parkiecie w tym samym czasie zmusza rywali do reakcji. Chodzi o podwajanie.

Bo wystarczy, że masz dwóch rywali, których się obawiasz, a robi się trudno. Podwajasz w obronie jednego z nich, a on patrzy, czy ten drugi nie ma czystej pozycji. Jeśli obrona rotuje się wystarczająco szybko, to jest w stanie odciąć go od podania. Ale wystarczy, że dodamy trzeciego zawodnika, i podwajanie staje się praktycznie bezużyteczne. Jeśli szybko przekazujecie sobie piłkę, to nie ma mowy, żeby defensywa nadążyła ze zmianami rotacji. Piłka zawsze porusza się szybciej od nóg. A zatem rywale muszą zapomnieć o podwajaniu, muszą po prostu grać normalnie. I wtedy gwiazdy mogą naprawdę rozwinąć skrzydła.

Wiem, że może to się wydawać oczywiste, ale wcale tak nie jest. Dla wielu zawodników podwajanie stanowi spore wyzwanie. Robią wielkie oczy, kiedy widzą zbliżających się do nich dwóch obrońców. I zamiast szybko oddać piłkę wolnemu koledze z drużyny, chcą pokazać, jacy są świetni, i próbują minąć rywali kozłem. A zatem w posiadaniu w składzie Wielkiej Trójki nie chodzi wcale tylko o to, żeby mieć na boisku trzy gwiazdy. Rzecz w tym, żeby mieć trzech pozbawionych egoizmu świetnych zawodników, którzy kupują system gry i są gotowi rzucać rzadziej niż wtedy, kiedy byli pierwszą albo drugą opcją w ataku.

Radzenie sobie z podwajaniem to lekcja życia. Jaką opcję wybierzesz? Czy podejmiesz samolubną decyzję, która zaspokoi twoje ego, ale sprawi, że zwycięstwo może się oddalić? A może zdecydujesz się na bezinteresowność, co sprawi, że ktoś inny wypadnie lepiej, ale zwiększy to prawdopodobieństwo odniesienia zwycięstwa przez zespół?

Drużyna asów

zobacz **Shaquille O'Neal; Uncut Gems. Nieoszlifowane diamenty**

Duke kontra Michigan

Jeśli w latach 90. byłeś dzieciakiem, to niezależnie od tego, w której części Ameryki dorastałeś, prawdopodobnie byłeś kibicem uczelni Duke albo Michigan. Duke miało w składzie eleganckich chłopców w stylu *Beverly Hills, 90210*, niczym z reklam Abercrombie & Fitch – Bobby'ego Hurleya, Christiana Laettnera i Cherokee Parksa. A w Michigan grali czarni chłopcy z ogolonymi głowami, w za dużych spodniach i czarnych skarpetach – słynna Fab Five z Juwanem Howardem, Jalenem Rose'em i Chrisem Webberem. To, w jaki sposób te dwie drużyny reprezentowały podziały rasowe w Ameryce, nie było w 100 procentach uczciwe ani precyzyjne, bo przecież w składzie Duke było wielu czarnych zawodników, którzy potrafili grać w kosza, takich jak Grant Hill czy Antonio Lang. Ale nie byli najsłynniejszymi nazwiskami Uniwersytetu Duke'a. Najsłynniejszy był ich trener, Mike Krzyzewski.

Fab Five z Uniwersytetu Michigan symbolizowało odejście od patriarchalnej białej struktury koszykówki i pomogło w powstaniu ruchu upodmiotowienia zawodników, który rozwinąłem, kiedy zdecydowałem, że nie pójdę na studia, i zgłosiłem się do draftu, a potem wynegocjowałem rekordowo wysoki kontrakt. Ale w tamtych czasach oczywiście jeszcze o tym nie myślałem. Wtedy tylko uwielbiałem patrzeć na dzikie ataki na kosz C-Webba. Nigdy wcześniej czegoś takiego nie widziałem. Przez całe życie byłem oddanym fanem konferencji Big East, ale Michigan z miejsca stał się moją ulubioną drużyną.

Któregoś dnia jakiś biały dzieciak z mojego bloku zaproponował mi pojedynek jeden na jednego. Przeprowadziliśmy się już wtedy do Mauldin. Nazywał się Billy. Miał 195 centymetrów wzrostu i był kibicem Duke. Jego ulubieńcem był Laettner, którego kariera w NBA – tak jak moja – wystrzeliła w Minnesocie.

Billy był jedynym dzieciakiem, który miał na podjeździe zawieszony kosz ze szklaną tablicą, wszystko takie jak trzeba. Był spoko.

Pozwalał mi być swoją treningową przynętą. Próbował ćwiczyć na mnie zagrania Laettnera i robił ze mnie głupka. Wcale mi się to nie podobało. Nie podobało mi się, że skopał mi dupsko. Miałem dość bycia tyczką. Kimś, kto przez cały mecz czeka na podanie, ale go nie otrzymuje. Po jakimś czasie zacząłem sobie z Billym radzić. Wyobrażałem sobie, że jestem C-Webbem, i nie zamierzałem dać się pokonać Laettnerowi. Wyobrażałem sobie, że nie jesteśmy w Mauldin, ale w wypełnionej kibicami hali Crisler Center w Ann Arbor. Zegar tyka. Tłum szaleje. Wtedy nie wyobrażałem sobie tylko, jak blisko jest do tego, żeby to marzenie się ziściło.

Tim Duncan

Timmy to Pan Hyde dla mojego Doktora Jekylla. Byliśmy całkowitymi przeciwieństwami w tak wielu aspektach. Ja zrezygnowałem ze studiów. On pozostał w Wake Forest przez całe cztery lata. Ja byłem głośny. On był cichy. Ja grałem ze wściekłą energią. On ze spokojem i w skupieniu.

A jednak więcej było między nami podobieństw niż różnic. Spędził w NBA 19 sezonów. Ja grałem przez 21 lat. Obaj ceniliśmy sobie lojalność i stabilizację. Ale najbardziej łączyła nas pokora, z jaką zawsze traktowaliśmy koszykówkę. Chciało mi się pracować tak jak Timmy'emu. Miał niesamowitą etykę pracy. I niesamowicie poruszał się na parkiecie. Cholernie ciężko było go pokryć. Ta jego finezja. To, w jaki sposób się zastawiał albo atakował cię pod koszem, jak szturchał, jak drobił kroczki, jak manewrował, jak opuszczał piłkę i nie pozwalał ci po nią sięgnąć, jak wytrącał cię z rytmu przy kozłowaniu, jak trafiał do kosza od tablicy albo wysokim hakiem.

Przez te wszystkie lata zmierzyliśmy się ponad 50 razy i każde takie starcie było wyjątkowe. Zawsze zmuszał mnie do gry na najwyższym poziomie. Był jeszcze tylko jeden gość, przeciwko któremu tak bardzo się nakręcałem – Rasheed. Niestety czasem obracało się to przeciwko mnie. Gadałem te swoje bzdury, próbowałem go sprowokować, ale coś, co wkurwiłoby większość rywali, nie robiło na Timmym żadnego wrażenia. Był tylko jeszcze bardziej skoncentrowany. Jakby się tym karmił. A mnie to tylko wkurwiało. Całą swoją energię próbowałem spożytkować na to, żeby wytrącić go z rytmu, ale nie zdawałem sobie sprawy, że efekt był wręcz przeciwny.

Timmy też pierdolił jakieś głupoty. Jeśli oglądaliście go tylko w telewizji, to nie macie o tym pojęcia, bo robił to naprawdę bardzo subtelnie. Nie używał nawet pełnych zdań. To były pojedyncze frazy: „Mam cię", „O, prawie", „Próbuj". Żadnych bluzgów, żadnej grypsery. Nic hardkorowego. Ale to bolało mnie jeszcze bardziej. Wyglądało to tak, jakby nawet nie chciało mu się wydobyć z siebie więcej niż kilku sylab, żeby skopać ci dupsko. Jakbyś był tylko małym komarem, którego odganiał.

Dunk

Uważam Jordana za najlepszego dunkera w historii. Ale Chris Webb jest zaraz za nim. C-Webb potrafił zamienić layupy we wsady.

Slam dunki dają ci status. Jeśli potrafisz zapakować tę cegłę, to nikt ci nie podskoczy. Nadajesz ton. Wyrabiasz sobie markę. Oto jestem!

Najlepszy slam dunk, jaki widziałem na własne oczy? Przychodzi mi do głowy przynajmniej kilka. Jeden z nich zaliczył Kobean podczas Meczu Gwiazd w 1998 roku. Inny w Sydney, w trakcie igrzysk olimpijskich w 2000 roku. Przed igrzyskami reprezentacja Stanów Zjednoczonych, w której grali wtedy między innymi Vince Carter, Shareef Abdur-Rahim, Ray Allen, Tim Hardaway, Alonzo Mourning i Gary Payton, wyznaczyła nagrodę za głowę Yao Minga. Założyliśmy się, komu pierwszemu uda się zadunkować nad Yao. Wszyscy przegraliśmy. Zatrzymały nas wzrost i bloki Yao. Ale i tak pokonaliśmy Chiny i w finale spotkaliśmy się z Francją.

Podczas tego meczu Vince zaliczył przechwyt i ruszył z piłką w kierunku kosza. Na jego drodze stał mierzący 218 centymetrów potwór. Vince wyskoczył ponad potworem i zadunkował z siłą szatana. Francuscy dziennikarze nazwali potem tę akcję *le dunk de la mort* – dunkiem śmierci. Byłem wtedy tak podekscytowany, że wszystko pokręciłem i wydawało mi się, że tym potworem jest Yao Ming. Okazało się, że ofiarą był Francuz Frédéric Weis. Wydałem z siebie jeden ze swoich przeraźliwych wrzasków i natarłem na Vince'a, bo myślałem, że wygrał zakład. Vince był tak zaskoczony, że niewiele brakowało, a przypadkiem uderzyłby mnie w twarz, jakby chciał powiedzieć: „Stary, co ty odpierdalasz?". Cóż, mogę powiedzieć tylko tyle, że żyję szumem medialnym i że czasami się w nim gubię.

Niewiele osób słyszało o konkursie slam dunków, który odbył się podczas obozu Nike w Deerfield w 1994 roku. Jakoś nigdy nie przebił się do szerokiej opinii publicznej. Był cichy i spokojny, niczym jakieś tajemne legendarne wydarzenie. Trzema głównymi uczestnikami byli tam Melvin „Helicopter Man" (Człowiek Helikopter) Levett z Ohio, Vince Carter z Florydy i mój ziom, Ronnie „Air" Fields z Illinois. Wygrał wtedy Ronnie, ale Vince i Człowiek Helikopter też dali pokaz. Żebyście mogli zrozumieć, jaki niesamowity był Ronnie, musicie wiedzieć, że Vince odpadł po tym, jak Ronnie zapakował niewiarygodnego windmilla z obrotem o 360 stopni. Vince od razu wiedział, że tego nie przebije. Oczywiście to Vince trafił potem do NBA i dorobił się ksywki *Half Man, Half Amazing (Pół-Człowiek, Pół-Geniusz)*. A kiedy wygrał konkurs wsadów podczas Meczu Gwiazd, dokonał tego, odtwarzając ów slam dunk Air Fieldsa, tyle że odwrotnie. I choć byliśmy zaciekłymi rywalami, to stosunki pomiędzy mną, Ronniem i Vince'em zawsze wyglądały spoko.

Kiedy byłem w ostatniej klasie liceum Farragut Career Academy w Chicago, grałem z Ronniem w jednej drużynie. W trakcie któregoś z meczów sezonu zasadniczego byłem świadkiem niewiarygodnego slam dunku. Ronnie miał piłkę podczas kontrataku. Czekałem, kiedy mi ją poda, żeby odwzajemnić mu się lobem. Ale on po prostu wyskoczył. Odbił się z dwóch nóg i poszybował. Nie wiem, jak długo znajdował się w powietrzu, ale sprawiał wrażenie, jakby trwało to wieczność. Bum! A kiedy dzień później trener pokazał nam filmik z tą akcją, zrobił stopklatkę, żebyśmy zobaczyli, że Ronnie odbił się sprzed linii rzutów wolnych!

A moje dunki? Też trochę ich zaliczyłem. Nie potrafię podać dokładnej liczby. Wsady nie były zliczane w statystykach NBA aż do 2000 roku. A ja nie jestem typem gościa, który zapisywałby sobie wszystkie slam dunki. Nie mam aż tak wielkiego ego. Ale muszę powiedzieć, że kiedy dunkowałem, to pobrzmiewały mi w głowie utwory DMX-a. Dunkowałem w rytm muzyki DMX-a.

Dunki można podzielić na kategorie, odpowiednio do sytuacji: dobitki, alley-oopy, dunki z linii końcowej albo po wejściu pod kosz. I można je rozpoznać na podstawie wydawanych dźwięków. Uwielbiam to, jak obręcz reaguje na dunka – przypomina to dźwięk instrumentu muzycznego. Sposób, w jaki możesz idealnie uderzyć piłką w obręcz, wywołuje nutę, która nie przypomina niczego innego. Ten głęboki bas, *klang*, który odbija się echem po całej hali i przez jakiś czas się w niej utrzymuje, rozbrzmiewając przez kilka sekund, zanim nie ucichnie niczym kamień opadający na dno studni. Kiedy wspominam swoje slam dunki, to nie tylko je widzę, ale również słyszę.

A mój ulubiony slam dunk? Chyba ten pierwszy. Byłem wtedy w siódmej klasie. Po zakończeniu lekcji czekałem w sali gimnastycznej na przyjazd autobusu. Zabrali wszystkie piłki do kosza, ale ktoś zostawił tam jedną piłkę do siatkówki. Chwyciłem ją i zacząłem się gapić na kosz. Tak jak miliony dzieciaków na całym świecie od urodzenia patrzyłem na dunkujących koszykarzy. Hakeem. Kareem.

Doktor J. Jordan. Dominique. Zawsze się zastanawiałem, czy człowiek czuje się po udanym slam dunku tak zajebiście, jak to wygląda w telewizji. Miałem nadzieję, że też mi się to kiedyś uda.

Miałem wtedy 178 centymetrów wzrostu i byłem obrońcą. Nikt mi jeszcze nie mówił, że jestem gwiazdą, ale też nikt nie wyrzucał mnie z boiska. Radziłem sobie całkiem nieźle. I tego popołudnia, kiedy nikt nie patrzył, wziąłem głęboki oddech, wziąłem tę piłkę do siatkówki, wyskoczyłem tak mocno, jak się dało, i – tak jest, kurwa! – zapakowałem! Ależ się podjarałem. Czułem się jak narkoman uzależniony od slam dunków. Zacząłem dunkować wszystkim, czym się dało – futbolówkami, piłkami tenisowymi, piłeczkami pingpongowymi, czymkolwiek, co było pod ręką.

Nie próbuję bagatelizować słowa „narkoman". Znam zbyt wiele osób, które miały problemy i uległy uzależnieniu, żeby podchodzić do tego w nonszalancki sposób. Ale naprawdę jest w tym coś narkotycznego i dunkowanie dostarcza ci prawdziwej chemicznej euforii. Nie wiem, czy naukowcy kiedykolwiek badali, jakie receptory są wtedy pobudzane w mózgu, ale jestem przekonany, że zachodzą w nim podobne reakcje jak przy zażywaniu substancji psychodelicznych albo wtedy gdy ci odpala. Uczucie, które towarzyszyło zadunkowaniu piłką do siatkówki, dopadło mnie na dobre i choć uganiałem się za nim przez kolejne 30 lat, to dreszczu emocji i satysfakcji z tego pierwszego razu nie da się porównać z niczym.

Kevin Durant

zobacz **Negocjacje**

E

Edukacja / Ego / Eminem / Escort / Europejczycy / *Everything Is Everything* / Patrick Ewing

Edukacja

Różnica między liceum Mauldin i innymi szkołami, do których uczęszczałem, polega nie tylko na zamożności, ale także na presji związanej z nauką, która była najważniejszym powodem, dla którego Mama nas tam przeniosła.

Z uwagi na moje zaburzenia nauka nie przychodziła mi łatwo, ale na szczęście trafiałem na wspaniałych nauczycieli. Wielkie dzięki dla panny Willoughby, niewysokiej białej nauczycielki, która była zajebiście spoko. Nie miała przesadnych wymagań ani za bardzo nas nie karciła. W przeciwieństwie do Mamy, która wkurzała się, kiedy nie byłem w stanie ogarnąć ćwiczeń z czytania, pani Willoughby wykazywała się cierpliwością. Uczyła mnie geografii, która – obok matematyki, fizyki i nauk społecznych – była moim ulubionym przedmiotem. Podczas tych lekcji świat otwierał się przede mną w nowy sposób. Mapy czytało mi się lepiej od książek. Mogłem się skoncentrować na siedmiu kontynentach, na wielkich oceanach – na Atlantyku, Pacyfiku, na Oceanie Arktycznym i Indyjskim – widziałem całą planetę i wyobrażałem sobie różne kultury, różne języki, różne klimaty, doliny, pustynie i dżungle. Geografia reprezentuje tajemnicę i majestat, pokryte śniegiem szczyty, które wystają ponad chmurami, malutkie wioski w Afryce, ciągnące się w nieskończoność miasta w Ameryce Południowej. Moja wyobraźnia się ożywiała. Moja wyobraźnia szalała. Panna Willoughby wkręciła mnie też w historię. Kiedy na przykład opowiadała mi historię Boston Tea Party, to powiedziała: „Pewnej mglistej nocy zimą 1773 roku w Boston Harbor wściekli koloniści amerykańscy, przebrani za Indian, w tajemnicy wsiedli na angielskie statki i wyrzucili za burtę setki skrzyń herbaty. Byli to Synowie Wolności, a ich mantra brzmiała: »Nie ma podatków bez reprezentacji«". O rany, cała ta scena dosłownie stanęła mi przed oczami, jakbym oglądał film. Od pierwszego dnia nawiązaliśmy z panną Willoughby świetną relację. Dostawałem u niej piątki ze wszystkich testów. Czułem jej pasję do nauczania i widziałem błysk w jej oczach, kiedy jako pierwszy podnosiłem rękę, żeby odpowiedzieć na jakieś trudne pytanie.

Panna Willoughby razem z dwiema innymi nauczycielkami, panią Seidel i panią Cook, zachęcały mnie do nauki. A naprawdę potrzebowałem zachęty, oj tak! Nie jestem pewien, czy potrafiły zidentyfikować moje ADD, ADHD i dysleksję, ale na pewno wiedziały, że staram się walczyć z tymi zaburzeniami. A ponieważ to widziały, nie nabijały się ze mnie ani mnie nie poniżały. Pomagały mi swoją życzliwością. Bez tego nie miałbym tyle szacunku dla edukacji i dla sprawiedliwych nauczycieli. Edukacja i sprawiedliwi nauczyciele mają czasem większy wpływ na zmianę świata niż potężni politycy. A to dlatego, że naprawdę mogą zmieniać serca i kształtować umysły.

Ego

Silne ego – ale nie za duże ego – to podstawa. Silne ego to ego właściwej wielkości. Pomaga ci dotrzeć tam, dokąd zdążasz. Dostarcza ci paliwa niezbędnego do oderwania się od ziemi, kiedy rośniesz. Na boisku ego jest niezbędne. Ale poza boiskiem bywa tak, że człowiek wykorzystuje egotyzm, by dręczyć innych.

Wchodzę na przykład kiedyś w Bostonie do knajpy, żeby zamówić skrzydełka kurczaka. Siedzę przy barze i czekam, aż zamówienie będzie gotowe. W lokalu jest mnóstwo ludzi. Wszystkie miejsca są zajęte. Koło mnie siedzi jakaś dziewczyna i popija drinka. Nagle pojawia się jakiś typ, kładzie przed nią studolarowy banknot i mówi: „Spierdalaj, ja tu siedzę". Co za pojeb. Widzę, że dziewczynie jest przykro i że nie wie, co zrobić ani co powiedzieć. Biorę więc jego studolarówkę, rzucam w niego i mówię: „Ona była tu pierwsza". Szkoda, że nie widzieliście jego miny. Ta chwila podekscytowania, kiedy facet mnie rozpoznał, ale zaraz potem uświadomił sobie, że wszystko spierdolił. Wymamrotał jakieś żałosne przeprosiny, po czym szybko zniknął w tłumie.

Moje skrzydełka pojawiły się kilka minut później i wyszedłem. Wystarczyłoby, żeby ten palant był cierpliwy i poczekał kilka minut, a zająłby moje miejsce. Mógłby potem opowiadać wszystkim kumplom, kogo spotkał, może nawet nawiązałby jakąś gadkę z tą dziewczyną. Ale on wolał dać upust swojemu ego. Wyszedł z knajpy głodny i sam.

Eminem

zobacz **The „N" Word (Słowo na N)**

Escort

Zamożność i nauka nie były jedynymi rzeczami, którymi liceum Mauldin różniło się od szkół w Greenville. W Greenville najważniejsze były futbol i wrestling, a w Mauldin rządziła koszykówka.

Kiedy przyszedłem do pierwszej klasy liceum Mauldin, miałem 198 centymetrów wzrostu i od razu trafiłem do szkolnej reprezentacji koszykówki. Chciałem grać z numerem 32, tak jak Magic, ale ten był już zajęty. Wybrałem więc numer 21, myśląc sobie o Dominique'u Wilkinsie z Hawks i o Maliku Sealym z St. John's. Malik był pierwszym gościem, jakiego widziałem w akcji, który grał na tak wysokim poziomie i wyglądał jak ja – był chudy i miał bardzo ciemną skórę. A taka ciemna skóra nie była w tamtych czasach mile widziana. Wszyscy jarali się kolesiami, którzy mieli jaśniejszą karnację. To, jak wyglądał Malik, dobrze wpływało na moją samoocenę.

Już w pierwszej klasie dawałem radę. Wciąż jeszcze miałem co ulepszać w ataku – zdobywałem średnio tylko 12 punktów na mecz – ale umiałem bronić. Zbierałem średnio 15 piłek z tablicy i zaliczałem siedem bloków na mecz. W drugiej klasie podwoiłem średnią zdobywanych punktów (do około 25 punktów na mecz). Ale dopiero w trzeciej klasie, czyli w sezonie 1993/94, naprawdę eksplodowałem.

Największym wydarzeniem był wtedy turniej szkolny Beach Ball Classic, rozgrywany co roku między świętami Bożego Narodzenia a Nowym Rokiem w Myrtle Beach w Karolinie Południowej. W 1981 roku stworzył go Dan D'Antoni, starszy brat Mike'a, który przez wiele lat pracował jako trener w NBA. Dan też poświęcił koszykówce całe swoje życie. Przez 30 lat trenował reprezentację liceum Socastee z Myrtle Beach i po raz pierwszy zorganizował turniej Classic, żeby zwrócić uwagę na koszykarzy z liceów w Karolinie Południowej. Kiedy trafiłem do Mauldin, była to jedna z najważniejszych imprez tego typu w całym kraju. Nasza drużyna przegrała dwa z trzech meczów i odpadła z rywalizacji, ale zdobyłem w tych trzech meczach w sumie 101 punktów – w tym 40 w niesamowitym meczu z pięcioma dogrywkami, który rozegraliśmy przeciwko liceum Loyola z Los Angeles.

Buga nie było na tym turnieju – z Mauldin do Myrtle miał cztery godziny drogi samochodem – ale potem już nie opuścił żadnego mojego meczu. Rodzice kupili mu forda escorta z manualną skrzynią biegów, który stał się naszym głównym środkiem lokomocji. Uwielbiałem to auto. I nie miało znaczenia, gdzie miałem grać. Bug zasuwał ze mną tym escortem przez 60, 80 czy 100 kilometrów i zawsze przyjeżdżaliśmy punktualnie na mecz. Nie martwiłem się tym, że na trybunach nie ma mojej rodziny. Jeśli był tam Bug, wszystko było w porządku.

Europejczycy

Moim ulubieńcem jest urodzony na Litwie Arvydas Sabonis. Miałem kasety z jego meczami w reprezentacji Związku Radzieckiego. Był prawdziwą bestią. Stał twardo na ziemi naprzeciwko Ewinga i Robinsona podczas igrzysk olimpijskich w 1988 roku. Pokazał nam, że wcale nie jest tak, że Amerykanie są jedyną nacją, która potrafi grać w kosza. Typ miał 221 centymetrów wzrostu. Był skoczny. Potrafił grać na wszystkich pięciu pozycjach. Umiał korzystać z obu rąk. Był elastyczny. Grał płynnie. I mądrze.

W 1995 roku poznałem Arvydasa w szatni w hali Alamodome w San Antonio. Dziwna sytuacja, bo był tam razem z żoną i jednym z synów, który miał na głowie burzę szalonych włosów. Arvydas mówił z tym swoim ciężkim akcentem, miał potężny głos, a my byliśmy oczarowani, słuchając jego historyjek o tym, jak walczył z największymi koszykarzami na świecie. Siedziałem tam jak zahipnotyzowany. Mógłbym mu się przysłuchiwać godzinami. Jego kariera koszykarska zakończyła się smutno, bo rozwalił oba ścięgna Achillesa. Każdy przyzna, że po czymś takim nie jest się już sobą. Traci się całą wybuchowość. Na szczęście jego syn z szaloną fryzurą to Domantas Sabonis – w 2016 roku trafił do NBA i podpisał kontrakt z OKC. Uważam tatę Domantasa za jednego ze swoich bohaterów.

Inni Europejczycy też byli niesamowici. Niemiec Dirk Nowitzki. Hiszpan Pau Gasol. Argentyński Włoch Manu Ginóbili.

Czy podobało mi się to, że wprowadzili do gry w koszykówkę nurkowanie i wymachiwanie łapami? Oczywiście, dlaczego nie? To

Arvydas Sabonis

Fot. Sam Forencich / NBAE / Getty Images

nadało im tożsamość. Europejska akcja z krokiem w tył albo oddany na jednej nodze z odchylenia rzut od tablicy to ich wkład w styl gry w NBA. Uwielbiałem to, jak inne kultury mieszały swój styl z naszym. Wszyscy na tym korzystali. Internacjonalizacja koszykówki to jedna z najpiękniejszych historii w świecie sportu.

Im więcej podróżowałem, tym bardziej doceniałem europejskie podejście. Europejscy zawodnicy nie idą na studia. Zaczynają grać zawodowo, gdy tylko są wystarczająco dobrzy. Ricky Rubio został profesjonalistą jako czternastolatek. W porównaniu z nim Dirk Nowitzki i Luka Dončić byli starymi dziadami, bo zaczęli grać w wieku 16 lat. Jeśli grasz zawodowo w kosza w takim wieku, to znaczy, że nie będziesz już miał czasu na niedojrzałe bzdety. Grasz z dorosłymi facetami, którzy potrzebują pieniędzy, żeby wykarmić rodzinę, i nie są zainteresowani gwiazdorzeniem i zachowaniami godnymi primadonny. A to sprawia, że szybciej dorastasz. Nie tak jak w amerykańskim systemie koszykówki, kulturowej machiny reklamowej pełnej potakiwaczy, która zaczyna się od amatorskich związków sportowych. Wszyscy chcą na tobie zarobić, wszyscy całują cię w dupę i mówią rzeczy, które chcesz usłyszeć, zamiast tego, co powinieneś usłyszeć. I kiedy amerykańscy koszykarze trafiają do NBA, muszą zmierzyć się z tym, że w końcu ktoś depcze im po ego. Europejczycy nie mają takich problemów. Od tej reguły są oczywiście odstępstwa. Kilku koszykarzy amerykańskich trafiło do NBA jako całkowicie dojrzali ludzie, a niektórzy Europejczycy okazali się chujkami – pewnie dlatego, że wymiatali za granicą i myśleli, że w NBA też tak od razu będzie. Ale w większości przypadków model europejski wygląda na lepszy, jeśli chodzi o przygotowanie zawodnika do sukcesów.

Niektórzy twierdzą, że europejski styl gry jest dla mięczaków. Bzdura. Jak myślicie, co robiliśmy w Bostonie? Rozprowadzaliśmy piłkę po obwodzie i próbowaliśmy podać na czystą pozycję do Raya albo do P. A jak myślicie, co robili Warriors, kiedy zdobywali mistrzowskie tytuły? To była koszykówka europejska – jeden do jednego. Nie dla mięczaków. To było s p r y t n e. A kiedy to do wszystkich dotarło, kiedy wszyscy zobaczyli, jakie sukcesy można osiągnąć, prezentując taki styl, zaczęto go naśladować. Dzisiaj wszyscy grają po europejsku. Jeśli nie uda ci się wprowadzić do swojego stylu takich elementów, to jest niepełny.

Teraz zaczynacie oczywiście dostrzegać, że NBA przesuwa się z powrotem w odwrotnym kierunku. Po kilku latach dominacji niskiej koszykówki skoncentrowanej na grze skrzydłami i rzutach za trzy punkty obserwujemy odrodzenie wysokich koszykarzy, takich jak Anthony Davis, Joel Embiid czy Karl Anthony Towns. Drużyny zrobiły się tak niskie, że nikt nie jest w stanie pokryć wysokich graczy ani utrzymać ich z dala od kosza. Nie zdziwcie się, jeśli zobaczycie, że w nadchodzących latach wysocy koszykarze znowu staną się ważnym elementem zespołów. Tak to jest z koszykówką – ciągle się zmienia i wchodzi w kolejne cykle. I właśnie to sprawia, że jest taka piękna. Ale najważniejsze zasady europejskiej koszykówki pozostaną z nami na zawsze.

Everything Is Everything

Po raz pierwszy usłyszałem tę piosenkę na albumie *The Miseducation of Lauryn Hill.* Było to pod koniec lat 90. I było to coś innego, co od razu wpadło mi w ucho. Uwielbiam Fugees, więc kiedy ich wokalistka, Lauryn, rozpoczęła karierę solową, śledziłem jej losy. Słyszałem, jak mówiła, że co ma być, to będzie. Że zmiana jest pewna i że zasady trzeba kwestionować. Mówiła nam, żebyśmy słuchali jej „mieszanki, w której hip-hop spotyka się z Pismem Świętym"*. Prowokowała do myślenia. Sprawiła, że zacząłem zastanawiać się nad własną mieszanką, nad życiowymi celami. Rapowała o adaptacji.

---

* *Mixture where hip hop meets scripture* – KG odwołuje się do słów piosenki.

„Everything is everything" oznacza też tyle, że hip-hop, rhythm & blues, break dance i jazz się ze sobą łączą. Tak samo jak w sporcie. Jak w koszykówce. Różne formy sztuki, różne formy ekspresji – wszystko to bazuje na doświadczeniach życiowych. I nic z tego nie byłoby możliwe bez zrozumienia sztuki improwizacji. Nieważne, jak świetnie jesteś przygotowany, nieważne, jaki jesteś dobry, kiedy wybiegasz na parkiet, wszystko się zmienia. Słyszysz takie rzeczy, widzisz takie rzeczy i odczuwasz takie rzeczy, jakich nigdy wcześniej nie odczuwałeś. Fruwasz bez zabezpieczeń. Wymyślasz wszystko na miejscu.

Ulubieni artyści R&B

1. S.O.S. Band
2. Luther Vandross
3. Alexander O'Neal
4. New Edition
5. Jodeci
6. Stephanie Mills

Patrick Ewing

zobacz **Courts. Boiska; Europejczycy; LeBron James; John Thompson; Zero Fucks. Pierdolić**

F

Fakty / *Family Guy. Głowa rodziny* / Family Matters / Fani / Father Figures. Ojcowska ręka / Ronnie Fields / Steve Fisher / Fists. Pięści / Aretha Franklin / The Fun Police

Fakty

Jeśli jesteś narwany, to bądź taki naprawdę. Bądź dobrze poinformowanym narwańcem. A kiedy mówisz, to mów z przekonaniem, opieraj się na faktach, no i wspieraj te fakty jeszcze większą liczbą faktów.

Family Guy. Głowa rodziny

Nadchodzi wielki mecz. Może nawet starcie w play-offach. Poprzedniej nocy kompletnie mi odpierdala. Nie jestem w stanie myśleć o niczym innym – ustalam sobie w głowie strategię na mecz, wyobrażam sobie, jak będę krył, jak się spiszę przeciwko swojemu rywalowi – a może tym razem zagram inaczej? – jaki będę kreatywny, jak go zaskoczę, jaki będę mocny i przebiegły.

Ale nadchodzi taki moment, kiedy myślisz o tym za dużo. Trzeba wtedy się od tego odciąć i odpocząć. Wtedy włączam sobie serial *Głowa rodziny*.

W głupocie tego serialu jest coś takiego, co sprawia, że umysł przestaje mi zapierdzielać. Jest zajebiście śmieszny, ale ma też w sobie taki mądraliński sarkazm, który przenosi mnie do świata fikcji. Są i inne przedmeczowe rytuały, które uwielbiam, ale oglądanie tego animowanego serialu jest bez zwątpienia jednym z kluczy do odnoszonych przeze mnie sukcesów. Jakby powiedział Peter Griffin, czyli tytułowa głowa rodziny: „Heeee, heeeee, heeee, heeee!”.

Family Matters

zobacz **The Go**

Fani

W książce innego zawodnika ten wpis mógłby także pojawić się pod literą F, ale z dodatkiem w postaci słowa *fickle* (kapryśni) albo *fair-weather* (sezonowcy). Bo taka jest prawda – fani bywają okropni. Popatrzcie, jak potraktowali LeBrona, kiedy opuścił Cleveland, jak palili jego koszulki. Popatrzcie na rasistowskie gówno, którym kibice Jazz obrażali Russella Westbrooka. Tak nie powinno być. Danny Green pudłuje rzut w finałach i ktoś grozi mu śmiercią? Coś takiego nie powinno się zdarzać.

Nie jestem typem, który powie: „Oj tam, to tylko sport”. Dla mnie to nigdy nie był „tylko sport”. Koszykówkę uważałem zawsze za kwestię życia i śmierci. Gdybym nie grał w kosza, pewnie nie byłbym dzisiaj tu, gdzie jestem. I skończyłbym jako jakaś zagubiona dusza. Wiem, że mnóstwo kibiców także potrzebuje sportu w najgorszy możliwy sposób. Możesz mieć prawdziwe kłopoty, możesz cierpieć. A być może jedyną rzeczą, o jakiej potrafiliście rozmawiać z ojcem, był sport. A może twoi rodzice umarli i to, że twoja drużyna zdobyła potem mistrzostwo, pozwoliło ci ich godnie pożegnać. A może ty albo ktoś ci bliski cierpicie na jakąś chorobę i każdy wygrany przez ukochaną drużynę mecz daje wam impuls, inspiruje was i sprawia, że czekacie na kolejne starcie, które znowu oderwie was od tej choroby. Rozumiem, dlaczego kibic potrafi tak bardzo zaangażować się w sukcesy swojej drużyny, że przestaje zachowywać się racjonalnie. Na tym właśnie polega potęga sportu – a zwłaszcza koszykówki. Tak jak poezja, muzyka i sztuka, daje ona kibicom okazję

Fot. Visual China Group / Getty Images

Z kibicami w Szanghaju

do przekraczania swoich rzeczywistych możliwości i rozkoszowania się nieziemskim pięknem. Koszykówka pozwala im przepełnić się emocjami. Oj tak, koszykówka zdecydowanie jest czymś więcej niż tylko dyscypliną sportu. Ale nie do tego stopnia, żeby kibice mogli zrezygnować z poczucia przyzwoitości.

I nie chodzi mi tu o buczenie. Kibice płacą za bilety i mają prawo gwizdać i buczeć. Jeśli gram chujowo, zasługuję na to, żeby wygwizdali mój nędzny tyłek. Właściwie to uwielbiałem, gdy podczas meczów wyjazdowych kibice na mnie buczeli. To tylko dodatkowo mnie motywowało. Dla nich byłoby lepiej, gdyby w całej hali robiło się cicho, kiedy dostawałem piłkę. Bo buczenie i gwizdy sprawiają, że jestem silniejszy.

Ale muszę też powiedzieć, że miałem szczęście do kibiców. W każdej drużynie, w której grałem, fani okazywali mi mnóstwo miłości. Nigdy nie zapomnę pierwszego meczu w Minnie po transferze do Bostonu. To było 8 lutego 2008 roku. Miałem naderwane mięśnie brzucha. To był szósty mecz z rzędu, w którym nie mogłem zagrać. Stwierdziłem, że nie będę oglądał meczu z ławki, bo nie chciałem odrywać kolegów z drużyny od tego, żeby zrobili swoje. Poza tym kontuzja sprawiała, że ciężko mi się było poruszać. Chodzenie sprawiało mi ból. Najłatwiej byłoby po prostu przesiedzieć cały mecz.

„Nie możesz – powiedział wtedy Doc. – Oddałeś tym kibicom 12 lat życia, zasłużyli na to, żeby spędzić z tobą kilka minut. Musisz im to dać. Zasługujesz na to. I oni na to zasługują. Tak właśnie należy zrobić".

A zatem przed meczem wyszedłem z tunelu w zwykłym ubraniu i pomachałem fanom. A potem w głośnikach zabrzmiał głos spikera drużyny, Roda Johnsona, który przedstawił mnie tak jak dawniej: „A teraz chcielibyśmy powitać wyjątkowego zawodnika, który powraca do hali Target Center. Panie i panowie, powitajcie go ciepło: z numerem 21 mierzący 211 centymetrów zawodnik z liceum Farragut Academy – oto Kevin Garrrr-nett!". I tak jak zawsze położył nacisk na ostatnią sylabę.

Odkąd odszedłem, na mecze T-Wolves nie przychodziły takie tłumy kibiców jak kiedyś. Ale na ten wieczór wyprzedały się wszystkie bilety i prawie 22 tysiące zgromadzonych fanów zgotowało mi owację na stojąco. Doc miał rację. To była przepiękna chwila. A ja dostałem w tę mroźną noc w Minnesocie mnóstwo ciepła.

Father Figures. Ojcowska ręka

Zanim poznałem Jamesa „Duke'a" Fishera, mojego trenera w liceum Mauldin, zwykle miałem marnych szkoleniowców. Z trenerem Fisherem było inaczej. Był ostry. I intensywny. To facet ze wsi i uparty skurwiel. W wyniku wypadku motocyklowego ten białas miał zdarte połowę skóry. Wyglądał jak ofiara pożaru, strażak Bill, którego zagrał Jim Carrey w serialu *In Living Color*. Pan Fisher trenował koszykówkę i futbol, ale jego pierwszą miłością był futbol, więc do koszykówki podchodził tak, jak do futbolu. Zachowywał się jak jakiś sierżant. Wtedy na to nie narzekałem i dzisiaj też nie narzekam. Potrzebowałem dyscypliny. Dobrze reagowałem na dyscyplinę. Lubiłem ją. Od początku widziałem, jak dyscyplina na parkiecie nadaje kierunek mojemu życiu. I w dupie miałem to, że trener Fisher był wsiokiem, że zawsze się do mnie przypieprzał i wrzeszczał: „No rusz to swoje dupsko!", nawet wtedy, kiedy wydawało mi się, że ruszam się najszybciej, jak potrafię. Ale on wiedział, że mogę ruszać się szybciej. I muszę dodać jeszcze jedno: trener Fisher miał dobre serce. Czułem to. Wywodziliśmy się z totalnie różnych środowisk, ale nigdy nie zdradził się z rasistowskim nastawieniem. Jeśli się na mnie wydzierał, to nie dlatego, że byłem czarny, lecz dlatego, że niewystarczająco ciężko pracowałem.

Przy okazji brawa dla jednego z moich pierwszych trenerów z AAU – dla Bulla. Biały gość, który traktował czarnych tak, jakby byli jego synami. Bull brał pod skrzydła wszystkich odmieńców, którzy nie zostali wybrani do gry w największych turniejach. Wiedział, że młode wilki są ciągle głodne, więc zabierał nas do knajpy Carolina Fine Foods i zamawiał nam wielkie porcje frytek i soczystych hamburgerów. Jeśli nasi rywale grali nieczysto, to Bull atakował ich trenera. Walczył razem z nami. Gdy miałeś jakiś problem z ojcem albo z ojczymem, to Bull przychodził do ciebie do domu i próbował to jakoś rozwiązać. Dodawał nam pewności siebie. Dręczył bandziorów, którzy usiłowali cię zadręczać. Był dla mnie wtedy kimś, na kogo zawsze mogłem liczyć. Pełnił funkcję przyszywanego ojca dla dzieciaka, który bardzo tęsknił za ojcem. Bo o moim prawdziwym ojcu i o ojczymie najchętniej bym zapomniał.

Na pierwszy wielki obóz treningowy wyjechałem w 1992 roku. Wtedy też po raz pierwszy w życiu leciałem samolotem. Dzięki koszykówce po raz pierwszy w życiu podróżowałem gdzieś daleko. Zaproszono mnie na obóz Nike – o rany, ależ czułem się podjarany! Były wtedy dwa obozy dla młodych koszykarzy – pierwszy organizowało Nike, a drugi – Adidas. W stajni Adidasa znajdowali się tacy kolesie, jak Shareef Abdur-Rahim i Tractor Traylor. Obóz Adidasa odbywał się w New Jersey, a Nike w Indianapolis. Na obu roiło się od talentów.

Obóz Nike prowadziło trzech trenerów. Byli jak bracia. Pierwszy nazywał się Horace Brown. Był Bogiem, rekruterem, to on decydował o tym, czy cię przyjąć. Podobało mu się to, że mam w sobie mnóstwo pokory i że traktuję wszystkich z szacunkiem.

– Jak się masz, młody? – zapytał, kiedy przyjechałem.

– Dobrze, proszę pana.

– Skąd jesteś?

– Z Karoliny Południowej, proszę pana.

– Jak się nazywasz?

– Kevin Garnett, proszę pana.

– A ja jestem Horace Brown, prowadzę ten obóz i będę cię bacznie obserwował. Podoba mi się, jak grasz.

Asystent trenera, Ron Eskridge, był starszym gościem z Philly. Na głowie małe puszyste afro, welurowa kurtka Nike, złoty łańcuch na szyi i zajebisty złoty zegarek na ręku. A do tego idealnie zadbane paznokcie. Wyglądał jak Teddy Pendergrass*. Miły gość. Ale trener E zaliczył też w swojej karierze służbę w marines i prowadził zajęcia z taką dyscypliną, że zniechęcał przez to wiele osób. Ja jednak szybko zrozumiałem, że takie podejście jest dla mnie najlepsze.

---

* Słynny amerykański piosenkarz soulowy.

– Hej, K – powiedział mi kiedyś. – Widziałem kasety z twoimi akcjami. Pewnie myślisz, że jesteś zajebisty, ale w marines nie przetrwałbyś nawet jednego dnia.

Może i nie, ale kiedy wybiegłem na parkiet i pokazałem, co potrafię, to stwierdził, że może jednak trochę bym przetrwał. Uważał, że trzeba przede wszystkim dunkować.

– Nie kończ akcji layupem – mówił. – Masz wszystko dunkować.

– Tak jest, trenerze E.

Słuchałem go we wszystkim. Ale ponieważ jestem sobą, musiałem też robić coś więcej. Chciałem czasem markować rzuty.

– Żadnych pompek – wrzeszczał Eskridge. – Masz tylko dunkować! I o to właśnie chodzi!

Podobało mu się, gdy przeklinałem i byłem głośno. Często się też ze mnie nabijał i mnie prowokował.

– Chłopak, który będzie cię dzisiaj krył, cię rozjebie – mówił. – Nie ma mowy, żebyś dziś zebrał 20 piłek.

A ja miałem 24 zbiórki.

Trener E był świetnym motywatorem, ale najlepszym był człowiek, który odmienił mnie na zawsze – William „Wolf" Nelson. Facet stał się moim koszykarskim ojcem. Zawdzięczam mu wszystko. Miał miłą twarz, okulary z czarną oprawką i szybko mówił, strzelając pomysłami. Łączyła nas cholernie mocna więź. Widziałem, że bardzo dużo wie. A on widział, że mam talent. Bardzo go szanowałem, lecz on odwzajemnił mi się po trzykroć.

Musicie pamiętać, że do czasów Wolfa, nie licząc Duke'a Fishera, miałem do czynienia z masą marnych trenerów, którzy najlepsze lata mieli już dawno za sobą. Nelson był dumnym czarnym gościem, który stawiał sobie za punkt honoru, żeby wydobywać z zawodników to, co najlepsze. W tamtych czasach nie miałem jeszcze pojęcia o jego wspaniałej reputacji, którą zyskał, trenując w Farragut Career

Academy w Chicago. Wolf nie był typem gościa, który dużo o sobie mówi. Wolał rozmawiać o tobie.

Na obozie Nike było wielu świetnych koszykarzy. Ronnie Fields, który grał u Wolfa w Farragut i ze 190 centymetrami wzrostu wyglądał na kolejne wcielenie Air Jordana. Andre Patterson też był niewiarygodny. Dre był superspoko gościem. Bracia Baileyowie – David i Martell – okazali się bezlitośni. Ricky Pierce wydawał się potworem. Tyle gwiazd, a jednak Wolf znalazł czas, żeby skupić się na mnie. Dostrzegał moje kompleksy i wiedział, jak się ich pozbyć.

– Hej, K, rozgrywasz piłkę.

– Co takiego?

– To, co słyszałeś: rozgrywasz.

– O kurde. Chcesz, żebym grał na jedynce?

– A co, kurwa? Oczywiście, że grasz na jedynce. Możesz grać wszędzie. Możesz robić wszystko.

A potem schodził z parkietu, żebym dalej radził sobie już sam.

Po treningu podchodził do mnie i mówił:

– Posłuchaj, przecież widzę, że każdego ranka kozłujesz. Widzę, że umiesz panować nad piłką. Nie ma powodu, żebyś nie poszerzył o to swojego stylu gry. Jest tu mnóstwo skautów, niech zobaczą, jaki jesteś wszechstronny. Nie bój się tego, czego nie potrafisz. Uwierz w siebie.

I tak jak coach E, Wolf wydobywał ze mnie moją żywiołowość.

– Jeśli to coś w tobie jest – mówił mi – to się tego nie bój, pozwól temu dojść do głosu. Kiedy dunkujesz i masz ochotę pohuśtać się na obręczy, to chcę, żebyś się huśtał, chcę, żebyś warczał, chcę, żebyś się pocił i żebyś śmierdział. Chcę zobaczyć w tobie bestię.

Ronnie Fields

zobacz **Dunk; Father Figure. Ojcowska ręka; Fists. Pięści; Getaway. Ucieczka; Michael Jordan**

Fot. Ethan Miller / Getty Images

Steve Fisher

Steve Fisher

Latem przed ostatnią klasą dostałem nagrodę Mr. Basketball dla najlepszego młodego koszykarza Karoliny Południowej. Na moich meczach zaczęli tłumnie bywać skauci i trenerzy. Pojawiali się przy mnie w dziwnych miejscach. Szedłem sobie ulicą i nagle znikąd wyskakiwał jakiś typ i zaczynał zachwalać swoją uczelnię. Dowiedziałem się też o instytucji bagażowych. Facetów z torbami pełnymi pieniędzy z uczelni, które chciały, żebyś był szczęśliwy i zainteresowany wyborem ich szkoły. Nie dałem się wmanewrować w to gówno. Nie szukałem pieniędzy.

W parku Springfield jakiś koleś podrzucił mi torbę pełną sprzętu Adidasa. Ktoś inny – pełną kasy torbę Converse'a. Wiedziałem, że te torby to pułapki, więc się z tym nie pierdoliłem. Mówiłem kolesiom, którzy kręcili się przy parkiecie: „Zabierzcie to sobie". I właśnie to robili.

Rekrutacja do uczelni była zawsze dość dziwna. Kolesie pojawiali się w restauracjach, na meczach futbolowych, jakby mnie śledzili.

Faceci ubrani w koszulki z Clemson albo w czapeczki South Carolina Gamecocks, albo w stroje innych szkół. To, jak się na mnie gapili i jak do mnie machali, przyprawiało mnie o dreszcze. Trzymałem się od nich z daleka.

Co nie oznacza, że nie byłem pod wrażeniem, kiedy sławniejsi goście, tacy jak Steve Fisher, trener Uniwersytetu Michigan, zaprosił mnie na kampus w Ann Arbor. Przy pierwszym zaproszeniu odmówiłem, ale potem jednak tam pojechałem.

– Mam swoje zwyczaje, proszę pana – powiedziałem coachowi Fisherowi. – Zapraszam pana, proszę przyjść i zobaczyć, jak to wygląda.

Fisher wsiadł do samochodu i przejechał ponad 1100 kilometrów do Karoliny Południowej.

To było proste: o dziesiątej rano szedłem do parku i do południa trenowałem tam małe dzieciaki. Potem jadłem lunch, wracałem do parku i grałem z kolesiami w swoim wieku. To trwało jakieś trzy–cztery godziny, aż do kolacji. A jak zjadłem, to przychodziłem do parku raz jeszcze i wtedy mierzyłem się z wymiataczami. Gra była brutalna, ale dużo fajniejsza. Chcieli mnie rozjebać, a ja próbowałem zyskać ich szacunek. Pod koniec dnia okazywało się, że grałem w sumie z dziewięć–dziesięć godzin.

Trenerowi Fisherowi spodobało się to, co zobaczył, ale nie był jeszcze gotów na rozpoczęcie poważnych negocjacji. Nie on jeden zresztą chciał się ze mną spotkać. Był też Jerry Tarkanian z Fresno State. I Bobby Cremins z Georgia Tech. Uwielbiałem koszykówkę uniwersytecką, bez przerwy oglądaliśmy ją z Bugiem, analizowaliśmy statystyki i wiedzieliśmy, że to najlepsi szkoleniowcy w kraju. Ale kiedy zwracali się do mnie i mówili wszystkie te miłe rzeczy, byłem w stosunku do nich grzeczny, lecz zdystansowany. Kręciło mi się wtedy w głowie, myślami byłem już w college'u. Wszystko się układało. Wielka scena. Świetlana przyszłość.

Podczas rekrutacji jeden z zajmujących się tym facetów popełnił wielki błąd. Kiedy przyszedł, byłem akurat w domu u babci Mil. Myślał, że podlizując się jej, zwiększy swoje szanse. Próbował ją zauroczyć – tak mu się przynajmniej wydawało – mówił, jaka świetna jest jego uczelnia i co może jej osobiście zaoferować. Położył nawet na podłodze torbę pełną pieniędzy. Babcia Mil nie powiedziała ani słowa. Po prostu wstała i poszła do swojej małej sypialni. Jej dom był malutki, tak malutki, że słychać było, jak skrzypi otwierana przez nią szafka, a potem rozległo się jeszcze jakieś kliknięcie. Wiedziałem, co oznacza – przeładowywała strzelbę.

– Powiedz koledze, że ma 30 sekund, żeby stąd wypierdalać! – zaczęła krzyczeć z sypialni.

– Co pani mówi? – powiedział rekruter. – Przyniosłem przecież…

– Gówno mnie obchodzi, co przyniósł. Zaraz rozsmaruję jego dupsko na trawniku przed domem.

– Proszę pana – powiedziałem – to nie są żarty. Niech pan ucieka.

No i uciekł, zdążył jeszcze tylko przedtem chwycić torbę z pieniędzmi.

A babcia wróciła ze strzelbą w ręku.

– Dobrze, że sobie poszedł – powiedziała. – Bo wiesz, Kevin, nie chciałabym, żebyś brał pieniądze od kogoś takiego. Uważam, że próbował cię namówić, żebyś zrobił coś, czego nie powinieneś zrobić.

– Tak jest, pszepani.

Babcia Mil nauczyła mnie czegoś, czego nigdy nie zapomnę: nie wolno ci dopuścić do tego, żeby pieniądze stały się twoją główną motywacją.

Fists. Pięści

Zdaję sobie sprawę z tego, że ruch na rzecz praw obywatelskich, który podniósł czarnych braci na duchu, opierał się na niestosowaniu przemocy. Nauczał tego doktor King. I biorąc pod uwagę to, w jakim momencie historii się znajdowaliśmy, niestosowanie przemocy było skuteczne. Przegłosowywano ustawy. Dokonywano zmian. Ale w życiu wysokiego, chudego chłopaka, który nieźle grał w kosza, starał się przetrwać i rozwijać w szkolnym otoczeniu, nie było mowy o niestosowaniu przemocy. Trzeba było walczyć. Nauczyła mnie tego mama. A place zabaw i ulice przyznały jej rację.

Wielka bijatyka oznaczała koniec mojego życia w Karolinie Południowej. Ta bójka była dla mnie punktem zwrotnym. Dokonałem wtedy wyboru. W szkole średniej nie przeżyłem niczego bardziej istotnego. Wtedy uważałem, że nic gorszego nie mogło mi się przytrafić. Ale z perspektywy czasu widzę, że było wręcz przeciwnie. Z pewnością się tego nie spodziewałem. Pewnie nigdy nie spodziewasz się takich rzeczy. Mówię o sytuacjach, które mogą wywrócić twoje życie do góry nogami i zakłócić ci spokój. O wydarzeniach, które rozwalają ci wnętrzności do tego stopnia, że nie wiesz, czy się pozbierasz.

Mijał jeden szkolny dzień za drugim. Szkoła średnia to szkoła średnia. Głównie koszykówka, ale też kilka zajebistych lekcji z panną Willoughby.

Było popołudnie. Szedłem korytarzem liceum Mauldin. Usłyszałem hałas. Obejrzałem się i zobaczyłem jakąś bójkę. Okazało się, że mój ziom, Trey, ma kłopoty. Zawsze grał na okolicznych ulicach w piłkę nożną. Był wyedukowanym czarnym dzieciakiem. Był też jedynym czarnym w drużynie piłkarskiej, która składała się z samych białych. Nie należał do brutali. Taki zwykły, miły koleś. Miał oboje rodziców i zajebistą siostrę. Ale z nieznanych mi powodów jakieś białe dzieciaki otoczyły go i tłukły. Nie zamierzałem bezczynnie się przyglądać, jak mojemu kumplowi dzieje się krzywda. No i zaatakowałem dręczycieli. Razem z moimi ziomalami odcięliśmy Treya od tych łobuzów, ale wtedy zaczęła się przepychanka i rozpętało się piekło. Totalna bijatyka. W ruch poszły pięści. Łamały się kości. Roznieśliśmy korytarz, jak jakieś diabły tasmańskie. Ktoś mnie walnął. Ja kogoś walnąłem. Ktoś coś na mnie połamał. Ja coś na kimś połamałem. Totalna rozpierducha. Ciosy w głowę. Kopy w jaja. Wszystko działo się tak szybko – nokautowałem kolejnych skurwieli, rozpętywało się coraz większe wariactwo. Bijatyka eskalowała błyskawicznie. Cofnęliśmy się, kiedy już do nas dotarło, jakich zniszczeń dokonaliśmy. Pokazaliśmy im, gdzie jest ich miejsce. Obroniliśmy Treya, ale przy okazji solidnie tamtych obiliśmy.

Wiedziałem, że sprawa jest poważna, ale nie miałem pojęcia, że ojciec jednego z dzieciaków, które pobiliśmy, pójdzie na policję. Funkcjonariusze przyszli do szkoły i nagle zostaliśmy oskarżeni o samosąd. Przepisy prawa mówią, że lincz jest formą samosądu, choć przecież nikogo wtedy nie zlinczowaliśmy. Prawo Karoliny Południowej było spierdolone. W oryginalnej wersji chodziło w nim o to, żeby biali nie linczowali czarnych, ale potem władza to przekręciła i zaczęła uznawać za lincz każdy akt przemocy w wykonaniu dwóch albo więcej osób. Zamiast więc dostać karę za udział w zwykłej bójce – areszt domowy albo w najgorszym razie zawieszenie – zostaliśmy aresztowani za udział w linczu.

Kiedy doszło do śledztwa, żeby odtworzyć przebieg wydarzeń, okazało się, że niektórzy z moich ziomali obrócili się przeciwko mnie. Ale nie Bug. On pozostał lojalny. Wiedział, że to nie ja sprowokowałem bójkę, ale inni bracia, którzy chcieli poprawić swoją sytuację i zmniejszyć karę dla siebie, wskazali na mnie jako głównego winowajcę całego wydarzenia. Do tamtego czasu nie miałem pojęcia, czym jest zdrada. Byłem w szoku. Czułem się zraniony. Przeinaczyli fakty, żeby wymigać się od odpowiedzialności, i mnie umoczyli. Nie tylko zostałem ostatecznie wyrzucony ze szkoły, ale wyglądało na to, że mogę trafić do więzienia. Jak na razie byłem na zwolnieniu warunkowym.

Byłem totalnie rozjebany. Nigdy wcześniej nie znalazłem się w takiej sytuacji. Do tamtej pory wszystko było proste. Zostanę na ostatni rok w Mauldin, będę grał w kosza jak szalony, dostanę stypendium na uczelni Michigan albo North Carolina. Pokażę, co potrafię, w rywalizacji z najlepszymi koszykarzami uniwersyteckimi. Teraz mogłem o tym wszystkim zapomnieć. Musiałem sobie zacząć radzić z nową rzeczywistością. Znalazłem się w samym środku tak zwanego systemu wymiaru sprawiedliwości, gdzie – jak każdy wie – nie ma mowy o jakiejkolwiek sprawiedliwości. Musiałem sobie radzić z prawnikami i przesłuchaniami przed sądem.

Tak bardzo uganiali się za mną rekruterzy, że mieszkałem wtedy w piwnicy u kumpla. Nie chciałem mieć do czynienia z tymi wariatami. A potem pewnego dnia, gdy siedziałem sobie na lekcji u panny Willoughby, pojawili się tam policjanci. Okazało się, że mnie szukają. Chciałem uciekać. Wyskoczyć przez okno i biec szybko jak wiatr. Ale panna Willoughby mnie powstrzymała. Chyba nikt inny nie byłby wtedy w stanie mnie zatrzymać.

– Nie, Kevin, pozwól tym panom wykonywać ich obowiązki. Nie pogarszaj swojej sytuacji. Wszystko się ułoży. Zobaczysz. Uspokój się. Poręczę za ciebie. Będę cię wspierać.

Wyprowadzili mnie w kajdankach. Zostałem aresztowany, ale przed procesem mnie wypuścili. Oskarżono mnie o udział w linczu. Powiedzieli, że rozpocząłem zamieszki o podłożu rasowym.

Co gorsza, pojawiły się plotki, że te buraki próbują mnie znaleźć, żeby się zemścić.

Przed owym incydentem byłem tylko głupkowatym dzieciakiem. Poza koszykówką nie podchodziłem wtedy do życia specjalnie serio. Ale teraz wszystko było na serio. Panna Willoughby zamierzała dotrzymać danego mi słowa. I choć zostałem wyrzucony ze szkoły i nie mogłem już tam chodzić, to przynosiła mi do domu prace domowe. Chciała mieć pewność, że jeśli zostanę gdzieś przeniesiony z Mauldin, to w nowej szkole uznają wszystkie kursy, które zaliczyłem.

Tego lata dostałem specjalną zgodę na krótki wyjazd do Deerfield w stanie Illinois, na drugi obóz Nike. Nie było szans, żeby obejrzeć miasto, bo kamp został zorganizowany w zamkniętej bańce. Niewiele brakowało, żebym tam nie dotarł, choć nie przez swoje umiejętności, lecz przez Mamę. Nie chciała mnie zawieźć. Żeby zostać przyjętym na obóz, potrzebowałem prawnego opiekuna, więc musiałem udawać, że mieszkam w pobliżu z rodzicami. Oznaczało to walkę z biurokracją. Jestem bardzo wdzięczny Ronniemu Fieldsowi, który mieszkał w okolicy i pozwolił mi wykorzystać swój adres przy wypełnianiu formularzy.

Dobrze było znowu spotkać Wolfa. I dobrze było spotkać Rona Eskridge'a. Dawałem z siebie wszystko i razem z Ronem Mercerem i Schea Cottonem zostałem wymieniony w tekście w „Chicago Tribune" jako koszykarska rewelacja z liceum. Wydawało się, że wszystko jest dobrze.

Ale kiedy wróciłem do Karoliny, znów zrobiło się źle. Moja sytuacja prawna nadal była niepewna. Bo choć zarzuty o udział w linczu były bzdurą, to zostałem skazany za napaść. Znajdowałem się na zwolnieniu warunkowym, ale system penitencjarny w Karolinie Południowej okazał się tak popieprzony, że można było mnie zamknąć za kichnięcie w obecności policjanta. Mama nie chciała ryzykować.

Moja starsza siostra Sonya wyprowadziła się już wtedy z domu. Zostaliśmy tylko ja, młodsza siostra Ashley, Mama i ojczym.

Co robić?

Aretha Franklin

zobacz ***King Kunta***; **One-and-Done. Rok i z głowy; Prince**

The Fun Police

zobacz **Shoes. Buty**

G

Kenny G / Gatorade i Kawa / Getaway. Ucieczka / The Go. Chicago / The Great Kabuki. Wielki Kabuki / Growing Up. Dorastanie / Gwizdanie

Kenny G

Ponieważ tak się podniecałem DMX-em, Snoopem, 2 Live Crew i Wu-Tang, to pewnie myślicie sobie, że Kenny G do mnie nie trafia. Jesteście w błędzie. Uwielbiam Kenny'ego G.

Kiedy przeszedłem do Bostonu, wiedziałem, że ta zmiana będzie wykraczała poza koszykówkę. Pomógł mi w tym Doc Rivers.

– Kevin – powiedział mi – masz w sobie intensywność i ją uwielbiam. Masz w sobie ducha walki i jego też uwielbiam. Ale zdarza ci się być zbyt intensywnym i trochę za bardzo walecznym. Żeby być skutecznym, musisz czasami trochę przygasić ogień, bo zamiast ci pomóc, może ci on zrobić krzywdę.

Wszystko to miało sens. Pomyślałem, że skorzystam z uwag Doca, ale kiedy graliśmy w finałach w 2008 roku i mieliśmy szansę rozwalić Lakers w meczu numer 6, byłem przed rozpoczęciem spotkania tak nakręcony, że musiał mnie wezwać do gabinetu. Siedziałem obok niego, kiedy przeglądał leżące na biurku raporty z ostatniej chwili.

– Po prostu sobie usiądź, Kevin – powiedział. – Usiądź i oddychaj.

Żeby się nie ruszać, musiałem sobie wmówić, że trwa przerwa na żądanie. T r w a   p r z e r w a   n a   ż ą d a n i e.

Fot. Dana Nalbandian / WireImage

Kenny G

Doc powiedział potem w wywiadzie: „Pomyślcie, że macie do czynienia z facetem, który jest w NBA od tak dawna, a mimo to przed rozpoczęciem meczu bywa tak podekscytowany, że dosłownie musicie go uspokajać. Taki właśnie jest KG i to w nim najbardziej lubię".

Miałem to szczęście, że Doc fenomenalnie rozumiał nadpobudliwych koszykarzy. I fenomenalnie rozumiał mnie. Zanim przyjechałem do Bostonu, zadzwonił do moich dawnych trenerów – do każdego jednego – żeby z nimi o mnie porozmawiać. Nie można było zebrać o mnie więcej informacji.

– Każdy trener mówił mi na twój temat to samo – powiedział mi potem. – Wkładasz w grę całe swoje serce, uwielbiasz koszykówkę, jesteś niezmordowany, ciężko pracujesz, jesteś najlepszym kolegą z drużyny, no i jesteś uparty jak skurwysyn.

Doc uważał też, że mój upór łączy się z niecierpliwością i z ogromną energią. Kiedy grałem w Bostonie, pomagał mi tę energię poskramiać. Doc pomagał mi we wszystkim.

Ale rozpoznać mądrość i wprowadzić ją w życie to dwie różne sprawy. Nie umiałem ot tak powiedzieć sobie, że muszę wyluzować. Musiałem znaleźć na to jakąś metodę. Jednym z moich sposobów było oglądanie *Głowy rodziny*. Innym – muzyka. Nie chodzi o to, że odpuściłem hip-hop. Uwielbiałem Kanye'a Westa. Kiedy przyjechałem do Bostonu, to słuchałem tylko Kanye'a i Kenny'ego G. Połączenie stylu tych dwóch panów odzwierciedlało mój sposób gry – byłem surowy, ale jednocześnie gładki. Mój styl koszykarski został ukształtowany przez te dwa style muzyczne. Można to porównać do podłogi, która po pierwszym szlifie zostaje poddana całej procedurze ponownie, żeby pozbyć się wszystkich drzazg.

Muzyka Kenny'ego G brzmiała dla mnie jak muzyka zaklinacza węży. Słuchałem jego sopranowego saksofonu, siedząc z zamkniętymi oczami i zagłębiając się w swoje myśli. Kenny G przenosił mnie w inne miejsce, do nowego królestwa relaksu.

Melduję się więc w apartamencie hotelowym przed meczem. Zapalam kilka świec zapachowych. Siedzę i oddycham. Oddycham przez pięć, dziesięć czy piętnaście sekund, pamiętając, że nie wymaga to wysiłku. Wszyscy urodziliśmy się, aby oddychać. I teraz, kiedy już łatwo mi się oddycha, przełączam się na muzykę z gatunku quiet storm. Sade. Stara szkoła smooth jazzu – na przykład George Benson. Delikatne ballady. Łagodne rytmy. Zanim się zorientujesz, jesteś wyluzowany.

Biorę drewniany młotek i walę nim w misę. Wsłuchuję się w wibracje, które wypełniają pokój, zanim zrobi się cicho. Piję łyk ziołowej herbaty. Wzywam masażystę, żeby postawił mi bańki na plecach. Witam relaks. Doceniam relaks. I rozumiem, że głęboki relaks jest kluczem do odstresowania.

Dzwonię do ekspertów, żeby znaleźli najlepszą komorę hiperbaryczną. Instaluję ją w domu i bez przerwy z niej korzystam. Komora hiperbaryczna to naturalny uzdrowiciel. Czyni cuda i dla ciała, i dla ducha. Wybieram nową synergię i pozbywam się toksyn. Odkrywam Nową Erę, nowe fale, nowe sposoby ujeżdżania fal, nowe sposoby oczyszczania swoich czakr*.

W umyśle chodzi przede wszystkim o manifestację. Z perspektywy czasu rozumiem, że to ja sprowokowałem swoje przenosiny do Bostonu. Przewidziałem to, zanim tak się stało. Umysł ma potężną moc. Ale nie możesz mu rozkazywać jak żołnierzowi.

Nie słucham żądań. Nie zamierzam robić tego, co chcecie, tylko dlatego, że coś do mnie krzyczycie. Musicie to uszanować. Musicie pozwolić mi odnaleźć własny spokój. A jeśli chcecie coś wywołać – jeśli chcecie zobaczyć, jak wasze życie zaczyna zmierzać w innym kierunku – to manifestacja musi być czymś subtelnym. Jeśli walisz się młotkiem w głowę, to twój umysł zmienia się w papkę. Potraktuj go więc jak cenny klejnot, który – jak to klejnot – zacznie odbijać światło na wszystkie strony. Wybierz, w którą z nich chcesz skręcić. I pozwól, żeby twój umysł to zamanifestował, ale w delikatny sposób. Bo bez delikatności donikąd nie dojdziesz.

Najwięksi koszykarze – Jordan, Wilt, Shaq, Bean, Bron – są nazywani bestiami. Pytanie brzmi: czy bestia nauczy się, jak włączyć delikatność w swoje życie? Bo jeśli się tego nauczy, będzie tylko wspanialsza. A jeśli nie, to zwariuje. Wszystko zależy od odnalezienia prawdziwej równowagi.

Gatorade i Kawa

zobacz **Insomnia. Bezsenność**

Getaway. Ucieczka

Po tygodniach zastanawiania się nad tym, co może się wydarzyć w związku z tym, że wyleciałem ze szkoły, znalazłem się na krawędzi.

---

* Ośrodek energetyczny w ciele, gdzie krzyżuje się wiele kanałów energetycznych.

Czekałem teraz na ważny dzień procesu w Greenville. Mama odebrała mnie z Tony's. Była z nią Ashley. Nie wiedziałem tylko tego, że rzeczy Ashley i moje czekają spakowane w bagażniku samochodu. W sądzie dostałem wyrok w zawieszeniu. Mój prawnik domagał się, żeby egzekucja wyroku został przeniesiona do Chicago. W Chicago tak zwany lincz był uznawany za wykroczenie, karane grzywną w wysokości 50 dolarów. A w Karolinie to niemal przestępstwo karane śmiercią. Sąd zgodził się na przeniesienie wyroku. Wsiedliśmy więc w samochód i pojechaliśmy prosto na lotnisko.

Wsiedliśmy do samolotu, tłocząc się we troje w ostatnim rzędzie. Siedziałem od strony przejścia, ale i tak nie było wystarczająco dużo miejsca na moje długie nogi.

Miałem mnóstwo pytań, ale Mama była małomówna, jak zawsze stanowcza i zdystansowana. Lepiej było dać jej spokój.

Podczas lotu pojawiły się straszne turbulencje. Burze i błyskawice wbijały się we Wschodnie Wybrzeże i podążały za nami na zachód. Niebo się wściekło. Ja też byłem wściekły. Bo nikt mi niczego nie wytłumaczył. Bo wyglądało na to, że życie wymyka mi się spod kontroli. I co miałem zrobić z tą złością? Mama nie zamierzała znosić niczyjej złości. Zresztą spała. Turbulencje stawały się coraz gorsze. Mamie to nie przeszkadzało, ale Ashley była przerażona i złapała mnie za rękę. Musiałem udawać, że jestem odważny, żeby uspokoić swoją małą siostrzyczkę. Więc udawałem. Ale w środku byłem tak samo przerażony jak ona.

W końcu samolot wylądował na chicagowskim lotnisku Midway. Zaliczyliśmy twarde lądowanie. Ale przynajmniej wciąż byliśmy w jednym kawałku. Opuszczanie samolotu trwało całe wieki. Mama nadal nic nie mówiła – wciąż nie zamierzała dać po sobie poznać, co się teraz wydarzy.

Poszliśmy za nią do punktu odbioru bagażu. Czekaliśmy tam na walizki jakieś 20 minut. W końcu odebrałem z taśmy bagaże – swój i Ashley.

– Dobra, dzieciaki – powiedziała Mama. – Chodźcie tu do mnie.

Przytuliła mnie, ale tak jakby na pół gwizdka.

– Zaopiekuj się siostrzyczką, Kevin.

– A ty dokąd jedziesz? – zapytałem.

– Wracam do domu.

I zanim któreś z nas zdążyło zareagować, Mama się odwróciła i poszła z powrotem do terminalu odlotów, gdzie jeszcze tego samego dnia wsiadła w samolot powrotny do Karoliny.

Staliśmy tak razem z Ashley, z bagażami w rękach.

Miałem wtedy 18 lat, a Ashley 14.

Nie był to najlepszy moment, żebym jako starszy brat się rozpłakał, ale to właśnie zrobiłem. Płakałem jak dziecko. W tamtej chwili to Ashley musiała być dla mnie jak matka.

– Wszystko będzie dobrze – powiedziała.

Po chwili odzyskałem panowanie nad sobą. Dotarło do mnie, że Mama nas do tego przygotowała. „Nie jesteście głupi – mówiła czasem. – Wszyscy pracowaliście od dziecka".

Mama była wobec nas chłodna, ale zdawała sobie sprawę, że pomoże nam to kiedyś przetrwać.

Włączył się mój instynkt. Czy znam kogoś w Chicago? Znam Wolfa. Wolf mieszka w Chicago. Skąd wziąć drobne? Potem pójdę do budki telefonicznej i zadzwonię do Wolfa. Na łańcuchu wisi jakaś książka telefoniczna. Wezmę ją i znajdę jego numer. Tyle że Wolf nazywa się tak naprawdę William Nelson. Wyobrażacie sobie, jak wielu Williamów Nelsonów mieszka w Chicago? Setki. Nie wiedziałem, od którego zacząć. No i nie miałem wystarczająco dużo dziesięciocentówek, żeby ich wszystkich obdzwonić.

Zacząłem więc sprawdzać Rona Eskridge'a. Ronów Eskridge'ów było mniej niż Williamów Nelsonów, ale wciąż zbyt wielu. Zadzwoniłem więc do Farragut Career Academy, gdzie Wolf pracował jako trener. Pamiętałem, że wspomniał kiedyś o dyrektorze szkoły, więc zwróciłem się do niego po nazwisku.

– Panie Guerra, mówi Kevin Garnett.

– O, dzień dobry, Kevin. Miło cię słyszeć. Trener Nelson wiele mi o tobie opowiadał.

– Naprawdę?

– Tak jest.

– Bardzo mi miło, proszę pana. Muszę porozmawiać z trenerem Nelsonem.

– Oczywiście. Zaraz dam ci jego komórkę.

Komórkę? Nie miałem pojęcia, co to takiego. Podał mi numer. Wykręciłem go. Jeden dzwonek. Drugi. Po trzecim odebrał.

– Wolf? Tu Kevin.

– Cześć, stary, co tam u ciebie? Gdzie jesteś?

– Na lotnisku Midway.

– Midway?

– Tak, jestem ze swoją siostrą Ashley.

– Wyjdźcie przed budynek lotniska i zaczekajcie. Zaraz po was przyjadę.

Nie minęło nawet pół godziny i Wolf pojawił się w swoim cadillacu sedanie. Nigdy wcześniej czyjś widok mnie tak nie ucieszył. Kiedy wiózł nas do siebie, oczy wychodziły mi z orbit. Chicago. W ogóle nie przypominało Greenville. Ani Atlanty. Rozpościerało się na dużej przestrzeni. Ogromne wieżowce. I walące się budynki. Sklepy z powybijanymi szybami. Jedna dzielnica bardziej odjechana od drugiej. Kraj rozdarty wojną. Za dużo naraz, żeby móc to ogarnąć. Umysł mało mi nie eksplodował.

– Wszystko w porządku – powiedział Wolf, kiedy weszliśmy do jego mieszkania. – Możecie tu zostać, dopóki sobie czegoś nie znajdziecie.

Wieczorem zadzwonił do Mamy i powiedział jej, że u niego jesteśmy.

– Co powiedziała Mama? – zapytałem, kiedy skończył z nią rozmawiać.

– Powiedziała, że bardzo jej z tym źle, że zrzuca mi to na głowę, ale wiedziała, że jestem dobrym człowiekiem. Wiedziała, że zwrócisz się właśnie do mnie. I wiedziała, że ci pomogę i że trafisz tam, gdzie powinieneś. Powinieneś uczyć się w Farragut. Już zacząłem to ogarniać.

Wolf nie miał wtedy dzieci ani nawet narzeczonej, nie miał żadnych poważniejszych obowiązków. Całym jego życiem były trenowane przez niego dzieciaki.

Ashley spała na kanapie Wolfa. A ja na podłodze. Tak zaczął się najważniejszy rok w całym moim życiu.

The Go. Chicago

Mauldin nie przygotowało mnie na liceum w Chicago. Nie było w ogóle porównania. Karolina to wieś, Chicago to beton. Geografia Karoliny jest prosta, geografia Chicago to pomieszanie z poplątaniem. Marzyłem o wyjeździe do Chicago, do miasta, które niektórzy z moich braci nazywali The Go.

Podczas krótkiej wyprawy do Deerfield na obóz Nike nie miałem czasu, żeby obejrzeć większy kawałek Chicago. Ale od dzieciństwa marzyłem, żeby zobaczyć Sears Tower. I chciałem odwiedzić miejsca, w których kręcony był mój ulubiony serial – *Family Matters*. Oczywiście powstawał w Hollywood, ale skąd niby miałem o tym wiedzieć? Uznałem, że fikcyjne Chicago to prawdziwe Chicago. I żyłem w tym przekonaniu. Żyłem w swojej naiwności. Ale kiedy znalazłem się w prawdziwym, pełnym murowanych budynków Chicago, w mieście, które może cię udupić, zrozumiałem, że jeśli nie przyspieszę i tego nie ogarnę, to na pewno się załamię albo zginę.

Pamiętałem Nasa, zajebistego rapera, który mówił: „Musisz mieć zawsze jasną wizję, bo tylko tchórze żyją w strachu". Ciężko pracowałem, żeby nie stracić swojej wizji z oczu.

Moim uzdrowicielem była koszykówka. A Chicago miało fioła na punkcie kosza. Zawsze mogłem leczyć swoje zranione serce, grając w kosza. W Chicago wszyscy od czasu do czasu to robią. Koszykówka to wspaniała ucieczka. Moje emocjonalne przetrwanie było od niej uzależnione, niezależnie od tego, jak bardzo byłem zmęczony. I na parkiecie dawałem z siebie wszystko. To gówno pomagało mi pozostać przy zdrowych zmysłach. Ale utrzymanie zdrowych zmysłów i pozostanie przy życiu w Chicago to dwie różne sprawy. Geografia gangów w Chicago nie jest normalna. To czyste szaleństwo. Siatka nie jest złożona z kątów prostych, które łatwo odszyfrować. Mieszkałem w dzielnicy kontrolowanej przez gang Vice Lords. Ale zaraz obok byli Stones, Black Disciples (BDs), Gangster Disciples (GDs) i Latin Kings. Gdzie znajdują się granice terytorium danego gangu? Wolf pomógł mi zrozumieć układy, ale one też ciągle się zmieniały. Powiedzmy, że Latin Kings wygrywali jakąś bitwę – tym samym ich terytorium się powiększało. I lepiej dla ciebie, żebyś o tym wiedział. Musiałeś umieć czytać nazwy ulic, i to czytać je we właściwy sposób, każdego dnia. A Wolf wyganiał mnie na ulicę, bo uznał, że jakoś znajdę tam swoją drogę.

– Wszystko się jakoś ułoży – mówił mi. – Teraz już nic cię nie zatrzyma, synu. Jesteś tu, jesteś w miejscu, w którym powinieneś być, ale musisz mieć zawsze oczy szeroko otwarte, musisz umieć węszyć, masz się tylko nauczyć korzystać z mózgu i z energii, która cię rozpiera. Zobaczysz, dojdziesz tam, gdzie chcesz dojść, będziesz robił to, co powinieneś robić, szybko się uczysz i wszystko ogarniesz.

Widziałem kolesi z Missisipi, którzy rządzili w niektórych dzielnicach. Bracia z Missisipi lubią się z braćmi z Karoliny. Widzieli, że jestem skromny i cichy, trochę zamknięty w sobie. Że nie fikam, choć wszystko się zmienia, kiedy zaczynam grać w kosza. Wtedy się zapalam. Wychodzi ze mnie zwierzę. Niektórzy bracia to uwielbiali. Inni mniej.

Codziennie grałem w kosza. Widziałem, że będąc kolesiem z West Side, nie mogę grać tam, gdzie chcę. Nie mogłem pójść grać w kosza w Wild Hundreds. W Kennedy-King też napotkałbym problemy. Miałem się trzymać z daleka od Coffin Corner. Najbardziej niebezpieczne gówno na świecie. W naszym K-Town* było ciężko. Tam naprawdę nie ma żartów. K-Town jest podzielone na mniejsze subdzielnice. Centrum znajduje się na Sixteenth Street. Wszystko tamtędy przechodzi. My mieszkaliśmy na ulicy Ridgeway, bracia przychodzili tam, żeby się wyluzować. Gdzie indziej nie było luzu. Trzeba było nauczyć się zasad. A zasady w South Side były inne niż w West Side. I lepiej dla ciebie, żebyś wiedział, czym się różnią. Lepiej, żebyś zawsze był w pogotowiu.

Tutaj wysocy chłopcy mogli grać w kosza i robić inne rzeczy. Bracia, którzy nie chodzili na studia, grali w kosza tak samo dobrze jak ci, którzy występowali w uczelnianych drużynach. Spotkałem na ulicach wielu takich kolesi. Nick Irving. Grałem przeciwko gościom, którzy występowali kiedyś w NBA, takim jak Big Alvin Robertson albo Derrick „The Band-Aid Man" Chievous. Prawdziwe legendy. Na każdym zakręcie można było spotkać talent. Codziennie poznawało się kogoś nowego.

Taki Dad Woods. Gość ma niezłą gadkę. I nieźle tańczy. W ogóle spoko typ. Z fajną fryzurą. Wszyscy bracia go szanują. Kumpluje się z Ronniem Fieldsem. Panny go uwielbiają. Kolejny gość, który pomagał mi poruszać się po tych labiryntach. Dad Woods poświęcał czas, żeby udzielać mi lekcji. A nie musiał tego robić. Wziął mnie

* Część North Lawndale, dzielnicy znajdującej się w zachodniej części Chicago – szacuje się, że 70 procent mieszkających tu mężczyzn w wieku 18–45 miało w pewnym momencie problemy z prawem.

pod swoje skrzydła, bo jest spoko gościem. Uwielbiał Farragut, kochał tę szkołę całym sercem. Był starszy i rządził w okolicy. Piękna dusza, za wcześnie zginął. Spoczywaj w spokoju, Dadzie Woods.

Tego lata Bug przyjechał odwiedzić mnie w Chicago. Byłem przeszczęśliwy. Jego towarzystwo podnosiło mnie na duchu. Pokazałem mu Sears Tower. Pokazałem mu jezioro. Pokazałem, gdzie grają Bulls, gdzie grają Bears, pokazałem mu, jak wagoniki metra jeżdżą po The Loop, przypominało to rollercoaster.

Bug został ze mną przez całe lato, ale pięć dni później przyjechała do Chicago jego mama i nie spodobało jej się to, co zobaczyła. Marzyłem o tym, żeby Bug przeniósł się razem ze mną do Farragut, ale pani Peters – nazywałem ją ciocią Pam – uważała, że to zły pomysł. Chroniła syna. Potrafiłem ją zrozumieć. Ale wiedziałem też, że prędzej czy później Bug powróci do mojego życia.

Kiedy Bug wyjechał, wciąż wędrowałem po Chicago. Któregoś dnia przeprowadziłem się z dzielnicy Vice Lords do The Village, gdzie rządził gang GDs. Moją przepustką na ich terytorium był Mike „Black" Wright. Mieszkał tam i załatwił mi zgodę na grę na boiskach The Village. Byłem pokorny i pełen szacunku. Takie nastawienie uratowało mi życie, bo zdarzało się, że podczas meczów robiło się gorąco. Gangusy nie przypominają typowej publiczności, jaką widuje się na trybunach. Jeśli uznają, że popełniłeś brutalny faul, mogą wyciągnąć z kieszeni armatę i wziąć cię na celownik. Nie wiem jak wy, ale ja tam się denerwuję, kiedy ktoś mierzy do mnie z broni. Na szczęście Mama i Babcia Mil nauczyły mnie też dobrej gadki.

Mówiłem wtedy coś w stylu: „Gram ostro, bo tylko tak umiem. Gdybym tu przyszedł i nie grał ostro, gdybym podchodził do koszykówki na luzie i nie traktował was poważnie, tak jak na to zasługujecie, to by znaczyło, że was nie szanuję. A tego byśmy chyba nie chcieli. Musimy się wzajemnie szanować. Czujecie, o co mi chodzi?".

I po kilku chwilach nerwowej ciszy bracia odpuszczali.

W Chicago moja gadka jeszcze się poprawiła. Bo była to kwestia życia i śmierci. Pomagało mi też to, że byłem kameleonem. Potrafiłem się zmieniać w zależności od okoliczności. Nauczyłem się dopasowywać i – niezależnie od tego, jak bardzo było niebezpiecznie – zachowywałem spokój. Unikałem przemocy w mieście, w którym – jak się wydawało – przemocy nie sposób było uniknąć.

The Great Kabuki. Wielki Kabuki

Kiedy byłem dzieciakiem, miałem obsesję na punkcie break dance'u, jazdy na desce i wrestlingu. Zwłaszcza na punkcie wrestlingu. Sobota, samo południe. Nie przełączaj telewizora na inny kanał. Jeśli to zrobisz, to dam ci wycisk. Będę się z tobą lał. Założę ci dźwignię na nogę albo zrobię ci duszenie. Po zakończeniu przedstawienia spotykałem się z ziomalami na dworze i ćwiczyliśmy chwyty. Zaczęliśmy tworzyć własne pasy mistrzowskie. Wygrzebywaliśmy ze śmietnika kawałki starych dywanów, tektury, opakowania po pizzy. Cięliśmy to tak, żeby miało kształt wielkich pasów mistrzowskich, takich jak ten, który zakładał Tully Blanchard*. Braliśmy flamaster i pisaliśmy na nim: „Mistrz świata wagi ciężkiej". A potem chodziłem po okolicy ubrany w ten pas, dumny jak paw, jakbym sam sobie na to zapracował. Mocowałem się z braćmi z sąsiedztwa. Czysty wrestling, ale jeśli ktoś mnie walnął, to mu oddawałem. Różnica między wrestlingiem a totalną bijatyką jest subtelna.

Oglądałem wrestling w telewizji, bo zapaśnicy są uosobieniem siły. Mieli też swoje historie. Byli bohaterami z komiksów, tyle że bez żadnych rysunków. Wydawali się prawdziwi. A jednocześnie nieprawdziwi. Wiedzieliśmy, że są nieprawdziwi, i mieliśmy to w nosie, bo udawanie było częścią przedstawienia. Udawanie było zabawne.

---

* Popularny w latach osiemdziesiątych mistrz wrestlingu, członek Galerii Sław World Wrestling Entertainment i National Wrestling Alliance.

Udawanie było podniecające. Udawanie obejmowało zderzanie się, duszenie, szturchanie, kopanie, podnoszenie ziomala ponad głowę, kręcenie nim dookoła głowy i rzucanie jego dupska w liny ku uciesze wrzeszczących tłumów.

Uwielbiałem WWF. Uwielbiałem Jake'a „The Snake" Robertsa, który otwierał jutowy worek i wyciągał stamtąd sześciometrowego pytona. Ale uwielbiałem też zapaśników, którzy pojawili się na arenach wcześniej, takich jak Dusty Rhodes albo Wielki Kabuki*. Zanim Światowa Federacja Wrestlingu (WWF) stała się popularna w całych Stanach, zawodowy wrestling obejmował kilka lokalnych ekip rozrzuconych po kraju. Były to obskurne niskobudżetowe produkcje, ale dzieciakowi takiemu jak ja nawet one wydawały się niesamowite. A zwłaszcza Kabuki i sposób, w jaki malował sobie twarz na biało, albo to, jak wydmuchiwał w oczy rywali truciznę w postaci jakiejś zielonej mgiełki. Kabuki i filmy z Bruce'em Lee sprawiły, że zacząłem interesować się kulturą azjatycką – po wielu latach miałem rozwinąć to zainteresowanie dzięki podróżom. (Szybka ciekawostka dotycząca Bruce'a: dowiedziałem się później, że zanim został jednym z największych mistrzów sztuk walki w historii, to dorastając w Hongkongu, był mistrzem cza-czy. Na samą myśl się uśmiecham, bo przypominam sobie, jak umiejętności taneczne wpłynęły na moje życie).

Kabuki i inni zapaśnicy nauczyli mnie też, jak być showmanem. Jak przeciągnąć tłum na swoją stronę albo jak nastawić go przeciwko sobie – co może dać ci nawet więcej energii niż sytuacja, kiedy kibice cię wspierają. Wiele z tego, w jaki sposób wyrażałem siebie na boisku, zostało zainspirowane tym, co zobaczyłem podczas pojedynków wrestlingowych, którymi ekscytowałem się jako dziecko.

---

* Great Kabuki – Akihisa Mera, japoński zapaśnik, popularny w latach 80., zasłynął między innymi z tego, że jako pierwszy dmuchał tajemniczą zieloną azjatycką mgiełką w twarz rywali.

Na przykład kiedy trafiłem do Bostonu, to wspominałem zieloną mgiełkę Kabukiego. Przez chwilę zastanawiałem się nawet, czy mógłbym ją włączyć do przedmeczowego rytuału. Zrobiłbym z tego coś w rodzaju numeru z kredą. Rozpylałbym zieloną mgiełkę w powietrzu i doprowadzał tłum do ekstazy. Nie da się tego zrobić bez zrobienia totalnego syfu, ale któregoś razu w sezonie 2012 zrobiłem coś w tym klimacie.

Graliśmy wtedy z Wizards. Była końcówka czwartej kwarty, a mecz okazał się zacięty. Podczas timeoutu podszedłem do ławki rezerwowych, wziąłem kubek z wodą, wylałem ją sobie na twarz, po czym w stylu Kabukiego rozpyliłem ją w powietrzu. Wtedy w Bostonie trudno mi już było czymś zaskoczyć kolegów z drużyny. Ale siedzący obok mnie Rajon Rondo spojrzał na mnie przestraszony, jakby chciał zapytać: „Co to było, stary?".

A to byłem tylko ja, dający dojść do głosu swojemu wewnętrznemu Kabukiemu.

Growing Up. Dorastanie

Byłem odpowiedzialny, starałem się dbać o Ashley i mieć pewność, że radzi sobie w szkole. Że zna system komunikacji i rozkład jazdy pociągów. Rano wsadzałem ją do metra, a po południu odbierałem. Pilnowałem, żeby niczego jej nie brakowało. A potem szedłem pograć w kosza.

Musiałem też zarobić wystarczająco dużo pieniędzy, żeby móc nas wykarmić i zapewnić nam dach nad głową. A to oznaczało, że musiałem imać się czasem dziwnych zajęć. Między innymi brałem udział w owianych złą sławą nocnych rozgrywkach koszykarskich Midnight League. Okazało się, że była to najbardziej ostra i konkurencyjna liga, w jakiej kiedykolwiek grałem. Mnóstwo przekrętów. Midnight League była ligą w 100 procentach chicagowską. Nie miał tam wstępu nikt z zewnątrz. Dołączyłem do zespołu Solid Gold, mojej jedynej drużyny z Midnight League. Mieliśmy stroje i trenerów i zawsze graliśmy o zwycięstwo.

To było całkowite szaleństwo – przychodzili tam ludzie w przeróżnym wieku, żeby oglądać mecze. Było elektryzująco. Podniecająco. Świetna zabawa. I straszny hałas. Głośna muza lecąca z boomboxów. Ładne laski. Tu jakiś zakład, tam jakiś zakład, krzyki, wrzaski, mnóstwo śmiechu i trash-talkingu, trawka, piwko, no i – możecie mi wierzyć lub nie – bracia ostro walczący ze sobą na parkiecie. Wszystko się mogło zdarzyć. Gra w kości. Tańce. Hulanki. Swawola. Bijatyki. Ale klimat był generalnie pozytywny. Liga była na swój sposób piękna.

Pamiętajcie, że zgodnie z nazwą ligi mecze rozgrywane były o północy, czyli wcześniej spędzałem już na parkiecie cztery albo pięć godzin. Ale nigdy nie uważałem tego za jakieś obciążenie. Byłem wdzięczny, że mogę w nich występować. Jeśli jesteś młodym koszykarzem mieszkającym w Chicago, to chcesz zyskać reputację. I Midnight League daje ci jeszcze jedną scenę, na której możesz pokazać, ile jesteś wart, dzięki czemu możesz dokonać jakiejś zmiany.

Co za miasto! Tradycje koszykarskie, hierarchia gangów, ciągle zmieniająca się uliczna scena – czasami aż mi się od tego mieszało. Starałem się mieć oczy dookoła głowy. Bo wystarczyło, że założyłbym niewłaściwą czapkę, a ktoś mógłby rozwalić mi łeb. Wystarczyło źle podciągnąć spodnie i ktoś mógłby strzelić mi w nogę. Jeśli w Karolinie wszystko poruszało się z prędkością 40 kilometrów na godzinę, to prędkość Chicago wynosiła ponad 300 kilometrów. Szybko się nauczyłem, że z gangsterskim życiem mamy tu do czynienia na co dzień. Nie możesz się zatrzymać. W kosza możesz grać cały tydzień, a potem wziąć sobie wolne w niedzielę. Z gangami jest inaczej. Gangi działają 24 godziny na dobę, przez siedem dni w tygodniu. To prawdziwy styl życia. I może nie chodzić o ciebie. Może chodzić o zioma, który siedzi obok i jest w niewłaściwym gangu – a ty nie masz o tym nawet pojęcia. Albo mogą cię pomylić z jakimś innym gościem, który też ma ponad dwa metry wzrostu. Wszyscy są ubrani w bluzy z kapturem i łatwo o pomyłkę. A w tym świecie pomyłka może mieć śmiertelne skutki.

Wszędzie sami wygadani skurwiele. Naciągacze. Alfonsi. Ziomale próbujący okantować cię na kasę. Ziomale, którzy postawili na twoją wygraną. I tacy, którzy stawiają, że przegrasz. Komu masz wierzyć? A komu nie wierzyć? Komu zaufać? A komu rzucić wyzwanie? Z kim trzymać? Przed kim uciekać? Oldsmobile zatrzymujący się w okolicy, podskakujący w rytm ostatniej płyty hip-hopowców z Crucial Conflict. Kto jest w środku? Przyjaciel czy wróg? Postaraj się nie robić sobie wrogów. Zdobywaj punkty na boisku. Trzymaj się boiska. Nie musisz zaprzyjaźniać się z chłopakami z miasta. Jesteś freelancerem. Przegrywasz. Ale już w sobotę będziesz grał w Kennedy-King. Może pójdziesz na Malcolm X College. Będziesz w klubie Boys & Girls na Roosevelta. W parku Argyle. W Wild Hundreds. W De La Salle. Wszędzie.

Kiedy skończył się wrzesień, poznałem Chicago na tyle dobrze, że mogłem bez problemu poruszać się po mieście. Nadszedł czas, żeby skończyć ostatnią klasę. Czas zejść na ziemię.

Gwizdanie

zobacz ***Illmatic***

H

Happiness. Szczęście / Headphones. Słuchawki / Heart. Serce / Chamique Holdsclaw / Hollywood / Home Run Inn Pizza / Homework. Praca domowa / Hot Dog

Happiness. Szczęście

Rok spędzony w Farragut był jednym z najszczęśliwszych w moim życiu.

Trener E – Ron Eskridge – zabierał nas z Chicago do swojego domu w Lombard. Chciał, żebyśmy zaznali trochę podmiejskiego życia w Illinois. Tutaj grill-bar Applebee's. Tam centrum rozrywki Dave & Buster's. Tu lokalny jarmark. A tam park rozrywki Six Flags.

Coach E lubił przedmieścia. Wolf wręcz przeciwnie. Pakował nas do samochodu i wiózł do North Side, gdzie graliśmy z drużyną Uniwersytetu DePaul. Wolf był dogadany z chłopakami z miasta. Szanowali go, bo wyciągnął wielu z nich z ulicy. Wolf uwielbiał zabierać nas w najdziwniejsze miejsca. Graliśmy na South Side. Albo z GDs w The Village. Przy okazji: duże brawa dla The Village. Grałem też na boiskach LeClaire przy lotnisku Midway. Grałem z dorosłymi facetami, po czym wracałem do Farragut, żeby coś przekąsić, jechałem do centrum handlowego Evergreen, grałem z drużynami z liceum Carvera, wracałem do domu, brałem prysznic, znowu trenowałem, rzucałem do kosza do jakiejś dziewiątej czy dziesiątej wieczorem, godzinkę odpoczywałem, a potem dawałem z siebie wszystko z Solid Gold w Midnight League. Trudno mi było potem przestawić się na inny tryb i usnąć. Dźwięk budzika wyrywał mnie z głębokiego snu. A pierwsza myśl, jaka pojawiała mi się w głowie, brzmiała: „Gdzie będę dziś grał w kosza? Muszę wstać i iść grać".

Headphones. Słuchawki

W dzisiejszych czasach słuchawki to jakieś wariactwo. Mają te tłumiące hałas bajery, które sprawiają, że nie słyszysz nawet kogoś, kto stoi tuż obok ciebie. Nakręciłem kiedyś reklamę słuchawek Beats by Dre, która pokazywała taką sytuację. Fani zachowujący się jak małpy przy klubowym autokarze. A ja zakładam swoje beatsy i totalnie odcinam się od tego hałasu.

Kiedy dołączyłem do NBA, nie było takich rzeczy jak tłumienie hałasu albo Bluetooth. Mieliśmy przenośne odtwarzacze CD z małymi tandetnymi słuchawkami i można było tylko ustawić maksymalną głośność na dziewięć albo dziesięć. Trzeba było nosić ze sobą zapasowe baterie paluszki, na wypadek gdyby poprzednie się wyczerpały. I był jeszcze kabel, który ciągle trzeba było rozplątywać. Wystarczyło puścić go luzem i po dwóch minutach znów się splątywał. Aha, należało jeszcze targać ze sobą takie wielkie etui – segregator z płytami CD.

Dzisiaj brzmi to jak jakieś staroświeckie gówno. Ale wtedy? W porównaniu z kasetowym walkmanem? To była futurologia. Pamiętam, jak pakowałem się w szatni, jak w tych dziadowskich słuchawkach puszczałem sobie na cały regulator muzykę, jak głośno rapowałem, wymachując rękami, wybijając rytm na klatkach piersiowych weteranów. Zastanawiali się, co ja takiego wyprawiam. Znajdowali się w środku przedmeczowego rytuału, a ja ich dekoncentrowałem. No cóż, byliśmy nowym pokoleniem. Byliśmy pierwszymi hip-hopowcami wśród koszykarzy. Jordan próbował się w to trochę bawić, kiedy razem z zespołem Kris Kross wystąpił w teledysku *Jam* Michaela Jacksona. Ale MJ był zawsze fanem rhythm & bluesa. Żeby się nakręcić, słuchał przed meczem *Giving You the Best*

That I Got Anity Baker. Podobno zdarzało mu się śpiewać rywalom, których rozwalał, ale nigdy tego nie słyszałem.

Ale pokolenia mają to do siebie, że po twoim zawsze przychodzi kolejne. Dotarło do mnie, że staję się weteranem, pewnego dnia w Bostonie, kiedy Tony Allen podszedł do swojej szafki z beatsami na uszach. Pojawiły się właśnie na rynku i sprawiały, że tylko ty słyszałeś muzykę. Mogłeś sobie pogłośnić dźwięk do 50, tak jak robił to TA. I cała szatnia mogła ją usłyszeć.

Znajdowałem się w samym środku przedmeczowej rutyny. Nikomu nie pozwalam na rozpierdolenie tego rytuału. Podszedłem do niego i klepnąłem go w ramię.

– Hej, bracie, możesz to trochę ściszyć?

– Co? – odpowiedział.

– Poprosiłem, żebyś ściszył.

– Ale przecież to nowy mixtape Gucciego Mane'a – powiedział Tony.

Nie znam żadnego Gucciego. Słuchałem wtedy Jeezy'ego. I w jednej chwili poczułem się podwójnie stary; po pierwsze – patrzyłem sobie na tego małolata, który robił dokładnie to samo co ja dziesięć lat wcześniej, po drugie – nie byłem na czasie z najnowszą muzyką. O kurwa, stary, kiedy to się stało? Kiedy sam stałem się weteranem, który spojrzałby w szatni na dumnego jak paw mnie i zapytał: „Co on wyprawia?". Muszę sprawdzić tę muzę.

Nie miałem problemu z tym, że jestem weteranem. Bycie nim oznacza, że jesteś doświadczony. Ale bycie starym? O nie, kurwa. Bycie starym oznacza, że straciłeś pasję i ciekawość. A pasja i ciekawość są prawdziwą jebaną Fontanną Młodości. Bądź ciekawy i podążaj za swoją pasją, a pozostaniesz młody.

A zatem zamiast zacząć zrzędzić na Tony'ego, od razu kupiłem sobie płytę Gucciego i zacząłem słuchać jej aż do znudzenia. No i muszę oddać mojemu młodszemu ziomowi, że ściszył muzykę i zaczął zwracać uwagę na moją przedmeczową rutynę, a nawet ją naśladować. Na tym właśnie polega piękno zmiany pokoleń – to, które nadchodzi, może się zawsze czegoś nauczyć od poprzedniego. I vice versa – oczywiście pod warunkiem, że masz otwarty umysł i wciąż głodne serce.

Heart. Serce

Dobre serce bierze się z tego, że przechodzisz przez gówno. Po pierwsze – nie jestem mściwy. Po drugie – potrafiłem zawsze czerpać z negatywnej energii i przekuwać ją na pozytywną. Umiałem się przeorganizować i przeorientować energię. Umiałem ją skanalizować tak, żeby była konstruktywna, a nie destrukcyjna. To, w jaki sposób kanalizujesz energię, wyznacza ci kurs życia. Serce musi prowadzić głowę. Bo jeśli jest odwrotnie, to serce traci siłę. A siła serca – czyli siła miłości – jest podstawową siłą. Głowa służy do myślenia, a mądre myślenie jest niezbędne. Musisz myśleć w prosty sposób. I w jasny sposób. Musisz umieć oddzielić dobre pomysły od złych pomysłów. Ale wszystko zaczyna się od serca. Serce to mięsień cudów.

Chamique Holdsclaw

zobacz **WNBA**

Hollywood

We wcześniejszych latach, zanim trafiłem do Farragut, latałem czasem na zachód na turniej AAU w Las Vegas, gdzie grałem w drużynie z Inglewood. Mecze organizował trener o imieniu Thaddeus, którego poznałem przez Bulla. Thaddeus widział, jak gram w kosza, i stwierdził, że się nadam.

– Słyszałeś o Inglewood, prawda? – zapytał.

– No jasne, grają tam Lakersi.

– Będziesz mógł przyjechać?

– Muszę zapytać Mamy.

Nigdy nie było wiadomo, co powie Mama. Nie lubiła, kiedy zakłócało się jej rytm życia. Poruszała się w tylu kierunkach naraz, że coś takiego ją męczyło. Nie lubiła zatrzymywać dla mnie swojego świata. Musiałem znaleźć właściwy moment, żeby ją o coś zapytać, mając nadzieję, że będzie w dobrym humorze. Na szczęście tym razem zgodziła się na mój wyjazd na tydzień albo dwa.

Byłem szczęśliwy. Nie tylko po raz pierwszy w życiu poleciałem do LA, którego nigdy wcześniej nie widziałem, ale w dodatku Mama zobaczy, jak gram w wielkim turnieju. Chciałem, żeby się przekonała, z jaką pasją gram w kosza. Chciałem, żeby dostrzegła, że koszykówka jest dla mnie poważnym zobowiązaniem. I chciałem zobaczyć, jak wysoko skaczą inni zawodnicy, próbując mnie zatrzymać.

Ale najważniejsze było to, że wyprawa do LA oznaczała spotkanie z Paulem Pierce'em, gwiazdą liceum Inglewood. To tam nawiązałem braterską więź z P. Kiedy się spotkaliśmy, wszystko stało się jasne. P powiedział potem, że byliśmy skazani na to, że kiedyś zagramy razem w NBA. I tylko szkoda, że stało się to tak późno.

To on pokazał mi całe LA. W gazetach napisali potem o początkach naszego braterstwa. Że byłem rozdygotanym i podminowanym chłopakiem ze wsi i gadałem tak szybko, że P był w stanie zrozumieć tylko połowę z tego, co mówiłem.

A P był arogancki i głośny. „Tak jest, kochanie, tak jest!"

Ja byłem myszką ze wsi, a P myszą z miasta.

P znał LA jak własną kieszeń.

– Tam jest Fox Hills Mall. Tam są panienki. A tu możesz kupić bułeczki cynamonowe Cinnabon. Jadłeś je kiedyś? Musisz spróbować.

Bułeczki Cinnabon miały w sobie tyle cukru, że można było dzięki nim odlecieć na księżyc.

A P kontynuował:

– To Crenshaw, główna ulica miasta. Nazywamy ją Shaw. Ściągaj tę czerwoną koszulkę Byków. Tutaj wszyscy kibicujemy Lakers.

Zdjąłem więc koszulkę Scottiego Pippena i znów byłem spoko w czarnym T-shircie.

Patrzyłem, jak wygląda Shaw w sobotnią noc. Tysiące braci na ulicy, jedni biorą narkotyki, inni całują się z pannami z fryzurami na mokrą Włoszkę, krążowniki szos, jedna wielka impreza, laski w obcisłych szortach do fitnessu, zagubieni alfonsi. Nigdy wcześniej czegoś takiego nie widziałem. To wszystko tam było i buzowało.

Zatrzymaliśmy się, żeby kupić sobie tacosy. Najpyszniejsze taco, jakie jadłem w życiu. Potem dalej jechaliśmy na południe. P pokazał mi Inglewood, gdzie grają Lakers. I dalej autostradą do Hollywood. Zobaczyć Galerię Sław. Znaleźć gwiazdę Michaela Jacksona. Poszukać gwiazdy Prince'a. Przejechać się pośród rezydencji w Beverly Hills, ustawionych obok siebie jak jakieś muzea. W radiu puszczają „Juicy" Biggiego*. To było jeszcze przed wojną hip-hopową East Coast vs. West Coast. Kiedy B.I.G. wypuścił album *Ready to Die*, w LA słuchano go bez przerwy. Chociaż nie aż tak, jak *Doggystyle* Snoop Dogga. W każdym razie podczas tamtej przejażdżki słyszałem to z głośników w bagażnikach wielu samochodów.

Kiedy tak objeżdżałem razem z P Los Angeles, pomyślałem sobie, że ten wielki świat jest większy, niż mi się wydawało.

Przespaliśmy się u niego w domu, a nasze mamy się zaprzyjaźniły. Pani Lorraine Hosey, pielęgniarka, też samotnie wychowywała syna. P nie znał swojego ojca, tak jak ja. Jego mama wychowała się w Chicago i dobrze wiedziała, że miastem rządzą gangi. „Może Kevinowi byłoby lepiej w LA" – powiedziała.

Może. Gdybym grał w liceum Inglewood razem z P, rozwalilibyśmy wszystkich. Im więcej o tym myślałem, tym lepiej to brzmiało. P też zakochał się w tym pomyśle. Wyobrażał sobie, jak wygrywamy

---

* Notorious B.I.G. – jeden z najważniejszych artystów hip-hopowych wszech czasów.

wszystkie turnieje szkolne, jakie tylko byliśmy sobie w stanie wyobrazić. Pomogłoby to też nam obu załapać się na program koszykarski na jednym z elitarnych uniwersytetów.

Pani Hosey powiedziała jasno, że chce, żeby P poszedł na dobrą uczelnię. Mama chciała tego samego dla mnie. Zdecydowanie miałem iść do college'u. P w przyszłości miał zostać supergwiazdą turnieju Big Eight w Kansas. Ja zaś iść na Uniwersytet Michigan i stworzyć tam nową wersję Fab Five. A jeśli Michigan nie wypali, to North Carolina.

Dzień później P zaczął mi pokazywać miejsca, gdzie grało się w kosza. Park Rogers. Venice Beach. Ostatecznie rozegraliśmy sparing w Inglewood, podczas którego jeden z braci zaczął mnie prowokować. Wpadłem w jakiś trans. Dunkowałem ponad tym skurwielem, blokowałem jego rzuty, rzucałem jak szalony, biegałem po boisku, wykonywałem rzuty z wyskoku, trójki.

– No, KG, mógłbyś rządzić w LA – powiedział Paul.

Kiedy przyszliśmy do szkolnej sali gimnastycznej, jego kumple mówili:

– O kurwa, przyjechał tu ten ziom z Karoliny Południowej. Chcemy go zobaczyć. Ciekawe, co potrafi.

No i naturalnie wszedłem na boisko, zebrałem piłkę, zapakowałem ją od góry, zrobiłem windmilla, zacząłem szaleć i cała hala szalała razem ze mną.

Byliśmy z P na adrenalinowym haju, kiedy razem z naszymi mamami pojechaliśmy do Vegas na turniej AAU, w którym mieliśmy zagrać razem w jednej drużynie. W Vegas musiałem się nauczyć wysiadać zgrabnie z taksówki i z finezją przemieszczać się po kasynach. Wyciągałem z kieszeni ćwierćdolarówki, uruchamiałem równolegle dziesiątki automatów do gry, przechodząc przez przejście, wygrywając może raz na 20 prób i wracając biegiem, żeby zgarnąć wygraną, nie ogarniając nawet, czy więcej wygrywam, czy przegrywam – zresztą miałem to w dupie.

Zatrzymaliśmy się w hotelu Circus Circus, było tam pełno lasek w skąpych, obcisłych kostiumach, chodzących po linie i wykonujących przeróżne akrobacje w hotelowym lobby. Wszystko to bardzo mi się podobało.

Turniej AAU też mi się podobał. Razem z P graliśmy w drużynie K-Swiss, która zawsze przegrywała z drużyną sponsorowaną przez Nike. P i jego kumple byli załamani. Czuli się jak bohaterowie filmu *Straszne misie**. A ja stwierdziłem, że to pierdolę. Nie mam tu żadnej historii, więc zagram na luzie.

„Stary, oni co roku skopywali nam dupska – powiedział P. – Poczekaj, aż zobaczysz Jelaniego McCoya. Albo Schea Cottona. Poczekaj, aż zobaczysz bliźniaków Collins, Jasona i Jarrona".

Schea był LeBronem, zanim pojawił się LeBron. Wymiatał. Ważył prawie 120 kilo. Oj tak, to był gość. Leworęczny, silny jak skurwysyn, z szalonym nastawieniem, nacierał na każdego rywala, walczył z nim, szarpał się, grał jak wariat. Totalny pojeb. Przecież był dopiero w pierwszej czy drugiej klasie liceum! A grał jak dorosły.

A ja i tak się nie przejmowałem. Podobało mi się to wyzwanie. I byłem megaszczęśliwy, kiedy pomogłem P i ekipie K-Swiss w końcu skopać tyłki Schea i Jelaniemu. Na parkiecie między mną a P była czarodziejska chemia. To tylko umocniło naszą przyjaźń.

Polecieliśmy z powrotem do LA z ogromnymi nadziejami. Szkoła średnia w Inglewood wydawała się realna. Zostałem w Kalifornii, a Mama wróciła do Karoliny.

Wszystko było dobrze, dopóki Mama nie spędziła sobotniego wieczora na Crenshaw Boulevard, tej samej ulicy, którą pokazał mi Paul. Nie spodobało jej się to, co tam zobaczyła. Nie dało się nie zauważyć tamtejszej gangsterki.

---

* Bad News Bears – komedia sportowa z 1976 roku o baseballowej drużynie nieudaczników, z Walterem Matthau i Tatum O'Neal.

Z Mamą nie ma dyskusji. Najwidoczniej LA nie było mi pisane. P był niezadowolony, ale dobrze wiedział, jaką siłę ma samotna matka. Miał świadomość, że nic nie możemy zrobić – pozostaje tylko mieć nadzieję, że może jeszcze kiedyś na siebie wpadniemy. Jakąś wieczność później, w 2001 roku, najlepiej ujął to Shaq. Lakers wygrali wtedy z Celtics 112:107. Ale Paul zdobył 42 punkty, trafiając 13 z 19 rzutów. Po meczu Shaq złapał jakiegoś bostońskiego dziennikarza i powiedział: „Zapisz to. Nazywam się Shaquille O'Neal, a Paul Pierce jest pierdoloną prawdą. Masz mnie zacytować i nie wolno ci wyciąć niczego z tego, co powiedziałem. Wiedziałem, że facet umie grać, ale nie miałem pojęcia, że potrafi grać aż tak dobrze. Paul Pierce jest prawdą"*.

Home Run Inn Pizza

Moja ulubiona pizza na świecie. A podczas roku spędzonego w Chicago naprawdę zjadłem m n ó s t w o pizzy. Próbowałem wszystkich, a w niektórych miejscach jadłem po dwa razy. Mój wybór Home Run Inn Pizza w Cicero jako numeru 1 jest pewnie kontrowersyjny, bo nie jest to pizza na grubym cieście, z jakiej słynie Chicago. Bardziej przypomina pizzę nowojorską. Ciasto jest idealne – nie zakalcowate i nie za bardzo chrupiące. I uwielbiam ich kiełbasy – tłuste kiełbasy, tak wielkie, że jak się złoży plaster na pół, to można powiedzieć, że to kanapka z kiełbasą.

Cicero było kiedyś znane jako wylęgarnia rasistów, ale to nie powstrzymywało Wolfa przed tym, żeby nas tam zabierać. Chciał, żebyśmy mieli pewność, że możemy jeść, gdziekolwiek zechcemy. I choć znaliśmy wszystkie straszne historie, do których doszło w Cicero, to Wolf chciał, żebyśmy pamiętali, że jesteśmy spoko, niezależnie od miejsca, w jakim się znajdziemy.

---

* The Truth – ksywka Paula Pierce'a.

Jednocześnie to właśnie w Cicero po raz pierwszy policja zatrzymała samochód, który prowadziłem. Zapytałem się gliniarza, co takiego złego zrobiłem.

– Znalazłeś się w niewłaściwym miejscu – powiedział tylko. – A teraz wypierdalaj.

P i e r d o l i ć t o g ó w n o. Tak pomyślałem, ale nic nie powiedziałem. W końcu wciąż jeszcze byłem na zwolnieniu warunkowym i nie mogłem sobie pozwolić na to, żeby znów trafić do pierdla. Ale widziałem, że policja z Cicero to też jakiś gang.

Homework. Praca domowa

Pan Clark był moim ulubionym nauczycielem w Farragut. Ciemnoskóry mężczyzna ze śnieżnobiałymi włosami niczym Kenny Rogers, z wielkimi białymi wąsami i twarzą, która łączyła rysy Wujka Bena z opakowania ryżu Uncle Ben's z Frederickiem Douglassem*. Ubierał się w dżinsy, koszulę z kołnierzem i nosił aktówkę. Miał mały brzuszek i trzymał właściwą posturę. Ładnie mówił po angielsku. I był to angielski z duszą.

– Klaso – mówił w charakterystyczny stylowy, uroczy sposób. – Życzę wam dobrego dnia. Dzień dobry paniom. Dzień dobry panom. Chciałem dzisiaj zaprosić was do dyskusji na temat kilku intrygujących teorii.

Pan Clark, który potrafił także śpiewać, uczył matematyki, przyrody i muzyki. A ponieważ uwielbiałem matematykę i nauki ścisłe, więc go słuchałem. Inni nauczyciele byli nudziarzami. Pan Clark zachowywał się teatralnie. Gestykulował. Miał potężny, donośny głos. Wymagał skupienia. Stosował porównania, które uwielbiałem. Opowiadał o sir Isaacu Newtonie, który odkrył grawitację. Albo o Alexandrze Grahamie Bellu, który stworzył telefon. Albo o Albercie Einsteinie, twórcy teorii względności.

* Amerykański niewolnik, działacz społeczny, przywódca ruchu abolicjonistów.

Pan Clark był intelektualistą, ale był też bratem. Nauczał o ruchu praw obywatelskich. Nie uczył nas z podręcznika, ale na podstawie własnych doświadczeń. Maszerował. Przeszedł całe Południe i zebrał wiele razów.

– Kiedy dorastałem, nie miałem żadnych przywilejów – mówił. – Byłem cały unurzany w błocie.

Uwielbiałem to, że używał słowa „unurzany".

– Wyszedłem z tego błota – dodawał – bo byłem zdeterminowany, żeby rozwijać umysł i duszę. Tego właśnie chciałbym nauczyć swoich uczniów. Niech wasze umysły i wasze dusze zawsze rosną.

Wzruszające słowa.

Farragut było na pewno odjechaną szkołą – można tam było spotkać w kiblu chłopaka, któremu jakaś laska robiła loda – ale traktowałem naukę bardzo poważnie. Słuchałem. Uczestniczyłem w lekcjach. Zgłaszałem się do odpowiedzi. Dzięki wykładom, w których uczestniczyłem w Sali Królestwa, nabrałem pewności siebie jako mówca. Kiedy jako pierwszemu udawało mi się rozwiązać zadanie matematyczne, wydawałem z siebie wrzask. Na przyrodzie uwielbiałem uczyć się o ścianach komórek, błonach komórkowych i o fotosyntezie. Kiedy pan Clark mówił o teorii ewolucji Darwina, zadawałem mu pytania tak długo, aż wszystko zrozumiałem.

– To ciekawość – mówił pan Clark – nas stymuluje.

Mentalna stymulacja pomagała nie tylko mojemu umysłowi, pomagała mi również w relacjach z dziewczynami. Jestem kimś więcej niż tylko koszykarzem. Jestem kimś, kto może im pomóc w odrobieniu pracy domowej.

Hot Dog

Farragut miało poważne problemy z gangami. Zamieszki na tle rasowym zdarzały się tam praktycznie codziennie. Przyjechałem z Karoliny i byłem na zwolnieniu warunkowym, bo jakoby miałem takie zamieszki zainicjować, więc musiałem uważać. Ale bycie uważnym nie zmieniało kultury. Gangi walczyły ze sobą codziennie. Walki przenosiły się na wszystkich, nie wyłączając mnie.

Któregoś dnia podczas przerwy na lunch siedziałem sobie z Ronniem Fieldsem i kilkoma kolegami z drużyny, aż tu nagle, nie wiadomo skąd, ktoś rzucił mi hot dogiem w twarz. Wkurwiłem się. Rozejrzałem się po stołówce i zobaczyłem jednego z członków najważniejszego gangu w szkole, Latin Kings, który wstał i zapytał:

– No i co, koleś?

Zaatakowałem go. Bracia po raz pierwszy zobaczyli, jak się biję. Tak jak powiedziałem wcześniej, bracia z Chicago się nie biją. Oni sięgają po broń. Tyle że mój wiejski tyłek powrócił do tego, co umiałem najlepiej, i sprawiłem Hot Dog Manowi straszne lanie. Zanim zdążyłem się zorientować, siedziałem już przed gabinetem dyrektora i czekałem, aż mnie wezwą. Razem z Hot Dog Manem obok mnie był jakiś bandzior, nazwijmy go Seven Gunem (Siódemką). Seven Gun wskazał Hot Dog Mana i powiedział:

– Wiesz, że to mój człowiek.

Potem się dowiedziałem, że Seven Gun to latynoski gangster, który rządzi w szkole. Farragut jest w 85 procentach szkołą latynoską. Seven Gun podniósł koszulę. Dwa paski. Spojrzałem na jego buty. Jeszcze jeden pasek na kostce. I jeszcze jeden schowany z tyłu w majtkach.

– Wiem, że świetnie grasz w kosza – powiedział Seven Gun. – Ja też gram. Chcę, żebyś wciągnął mnie do drużyny. Gram jako obrońca. Umiem rzucać za trzy.

– To świetnie – powiedziałem.

Zbiliśmy żółwika.

– Pogadaj z trenerem. Załatw mi to.

– Masz moje słowo – powiedziałem.

– Jeszcze jedno – powiedział Seven Gun. – Widziałem, że codziennie rano chodzisz ulicą Christiana Street. I ziomki się do ciebie przypieprzają.

Miał rację. Codziennie czterech gangusów się ze mnie nabijało, kiedy ich mijałem. Mówili po hiszpańsku, więc ich nie rozumiałem. Ale mogłem się domyślić, co mówią. Przechodziłem na drugą stronę ulicy, żeby ich uniknąć. Patrzenie na ich pogardliwe spojrzenia nigdy nie pomagało mi zachować spokoju.

Próbowałem to zbagatelizować.

– To nic takiego – powiedziałem do Seven Guna.

– Na razie nic takiego. Ale takie gówno może się łatwo wymknąć spod kontroli, kiedy nie wiesz, jak zareagować.

Nauczył mnie reakcji w postaci tajemnego gestu. Ten gest w pewnych okolicznościach mógł nawet uratować mi życie. W ramach rewanżu poprosiłem Wolfa, żeby wziął Seven Guna do drużyny. To była dobra decyzja. Seven Gun przychodził na wszystkie treningi. Wkładał w nie całe serce. Uwielbiał grać w kosza i dawał radę. Co więcej, jego obecność sprawiała, że cała ekipa Farragut się do siebie zbliża. Kiedy zaczął się sezon zasadniczy, dziennikarze pisali, że to ja zjednoczyłem reprezentację szkoły. Ale muszę oddać co jego Seven Gunowi. Miał jaja i potrafił wkroczyć do kultury koszykarskiej zdominowanej przez takich kolesi, jak Ronnie Fields i ja.

Ułożyło się pięknie. Nasza drużyna rozwalała wszystkich. Ronnie Fields skakał wyżej niż ktokolwiek inny. Air Fields okazał się dobrze rokującą supergwiazdką. Farragut zaliczyło niewiarygodny sezon. Po raz pierwszy w historii gangi Latin Kings, GDs i Vice Lords połączyły siły – przybijaliśmy ze sobą piątki, padaliśmy sobie w ramiona. Wyjeżdżaliśmy na mecze wyjazdowe i wszędzie sialiśmy zniszczenie. Znaleźliśmy się na pierwszym miejscu lokalnego rankingu szkolnego „Chicago Tribune" i na trzecim miejscu w całych Stanach w głosowaniu „USA Today".

W tym roku prowadzone przez Ronniego Fieldsa i mnie liceum Farragut wygrało 28 z 30 meczów. Zdobywałem średnio 25,2 punktu, notowałem 19,9 zbiórki, 6,7 asysty i 6,5 bloku, trafiając 66,8 procent rzutów z gry. „USA Today" uznało mnie za najlepszego licealnego koszykarza w Stanach.

Wcześniej królem Chicago był Antoine Walker. Rządził w liceum Mount Carmel i poszedł na Uniwersytet Kentucky, gdzie jego gwiazda rozbłysła jeszcze bardziej. Teraz całe miasto mówiło o Farragut, o Ronniem Fieldsie i o mnie. Jordan miał na zawsze pozostać Jordanem, ale Mike'a nie było w NBA, bo grał w baseball. Kibice koszykówki chwilowo bardziej jarali się licealistami niż zawodnikami NBA.

Poza wyróżnieniem w „USA Today" dostałem jeszcze nagrodę Mr. Basketball, dla najlepszego koszykarza stanu Illinois. Była to moja druga nagroda Mr. Basketball, otrzymana w dwóch różnych stanach w ciągu dwóch lat. Ale najważniejsze było dla mnie to, że moja drużyna Farragut po raz pierwszy w historii zdobyła mistrzostwo Public League. Nie zdarzyło się to nigdy wcześniej, począwszy od 1901 roku, kiedy rozpoczęły się te rozgrywki. Żebyście zrozumieli, jak bardzo zmieniła się w tym czasie koszykówka: ten pierwszy finałowy mecz zakończył się wynikiem 23:22, i to po dogrywce. Po zwycięstwie w Chicago miałeś się czym chwalić. Nic nie mogło dać człowiekowi większej satysfakcji.

Potem był mecz McDonald's All-American, w którym zwycięstwo odniosła nasza reprezentacja Zachodu. Dostałem nagrodę MVP i zaprzyjaźniłem się na całe życie z Chaunceyem B-B-B-B-Billupsem. W tym czasie uczyłem się do egzaminów SAT i ACT, żeby móc dostać się na Uniwersytet Michigan albo North Carolina. Ponieważ nie zdiagnozowano u mnie jeszcze dysleksji i innych zaburzeń, wciąż nie wiedziałem, z czym przyjdzie mi się zmierzyć. A to oznaczało, że muszę mieć prywatnych nauczycieli; kiedy już mi się wydawało, że nie będę musiał się uczyć, okazało się, że muszę uczyć się jeszcze więcej.

Wyglądało na to, że jest zajebiście.

Że wszystko idzie we właściwym kierunku.

I że nic już mnie nie wytrąci z właściwego kursu.

Illmatic / Insomnia. Bezsenność / Invitation. Zaproszenie / Isiah / Izolacja / Allen Iverson

Illmatic

Nas jako raper zadebiutował wiosną 1994 roku, akurat wtedy, kiedy musiałem zmagać się z całym tym gównem w Mauldin i oskarżeniami o lincz. To był najmroczniejszy moment w moim życiu. Byłem w głębokiej depresji. Wstawałem rano, brałem prysznic i wracałem do łóżka. Miałem opuszczone zasłony, pokój tonął w ciemnościach. Spędzałem tam cały dzień. I nic nie jadłem.

Jedną z rzeczy, która pozwalała mi to wtedy przetrwać, był album *Illmatic*. Odległość dzieląca moją sypialnię od bloków Queensbridge, o których rapował Nas, wynosiła ponad 1100 kilometrów, ale czułem się tak, jakby śpiewał o moim życiu i zwracał się bezpośrednio do mnie. Słuchałem tego gówna bez końca.

Poruszyła mnie nawet okładka płyty – zdjęcie Nasa, kiedy był jeszcze siedmioletnim chłopcem, nałożone na te mroczne budynki. Patrzyłem na tę fotografię i widziałem siebie – wspominałem, jaki byłem kiedyś niewinny. Tęskniłem teraz za tym stanem, bo zaczynałem rozumieć, jaki okrutny i niesprawiedliwy potrafi być świat. *Illmatic* pomógł znieść mi emocjonalny ból i zrozumieć, że to, co najlepsze, jest jeszcze przede mną. „Do kogo należy ten świat? Do mnie, do mnie, do mnie".

Mniej więcej w tym samym czasie zacząłem się też jarać muzyką Biggiego. Dużo wcześniej, kiedy byłem jeszcze dzieciakiem, słuchałem oldskulowej muzy. I faktem jest, że muzyka odegrała równie ważną rolę jak sport w kształtowaniu mojej osobowości. Pamiętam, jak Babcia Mil i Babcia McCollough chodziły po domu, nucąc sobie pod nosem. To nucenie wywodziło się z soulu. Jakby ze starożytności. Słuchałem go i słyszałem w nim nadzieję.

Lubię też sobie gwizdać. W najbardziej mrocznych czasach gwizdanie było dla mnie sposobem na utrzymanie pozytywnego nastroju. Nie ma nic złego w wygwizdaniu sobie drogi przez życie.

Ale niezależnie od tego, czy było to gwizdanie, czy nucenie, czy słuchanie radia, czy gramofonu, nasze gospodarstwo domowe było na maksa umuzykalnione. Postrzegałem muzykę – a właściwie tak ją c z u ł e m – nie tylko jako źródło energii, ale także przyjemności. Muzyka sprawiała, że dobrze się czułem. Muzyka sprawiała, że chciałem się ruszać. Muzyka sprawiła, że uwierzyłem – i wierzę w to do dzisiaj – że warto żyć.

Insomnia. Bezsenność

Nigdy nie sypiałem zbyt dobrze. Wracałem z rozgrywek Midnight League o trzeciej nad ranem, a ja byłem czasami tak nakręcony, że nie mogłem usnąć do świtu. A kiedy trafiłem do NBA, moja bezsenność jeszcze się pogorszyła. No bo wyobraźcie sobie: w ostatnim z serii siedmiu meczów wyjazdowych T-Wolves grają w Seattle. Mecz kończy się około 21.30. Kiedy dojeżdżamy na lotnisko i wylatujemy, jest już 23.00. Lot trwa cztery godziny. Lądujemy na lotnisku. Muszę jeszcze dojechać do domu. Ale pada śnieg. Jest zamieć. Nie mogę jechać zbyt szybko. I kiedy docieram do domu, jest czwarta nad ranem. Ale moje ciało czuje się tak, jakby było wcześniej. Potrzebuję dłuższej chwili, żeby poczuć się komfortowo w domu po tygodniu spędzonym poza nim, zanim się naprawdę zrelaksuję. Ale trening zaczyna się o 9.00. Muszę być w szatni przy szafce o 8.00. Czyli za niespełna cztery godziny.

Nauka o śnie nie była w tamtych czasach specjalnie popularna. Teraz zawodnicy codziennie ucinają sobie drzemki w ciągu dnia i sypiają w komorach hiperbarycznych. Tak przy okazji – byłem pierwszym zawodnikiem w lidze, który kupił sobie to ustrojstwo. Ale w tamtych czasach staraliśmy się to jakoś przezwyciężyć. Red Bull jeszcze się nie przyjął. Musiałem więc włączyć kreatywność. Nalewałem Gatorade do czarnej kawy i piłem ten napój. Robiłem tak dwa albo trzy razy dziennie. Potrzebowałem kofeiny, żeby nie zasnąć, ale dolewałem do niej Gatorade, żeby się nie odwodnić. Smakowało obrzydliwie, ale działało. Dawało kopa i budziło jak skurwysyn.

Invitation. Zaproszenie

Kiedy dostałem wyniki egzaminów SAT i ACT, byłem zdruzgotany. Tak bardzo się starałem, ale i tak je oblałem. Z takimi ocenami nie miałem szans na Michigan. Ani na North Carolina. Ale mogłem liczyć na Wolfa, który pomógł mi się uspokoić. Wolf był zawsze Panem Pozytywnym.

– Ucz się dalej – powiedział mi. – Będziesz zdawał jeszcze raz i wtedy ci się uda.

Zawsze słuchałem rad Wolfa, ale tym razem nie byłem pewien, czy uda mi się przebrnąć przez te pieprzone testy. Nieważne – wziąłem książki i zabrałem się do roboty. Od czasu do czasu patrzyłem w górę i zawsze widziałem tę samą czarną chmurę nad głową.

Tego samego dnia, kiedy dostałem wyniki testów, wpadł do mnie kumpel z zaproszeniem, któremu nigdy nie odmawiałem.

– Chodźmy pograć w kosza – powiedział.

– Nie dzisiaj, stary.

– Dlaczego?

– Nie chcę o tym mówić. Po prostu nie czuję się najlepiej.

– Pierdol to, K. Znam cię. Musisz się oderwać od tego negatywnego gówna. Znam cię. Jak tylko zaczniesz grać w kosza, od razu poczujesz się lepiej.

Nie zamierzałem z tym dyskutować. Wyskoczyłem z łóżka i poszliśmy grać.

– Naprawdę super byłoby wślizgnąć się na trening Byków – powiedział. – Może uda nam się zobaczyć MJ-a.

MJ zrezygnował z koszykówki, żeby występować w podrzędnej lidze baseballa. Nie grał przez 21 miesięcy, ale potem, w marcu 1995 roku, wrócił do Bulls, na miesiąc przed meczem licealnych gwiazd McDonald's All-American.

– Wiesz, gdzie trenują? – pytam.

Mój ziomo tylko się uśmiecha. Wie wszystko, co trzeba wiedzieć o koszykówce i kto gdzie w nią gra.

– Chodźmy do Hilton, mają tam naprawdę fajną halę, K.

– Super.

Wchodzimy bocznymi drzwiami i okazuje się, że Mike Jordan tam jest. Jest też Scottie Pippen. Patrzymy, jak rozgrywają kilka gierek. Po prostu na nich patrzę. Analizuję ich grę. Jestem skoncentrowany jak skurwysyn.

Mija godzina i jakiś ochroniarz zaczyna coś do mnie krzyczeć. Wymachuje w moim kierunku przez boisko, jakby mnie wołał.

– Hej ty! – krzyczy.

– Ja?

– Tak, ty, wielkoludzie. Chodź tutaj.

– Podaj mi buty – mówię do mojego kumpla. Wiążę sznurówki i pędzę przez parkiet.

Pippen mówi:

– Jesteś za młody, żeby tu być. Przecież jesteś licealistą.

Jordan mówi na to:

Przeciwko Scottiemu Pippenowi

– Dobra, jedziemy.

A potem pokazuje na mnie i rzuca:

– Ty będziesz krył Scottiego.

Myślę sobie: O rany, gram przeciwko swojemu idolowi. Gram przeciwko facetowi, który właśnie rozegrał jeden z najlepszych sezonów w całej karierze.

Pippen od razu poprosił o piłkę, zrobił zwód i rzucił zajebistą trójkę.

Myślę sobie: Szaleństwo, jak on to trafił?

Ale wtedy włącza się mój naturalny refleks. Zaczynam grać swoje. Bum! Dunkuję. Bum! Zaczynam się przekomarzać ze Scottiem. Ale to mnie tylko dodatkowo nakręca. Myślę sobie: Daję radę w pojedynku z jednym z najlepszych koszykarzy na świecie.

Mecz się rozkręca, a ja nabieram coraz większej pewności siebie. Nie cofam się. Nikt nie będzie robił ze mnie głupca. Ambitnie walczę z tymi skurwielami. Walczę ze Scottiem, gramy blisko, ostro i twardo. Twarzą w twarz. Zachowuję się tak, jakby każda chwila mojego życia miała na celu doprowadzenie do tego momentu. Może i Scottie to Scottie, ale teraz jest tylko innym koszykarzem. Muszę wygrać. Jestem na fali.

Z perspektywy czasu zastanawiam się, jak w ogóle mogło do tego dojść. Czy ten ochroniarz myślał, że Jordan i Pippen będą zadowoleni, że rzuca im na pożarcie jakieś młode i delikatne mięso armatnie? A może zaprosił mnie, bo chciał zrobić dobry uczynek i zaryzykował posadę, żeby dać mi szansę spełnienia marzeń? Tak czy inaczej, mam dziś temu ochroniarzowi tylko jedną rzecz do powiedzenia: dzięki.

Isiah

„I usłyszałem głos Pana mówiącego: Kogo mam posłać? Kto by tam poszedł? Odpowiedziałem: »Oto ja, poślij mnie«”.

Ten cytat pochodzi z Biblii, z Księgi Izajasza. Izajasz był wielkim prorokiem. Niesamowite jest to, że tego samego dnia, kiedy rozgrywałem sparing z Jordanem i Pippenem, spotkałem innego Izajasza

(Isaiah), którego imię pisało się nieco inaczej, ale który przepowiedział, jak potoczy się moje życie.

Podczas przerwy w gierce ze Scottiem i Michaelem w pewnym momencie pojawił się Isiah „Zeke" Thomas, który oglądał nasze starcie. Nie dość, że grałem przeciwko dwóm swoim bohaterom, to jeszcze jest tutaj Zeke. Ja pierdolę. Ale odlot. Spróbujcie to zrozumieć: dla mnie to Isiah był prawdziwym prezydentem Chicago. Był politykiem bractwa. Wszyscy go uwielbiali. Wiedział, jak ciężko jest na ulicy. Nigdy nie nurkował, nie uciekał, nie znikał. Też wychował się w bloku, w West Side, ale w Chicago nie było miejsca, w którym by nie grał. Wiedział, co to znaczy być twardym, nie bał się ubrudzić. Nawet najwięksi chicagowscy twardziele przyznawali, że Zeke jest spoko. Jeśli umiesz przetrwać w Chicago, to znaczy, że umiesz przetrwać wszędzie. Kiedy to ci się uda – tak jak udało się Zeke'owi – to nie chodzisz i o tym nie opowiadasz. Zostawiasz tę wiedzę dla siebie. A jeśli z kimś się tą wiedzą dzielisz, to tylko z braćmi, którzy wypłynęli w Chicago przed tobą albo po tobie.

Zeke wypłynął przede mną, więc znał historie, o których nigdy wcześniej nie słyszałem. Ale równocześnie mieliśmy wielu wspólnych znajomych, chłopaków z miasta. Zeke opowiadał o tych, którzy przetrwali, i o tych, którzy już nie żyją. Zawsze miał jakieś perełki w zanadrzu. Mogliśmy tak gadać godzinami. Ciekawostka: do tamtego spotkania w hali w 1995 roku doszło na początku jego koszykarskiej emerytury. Rok wcześniej zerwał ścięgno Achillesa, co zakończyło jego karierę. Miał wtedy 34 lata, a ja 18. Był jednym z moich starszych braci.

Nigdy go nie zapytałem, skąd się tam wtedy wziął. A on nie pytał, skąd *ja* się tam wziąłem. Po prostu się tam znaleźliśmy. Ot, jeden z tych kosmicznych zbiegów okoliczności.

Podszedł do mnie i się odezwał. W jego głosie nie było ekscytacji. Było to po prostu rzeczowe, miłe stwierdzenie.

– Kevin – powiedział do mnie Zeke – właśnie stawiłeś czoła Scottiemu Pippenowi. A to obecnie najlepszy koszykarz w NBA. Młody, ty mógłbyś grać w NBA już teraz.

Kiedy usłyszałem te słowa, świat się zatrzymał. Zegary przestały tykać.

Ale może coś źle zrozumiałem.

– Co powiedziałeś? – dopytałem.

– Młody – powtórzył, ale teraz jego oczy zrobiły się jakby większe – ty mógłbyś grać w NBA już teraz.

– O kurwa, Zeke. Serio? Mówisz serio?

– O tak, kurwa, totalnie serio.

Musiałem powtórzyć to sobie po cichu.

„Chłopie, ty mógłbyś grać w NBA już teraz".

Może gdyby powiedział to ktoś inny niż Zeke, nie wywarłoby to na mnie aż takiego wrażenia. Ale ponieważ to były jego słowa, potraktowałem je nie tylko jako przepowiednię, ale i błogosławieństwo. Boskie błogosławieństwo.

– No a co ty o tym myślisz? – zapytał. – Jesteś gotowy na NBA?

Wszystko w moim mózgu, w ciele, w sercu i w duszy krzyczało: „O tak!".

Ale po wszystkich tych potwierdzeniach przyszła jeszcze jedna refleksja.

Nie.

Nie będę już musiał się pierdolić z tymi wszystkim egzaminami, z SAT-ami i z ACT-ami. To gówno doprowadzało mnie do szału. Choć zdawałem je już kilka razy, to byłem pewien, że moje wyniki nigdy nie będą wystarczająco dobre. Poza tym to, że nie pójdę na studia, nie musi wcale oznaczać końca edukacji. Jestem ciekawskim typem. Zawsze będę się uczył, zawsze będę się edukował. Uniwersytet to nie jest jedyne miejsce, w którym można się uczyć i rozwijać. Człowiek z otwartym umysłem może się rozwijać gdziekolwiek. Może się rozwijać wszędzie.

Nie.

Nie muszę postępować zgodnie z szablonem stereotypowego dwudziestolatka.

N i e.

Nie mam obowiązku podporządkowywać się oldskulowemu myśleniu, które po ponownym przeanalizowaniu okazuje się bez sensu.

N i e.

Nie muszę czekać. Mogę zaraz pobiec do Wolfa i od razu mu powiedzieć, że jeśli chodzi o studia, to wszystko może się zdarzyć.

Wolf był trochę sceptyczny.

– Jesteś pewien? – zapytał. – A co z North Carolina? Co z Michigan? Co z twoimi marzeniami o koszykówce uniwersyteckiej?

Wolf miał rację. Miałem to marzenie w sercu od czasu meczów rozgrywanych na podjeździe u Billy'ego w Mauldin, kiedy udawałem, że jestem C-Webbem, a on był Laettnerem.

– Marzenia się zmieniają – odpowiedziałem Wolfowi. – A to nowe marzenie znajduje się w moim zasięgu. I to już teraz.

Wolf lubił mówić, ale lubił też myśleć. Zobaczyłem, że zastanawia się nad wszystkim, co powiedziałem. Wydawało mi się, że słyszę, jak myśli. Aż nagle się uśmiechnął. Ten uśmiech mówił wszystko.

– No cóż – powiedział, – może i masz rację.

Też musiałem się uśmiechnąć. Wyglądało na to, że prawie go przekonałem.

– Czuję, że mam rację – powiedziałem. – Czuję to głęboko w trzewiach.

– Jeśli ty jesteś gotów, wielkoludzie, to ja też jestem gotów. Nikt jeszcze czegoś takiego nie zrobił. A przynajmniej nie tutaj. Ale jeśli ktoś miałby to zrobić, to tylko ty. A ja będę cię wspierał.

Izolacja

Podczas gdy próbowałem podjąć decyzję o rezygnacji ze studiów i przystąpieniu do draftu do NBA, zacząłem mieć głębokie poczucie izolacji. W koszykówce pełno jest pojęć, które mogą odnosić się również do stanu ludzkiego ducha: odbicie, pomoc, ochrona, posiadanie, przemiana, pułapka*. To między innymi one sprawiają, że koszykówka jest tak wspaniałą metaforą życia. W języku koszykarskim „izolacja" oznacza, że to ty masz piłkę, a reszta drużyny schodzi ci z drogi, żebyś mógł zaatakować kryjącego cię indywidualnie rywala. Jest w tym coś heroicznego. Coś pochodzącego z westernowej mitologii kowbojów amerykańskich. Przypomina to pojedynek rewolwerowców. Dwaj mężczyźni stojący naprzeciwko siebie na zakurzonej ulicy, wieje wiatr, fruwają jakieś rośliny, ale tylko jeden z nich przeżyje. Ale ja nie kupowałem tej mitologii. Uważałem, że to raczej egoizm niż heroizm. Zdecydowanie wolałem polegać na kolegach z drużyny. I tak samo było w moim normalnym życiu. Nie lubiłem przebywać w izolacji. Lubiłem otaczać się ludźmi. Lubiłem polegać na ich radach. Ale czyjej radzie mogłem zaufać w sytuacji, kiedy miałem podjąć najważniejszą decyzję w życiu? Zanim z kimś pogadałem, wszystko dokładnie sprawdziłem.

Pod koniec lat 60. Spencer Haywood toczył walkę z przepisem, zgodnie z którym nie wolno było przejść do NBA przed ukończeniem studiów. Wszystko skończyło się w Sądzie Najwyższym, gdzie Haywood ostatecznie wygrał.

Potem, w 1974 roku, Moses Malone przeszedł bezpośrednio z liceum do American Basketball Association. Rok później, w 1975 roku, Darryl „Chocolate Thunder" Dawkins i Bill Willoughby ruszyli jego śladem i przeszli bezpośrednio ze szkoły średniej do NBA. I to by było na tyle na dwa dziesięciolecia. Nikt inny nie podjął takiej próby.

Wszystko dokładnie przeanalizowałem. Przeczytałem, co mogłem, na temat Spencera, Darryla i Billa. Poszedłem do biblioteki,

---

* Odwołanie do terminologii koszykarskiej, którą nie zawsze daje się przetłumaczyć w taki sposób: *rebound* – zbiórka, *assist* – asysta, *guard* – obrońca, *possession* – posiadanie piłki, *transition* – kontratak, *trap* – pułapka.

Fot. Bill Baptist / NBAE / Getty Images

Bill Willoughby

przejrzałem dostępne mikrofilmy i zapoznałem się z historiami w starych magazynach. Przeczytałem długie wywiady z nimi. Chciałem wiedzieć, jak tamte decyzje wpłynęły na ich życie. Ale najwięcej dało mi to, że spotkałem się z samym Billem Willoughbym.

Zanim znalazłem jego numer telefonu, zapoznałem się z jego historią. Willoughby nigdy nie notował takich statystyk jak Dawkins ani nie miał takiej gadki jak on. Bo i mało kto ma. Dawkins wymyślił nowoczesny trash-talking w taki sam sposób, jakby wymyślał nazwy dla swoich rozbijających tablice slam dunków. Moim ulubionym był Turbo Saxophonic Delight. Ale Bill Willoughby nie był jakimś łamagą, choć wiele osób tak uważało. Ludzie wykorzystywali go jako dowód na to, że nie powinno się przechodzić na zawodowstwo prosto ze szkoły średniej. Mówili, że gdyby znalazł się na uczelni i podszlifował umiejętności, to odniósłby więcej sukcesów. Ale mogło być tak, że te osoby miały inklinacje rasistowskie i po prostu szukały sposobów na to, żeby pozbawić młodych czarnych ludzi wolności. Bo co by było, gdyby ze studiów zrezygnował jakiś biały chłopak? A gdyby zrobił to Larry Bird? Co by było, gdyby zrezygnował z uczelni Indiana State i zaczął szybciej zarabiać? Gwarantuję wam, że wtedy mówiono by co innego. Gwarantuję wam, że chwalono by go za podjęcie mądrej decyzji biznesowej.

To prawda, że Bill Willoughby nigdy nie zdobywał średnio w jednym sezonie więcej niż siedmiu punktów na mecz, ale grał w NBA przez osiem lat, a jeśli jesteś w stanie utrzymać się w lidze tak długo, to znaczy, że nie jesteś jakąś łajzą. A prawdziwi koszykarscy maniacy, tacy jak ja, wiedzą, że Bill jest jednym z nielicznych graczy, którym udało się zablokować rzut hakiem Kareema. Chłopak miał tylko 203 centymetry wzrostu, a Jabbar 218.

Zdecydowałem więc, że zadzwonię do Billa Willoughby'ego. Facet nie kojarzył mnie z gry w kosza. Miał 38 lat i mieszkał w Teaneck w stanie New Jersey. Wtedy wydawało mi się, że mając 38 lat, jest się jakimś dinozaurem. Dopiero teraz zdaję sobie sprawę, jakim był wtedy młodym gościem. I dopiero gdy piszę tę książkę, dociera do mnie, że miał takie samo nazwisko jak panna Willoughby, która wspierała mnie w Mauldin. Widocznie między Garnettami i Willoughbymi jest jakaś tajemnicza synergia. Państwo Willoughby są moimi aniołami stróżami.

Bill rozmawiał ze mną tak, jakbym był jego synem. Nie mógł być bardziej cierpliwy i taktowny. Bardzo mnie wspierał. Nie próbował mnie zniechęcić, ale chciał, żebym miał świadomość, że łatwo nie będzie.

– Kiedy już trafisz do NBA – powiedział – to wszystko się zmieni. Gdy ludzie będą ci patrzeć w oczy, będą tam widzieli symbole dolara. Nikogo nie będzie interesowało, jak się czujesz czy jak się masz. Będziesz oceniany tylko przez pryzmat tego, ile możesz zdobyć punktów. I czy możesz im załatwić bilety na mecz. Dla kogoś, kto ma tylko 18 lat, nie będzie to łatwe, Kevin. Będzie ciężko. Będziesz się czuł samotny. Nie masz żony. Nie będziesz tam miał rodziny. Nie będziesz zbyt wiele grał. Musisz być wyjątkowo silny.

– Jestem silny – odpowiedziałem.

– No to próbuj – powiedział Bill.

Rozumiał także, że poza wyzwaniami emocjonalnymi czekają na mnie również te siłowe. Najtrudniej będzie mi na boisku. Nie byłem wystarczająco silny ani wystarczająco szybki, żeby grać w NBA. Mój wzrost predestynował mnie do gry na centrze, ale grałem na trójce – na pozycji Scottiego Pippena. Scottie to rozpruwacz. Też będę musiał nauczyć się atakować kosz. Wykorzystywać wewnętrzną siłę. Grać przodem do kosza. Miałem występować przeciwko najsprytniejszym koszykarzom i radzić sobie z ich zwodami i skrętami. Będę musiał radzić sobie ze wszystkim.

Rok spędzony w Chicago nauczył mnie, jak być twardym. W tym czasie mierzyłem się dosłownie z setkami różnych koszykarzy, często w prowizorycznych ulicznych okolicznościach. Dzięki Bogu za rok spędzony w Chicago.

Ale NBA to inny świat. Wejście do niego – które zdaniem wielu osób było wejściem przedwczesnym – miało być największym ryzykiem w całym moim życiu.

Allen Iverson

Na tym pierwszym obozie Nike w Deerfield załapałem się do drużyny gwiazd. Ale tego samego dokonał ktoś jeszcze, starszy ode mnie o rok brat – AI.

Tamten obóz Nike był barbarzyński. AI i ja w podobny sposób podchodziliśmy do ulicznych band. On miał swoich braci, z którymi przestawał, ja swoich. On był zajebisty i ja byłem zajebisty. Szanowaliśmy się wzajemnie. Nigdy nie było między nami żadnego pierdolenia. Kocham AI-a na tysiąc procent.

Nasza relacja zawiązała się pod koniec obozu. O wpół do czwartej rano autokar miał nas zawieźć na lotnisko, żebyśmy zdążyli na poranne loty. Wszyscy spali, z wyjątkiem mnie i AI-a. Siedzieliśmy w tylnym rzędzie. Było ciemno choć oko wykol. Dwaj bracia, którzy wyobrażali sobie, co może ich czekać w przyszłości. AI to sprytny i troskliwy koleś. Otworzył się. Mówił, że jego największym marzeniem jest pójść na Uniwersytet Hampton, bo stamtąd pochodzi. Hampton to jego serce. No i to w Hampton są najmądrzejsze i najpiękniejsze dziewczyny ze wszystkich uczelni. AI został wtedy uznany przez Associated Press najlepszym koszykarzem i futbolistą roku w szkole średniej. Ale najważniejsze było dla niego to, żeby zaznaczyć pozycję Hampton na koszykarskiej mapie. Chciał zostać bohaterem tej uczelni.

Historia potoczyła się oczywiście inaczej. AI też miał swoje problemy z prawem, podobne do moich. Wdał się w bójkę, dokładnie tak jak ja. Niesprawiedliwy system sądownictwa karnego odmienił jego życie. Pozytywne było tylko to, że kiedy już zaszła taka konieczność, to stanął za nim cały stan Wirginia i wyciągnął go z więzienia.

AI wylądował w Georgetown, a potem oczywiście w Philly. Ponieważ był świeżakiem, miał szalony wręcz talent, nie bał się wyrażać swojego wyjątkowego stylu w każdym obszarze i miał w dupie opinię białych i białego establishmentu, stał się autentyczną ikoną. AI przybył, zapuścił fryzurę cornrows, pomachał swoimi ośmioma łańcuchami i najnowszym modelem rolexa. Gość był wprost obwieszony biżuterią. Wszyscy się na niego gapili. AI nauczył się od swoich ziomali z DC crossovera, ale go przekręcił. Tim Hardaway też miał swój charakterystyczny crossover, ale AI robił go, skręcając i kiwając głową, płynnie i gładko – nigdy wcześniej czegoś takiego nie widzieliśmy. Crossover AI-a był przełomowy, to jedna z najważniejszych chwil w historii NBA. AI zaczął nawet rapować. Uwielbiam słuchać, jak wypluwa z siebie rymy. Potrafił rymować jak szalony.

Prawie 30 lat temu siedziałem w środku nocy w ostatnim rzędzie autokaru i słuchałem, jak AI rapuje o nieznanym nam świecie, do którego obaj mieliśmy wkrótce wkroczyć. Poczułem jego moc. Wiedziałem, że tak jak ja rozpieprzy ten matrix. W nadchodzących latach AI i ja mieliśmy reprezentować coś, czego nikt wcześniej nie reprezentował. Reprezentowaliśmy całe pokolenie dzieciaków, które harowały jak woły. Dzieciaków wywodzących się ze środowisk, w których nie miały specjalnej szansy na świetlaną przyszłość. Dzieciaków, których nikt nie rozumiał. Dzieciaków, które naprawdę zasłużyły na to, żeby dać im drugą szansę. Dzieciaków, które podłączyły się do oryginalności. Dzieciaków, które były gotowe, żeby wkroczyć na nową ścieżkę.

Mijał czas, a AI i ja pozostaliśmy przyjaciółmi. Kiedy trafił do NBA, tak rozwinął umiejętności, że stał się koszykarzem, którego najbardziej lubiłem oglądać.

W NBA są dwa rodzaje obrońców. Z jednej strony jest Terrell Brandon. Prawdziwy wojownik. Bardzo uporządkowany. Doskonale znał miejsce każdego na boisku. Do tej kategorii należał też Rajon Rondo.

Z drugiej strony macie Sama Cassella i AI-a. Im wystarczy tylko dać piłkę. A zaczynali zdobywać punkty. Bo wiedzą, co zrobić, żeby zdobyć pieniądze.

Gdybym był obrońcą, to chciałbym być taki jak AI. Byliśmy rodziną. Żadnych złych słów. Żadnych kłótni. Jego mama była też moją mamą. A jego banda – moją bandą. AI jest prawdziwy Mój ziom od zawsze i na zawsze.

J

Janet Jackson / Jimmy Jam i Terry Lewis / LeBron James / Japonia / Jay-Z / Jazda na deskorolce / Jealousy. Zazdrość / Johnny Joe / Magic Johnson / Michael Jordan / June 28, 1995. 28 czerwca 1995

Janet Jackson

Choć naprawdę doceniałem geniusz Michaela, to z Jacksonów najbardziej lubię jego siostrę Janet. Rozwaliła system płytą *Control*, ale potem wróciła jeszcze silniejsza z albumem *Rhythm Nation 1814*. Była namiętna, szykowna i słodka jak cukier. No i zajebiście tańczyła. A to, że jej gwiazda narodziła się w Minnesocie, w ekipie producenckiej Flyte Tyme Production Jimmy'ego Jama i Terry'ego Lewisa, podobało mi się jeszcze bardziej.

Ale najbardziej niewiarygodne było to, jak przyjechała ze swoim tournée *Velvet Rope* do hali Target Center w Minneapolis, w której grali T-Wolves. Wszedłem w swój rytm od razu, kiedy zaczęła śpiewać największe hity – począwszy od *Nasty* przez *Black Cat* po *That's the Way Love Goes*. A potem zrobiło się jeszcze lepiej, bo wykonała namiętnie *Rope Burn*. Totalne szaleństwo. Wywołali mnie na scenę.

Układ, dzisiaj już klasyk, nadał nowe znaczenie słowu „prowokacja".

Siedziałem tyłem do publiczności na krześle, z przywiązanymi do niego rękoma. To był mój pierwszy raz. Nie jestem fanem bycia związanym.

Janet i dwie tancerki z jej ekipy tańczyły przy rurach. Janet znajdowała się bezpośrednio przede mną. Jej ciało znajdowało się o kilkanaście centymetrów od moich oczu. Była ubrana w pierzaste krwistoczerwone boa i czarne pończochy. Miała nagą talię, doskonale widziałem mięśnie jej brzucha. Wyczuwałem zapach jej perfum.

Przeszła od rury do krzesła sąsiadującego z moim. Tańczyła na krześle, śpiewała, krępowała mnie i wiązała, sprawiała, że jęczałem, szepcząc i fantazjując. Zeszła z krzesła i jeszcze bardziej się do mnie przybliżyła. Dołączyły do niej dwie tancerki. Wycierały mi czoło swoimi piórami, Janet całowała mnie w policzek, napierała na mnie kroczem, wycofywała się, zbliżała, krążyła wokół mnie.

Tłum szalał. Ja szalałem jeszcze bardziej. Jeśli więc nazywam siebie najbardziej zajebistym fanem Janet Jackson, to teraz rozumiecie dlaczego.

Jimmy Jam i Terry Lewis

zobacz **Land Cruiser**

LeBron James

Zawsze będzie się mówiło o wybitnych koszykarzach, którzy zakończyli karierę, nie zdobywając mistrzowskiego pierścienia. Dobrym przykładem jest tu Charles Barkley. To zbrodnia. Tak wielu braci chciało grać razem z Barkleyem, ale według mnie właściciel Philly, Harold Katz, był zbyt skąpy i nie chciał im zapłacić. Charles powędrował więc do Phoenix, a potem do Houston, ale oba kluby nie były w stanie dać mu takiego wsparcia, na jakie zasługiwał. Tak samo było z Patrickiem Ewingiem w Nowym Jorku. Z Reggiem Millerem w Indianie. Z Karlem Malone'em i Pistolem Pete'em w Utah. Z Vince'em Carterem. Z Chrisem Webberem. Wszyscy bracia mieli długie i wspaniałe kariery, wszyscy przeszli do historii, ale nie zdobyli pierścieni.

Pozwólcie, że zabiorę was do roku 2010, kiedy wciąż jeszcze istniało ryzyko, że LB dołączy do tej listy. Spędził siedem lat w Cleveland i tylko raz zagrał w finałach – przegrali wtedy do zera ze Spurs. Wygraliśmy wtedy z Cavs w półfinale konferencji po raz drugi w ciągu ostatnich trzech sezonów. Ale nie tylko z nimi wygraliśmy – myśmy ich z m i a ż d ż y l i. Ta drużyna nie miała wystarczająco dużo talentu, żeby nas pokonać. Nie było o tym mowy. Po meczu kamery telewizyjne uchwyciły LB stojącego w tunelu i zdejmującego koszulkę. Żartowałem wtedy z zawodnikami i kibicami z Cleveland, że to my ją pochowaliśmy. Odrzucona koszulka okazała się symbolem – znakiem tego, że dni LeBrona w Cleveland dobiegły końca. Ale chwilę przedtem, kiedy wybrzmiała syrena końcowa i objęliśmy się na parkiecie, wyszeptałem mu do ucha: „Niech to cię napędza".

LB nie potrzebował moich rad. Gość napędza się sam. Ale po wszystkich latach, które spędziłem bez tytułu w Minnie, doskonale rozumiałem, przez co przechodzi. Ja też byłem zawodnikiem, który prosto ze szkoły średniej przeszedł do NBA. Ja też byłem zawodnikiem, który uwielbiał swoją pochodzącą z małego rynku drużynę i czuł ogromną lojalność wobec swojego miasta, choć zimy były tam okropne. Wreszcie ja też byłem zawodnikiem desperacko chcącym dać cierpiącym od lat kibicom mistrzostwo, o którym tak marzyli, ale nigdy go nie zobaczyli. Doskonale rozumiałem, jak bardzo musiał być rozdarty.

Dlatego też, w przeciwieństwie do prawie wszystkich na świecie, nie byłem na niego zły, kiedy przeszedł do Miami, żeby połączyć siły z D-Wadem i Chrisem Boshem. Gadające głowy w telewizji opowiadały, że nie powinien był tego zrobić w taki sposób i ogłaszać decyzji w telewizji, w programie transmitowanym na cały kraj. Bzdury. Media to uwielbiały. Dostały pożywkę do dyskusji na wiele miesięcy. Jak wiecie, jestem kibicem wrestlingu, więc tym bardziej potrafiłem docenić to przedstawienie. To była wspaniała rozrywka – a czyż nie o to chodzi w sporcie? LB wykonał klasyczny obrót na pięcie, rodem z wrestlingu, kiedy bohater staje się czarnym charakterem – i zrobił to perfekcyjnie.

Byłem nabuzowany, bo teraz to Celtics mogli stać się bohaterami, którzy pokonają łotrów. Tak bardzo pragnąłem pojedynku Heat z Celtics. Chciałem pokazać zawodnikom Miami, kto jest prawdziwą Wielką Trójką.

I to właśnie zrobiliśmy w pierwszym meczu sezonu 2010/11. Rozwaliliśmy Miami 88:80. W pierwszej połowie udało im się zdobyć tylko 30 punktów. Tłum zgromadzony w hali TD Garden był podjarany i skandował hasło: „przereklamowani". A myśmy potem po prostu jechali dalej. Podczas przerwy na Mecz Gwiazd byliśmy na pierwszym miejscu w Konferencji Wschodniej. Nikt nie był w stanie nas zatrzymać.

Może z wyjątkiem naszego zarządu.

Cztery dni po Meczu Gwiazd, tuż przed ostatecznym terminem zawierania transferów, Celtics oddali Kendricka Perkinsa do OKC. Perk był naszym sercem i duszą. Został wybrany przez Celtics w drafcie i spędził w naszym klubie osiem lat. W trzech ostatnich sezonach, kiedy grał w pierwszej piątce, raz zdobyliśmy mistrzostwo i raz awansowaliśmy do finałów. Jedynym powodem, dla którego nie zagraliśmy w finałach trzykrotnie, była moja kontuzja w 2009 roku. Po zakończeniu sezonu Perk miał zostać wolnym graczem i nie udało mu się dogadać z zarządem w sprawie warunków nowego kontraktu. Celtics woleli dostać za niego cokolwiek, niż stracić go na wolnym rynku. To był idiotyczny transfer. Dlaczego zarząd myślał o *następnym* sezonie, skoro mieliśmy szansę na zdobycie mistrzostwa w *tym*? Po co mieszać i przeszkadzać? Nie był to ani pierwszy, ani nie ostatni raz, kiedy szefostwo podejmowało debilną decyzję.

Po utracie Perka staliśmy się drużyną, która w dalszej części sezonu zasadniczego wygrała niewiele ponad 50 procent meczów. A potem przegraliśmy w sześciu spotkaniach z LB i Heat w półfinale Konferencji Wschodniej. Ale rok później, w finałach konferencji w 2012 roku, dostaliśmy szansę na rewanż. Lokaut spowodował opóźnienie sezonu o miesiąc i skrócił go o 16 meczów. Zakończyliśmy rozgrywki na czwartym miejscu w Konferencji Wschodniej, ale odzyskaliśmy właściwy rytm w play-offach. W pierwszej rundzie wygraliśmy trudną sześciomeczową serię z Hawks, a potem jeszcze trudniejszą siedmiomeczową rywalizację z młodą, pełną werwy ekipą 76ers. Równie twardo postawiliśmy się Heat w finałach konferencji. Wygrali pierwsze dwa mecze rozgrywane na własnym parkiecie, ale w drugim z nich doprowadziliśmy do dogrywki. Potem zwyciężyliśmy dwukrotnie w Bostonie, w czwartym meczu po dogrywce. A potem ja i P zrobiliśmy swoje w meczu numer 5. Zaliczyłem 26 punktów i 11 zbiórek, a P – 19 oczek, w tym arcyważną trójkę ponad LB na niespełna minutę przed końcem. Wygraliśmy i wróciliśmy do Bostonu z szansą na zakończenie rywalizacji i powrót do finału.

Tyle że wtedy, w szóstym meczu, LB zaliczył jeden z najlepszych występów w historii. Od rozpoczynającego mecz rzutu sędziowskiego prezentował zupełnie inną postawę. Wzleciał na wysokość przelotową samolotu odrzutowego. Zdobył 45 punktów, trafiając 19 z 26 rzutów, i zebrał z tablic 15 piłek. W ciągu 45 minut gry. Po prawdzie trzeba też przyznać, że my rzucaliśmy fatalnie. Na 14 prób za trzy punkty trafiliśmy tylko raz. Ale nawet gdybyśmy trafiali świetnie, to tego wieczora i tak nie miałoby to znaczenia. LB był nie do zatrzymania. Tak jak powiedział potem dziennikarzom Doc: „Mam nadzieję, że przestaniecie teraz gadać głupstwa, że LeBron nie gra dobrze w najważniejszych meczach".

Siódmy mecz w Miami był jeszcze bardziej niesamowity, a LB raz jeszcze pociągnął drużynę na swoich barkach, zdobywając 31 punktów i zaliczając 12 zbiórek. Świetnie zagrał Rondo. Zaliczył triple double. Ale to nie wystarczyło. LB zdobył wtedy swoje pierwsze mistrzostwo – i zagwarantował sobie, że nie znajdzie się na liście

Fot. Mike Ehrmann / Getty Images

W starciu z LeBronem

legendarnych koszykarzy, którzy nigdy nie zdobyli tytułu. Ale na tym się nie zatrzymał. Po zdobyciu kolejnego mistrzowskiego pierścienia w Miami wrócił do Cleveland i zdobył dla Cavs pierwszy tytuł mistrzowski w historii. Nie zatrzymał się jednak nawet wtedy – przeszedł do Lakers i w wieku 35 lat zdobył swój czwarty mistrzowski pierścień. Czy przed zakończeniem kariery zdobędzie jeszcze jeden? A może nawet dwa? Nic mnie nie zaskoczy.

Jordan był wielki, ale Jordan też nie byłby w stanie pokryć LB. Bean również sobie z nim nie radził. Magic nie był tak sprawny fizycznie. LeBron w Miami grał jak szalony. To wtedy stał się czymś w rodzaju laboratorium, w którym pracował szalony naukowiec, Pat Riley: 206 centymetrów wzrostu, 120 kilogramów wagi i skok dosiężny 96 centymetrów.

Kolesie tacy jak LB pojawiają się raz na stulecie. Chcę poświęcić część książki tylko na to, żeby mu podziękować i powiedzieć, że to była przyjemność grać przeciwko niemu. Sprawił, że stałem się lepszy. Sprawił, że koszykówka stała się lepsza.

Nigdy nie zapomnę mu tego, jak przyjechał na Weekend Gwiazd i przed meczem przekazał w szatni piękne szklane puchary wszystkim swoim kolegom z drużyny Wschodu. Prezenty dostali AI, D-Wade, Dwight Howard, Ray Allen, Danny Granger, P, Chris Bosh, Devin Harris, Rashard Lewis i ja. Był na nich jedynie napis: „Gratuluję. Twój przyjaciel, LeBron James".

Wielka klasa. Nigdy nie widziałem, żeby ktoś zrobił coś podobnego.

Kiedy już będzie po wszystkim, to Bron powinien dostać 20 procent udziałów w Lakers, Cavs i Heat. We wszystkich tych trzech miejscach odmienił klubową kulturę i dał światu coś, czego nigdy wcześniej nie widzieliśmy.

Japonia

Tokio jest elektroniczne, szalone, pełne neonów i naładowane energią. Poczułem się podjarany, gdy tylko wysiadłem z samolotu. Kiedy przyjechałem tam 15 lat temu, zahipnotyzowała mnie zwariowana topografia miasta pochłoniętego konsumpcją odjechanych produktów, o których nawet nam się nie śniło: minitelefonów wielkości palca i małych głośniczków wydających dźwięk tak głośny, że słychać by go było w całej hali. Tokio wydawało się labiryntem buzującym od wynalazków i podrasowanej kreatywności. Przez wiele dni nie byłem tam w stanie zasnąć.

Potem okazało się, że Osaka jest jeszcze bardziej zajebista. Podczas wizyty w tym miejscu masz wrażenie, że jesteś na Marsie. Na ulicach spotykasz ziomali z blond irokezami na głowach. Albo skurwieli w okularach z oprawkami naszpikowanych diamentami, przy których nawet Elton John wygląda na nudziarza.

W modzie i muzyce mamy do czynienia z milczącą więzią pomiędzy Czarną Ameryką a awangardową Japonią. Czarna Ameryka zawsze była w czołówce, jeśli chodzi o to, żeby dobrze wyglądać. Nawet w tych grzeczniejszych kręgach królowała moda. Panie w kościołach słynęły zawsze ze swoich imponujących kapeluszy, nazywanych koronami. Jeśli wchodziłaś do domu Pana, to musiałaś być modnie ubrana. A kiedy w latach 50. przemysł kapeluszowy się posypał, to przy życiu utrzymali go czarni bracia, którzy nie zamierzali zrezygnować z zakładania fedory ze skąpym rondem, melonika albo eleganckiej fedory. Bracia naprawdę dawali czadu z czapkami, używając ich w totalnie niestandardowy sposób. Zakładaliśmy je na lewą stronę albo z daszkiem na bok. A kiedy nadeszła era hip-hopu, to już w ogóle wszystko mogło się zdarzyć. W 1996 roku dwóch chłopców z Kris Kross – mieli wtedy po 12 lat – rapowali w ubraniach założonych na lewą stronę. Ale raperzy nie tylko rapowali. Oni również projektowali. Na scenę wchodzi Kanye. Albo Pharell, który czerpał z Japonii inspirację poprzez artystów takich jak Hiroshi Fujiwara*.

Japonia patrzyła na nas – na braci, którzy tworzą nowy styl poza mainstreamem do czasu, kiedy ten styl będzie na tyle spoko, że nawet mainstream go pokocha. Inaczej postrzegaliśmy świat.

* Japoński muzyk i projektant mody, ojciec chrzestny mody Ura-Harajuku, twórca marki Good Enough, projektant m.in. linii ubrań Nike i Levi's oraz gitar Erica Claptona.

Podskakiwaliśmy, więc buty miały pomagać w podskokach. W dupie mieliśmy zwyczaj chowania koszuli w spodnie albo podciągania spodni, żeby wyglądały tak, jak należy. Nie chcieliśmy robić tak, jak należy. Chcieliśmy, żeby było na luzie i odjazdowo. Nie zamierzaliśmy jechać prostą drogą. Pragnęliśmy zjeżdżać ze szlaku, działać kreatywnie i niestandardowo. Japończycy zobaczyli, co robimy, i przenieśli to w inne miejsce. Oczywiście nie wszyscy Japończycy to wyczuwali. Japonia to bardzo zatłoczony i konformistyczny kraj, w którym żyją miliony korpoludków ubranych w proste czarne garnitury. Ale cały ten konformizm pozwolił rozwinąć się młodemu ruchowi artystów i projektantów ciuchów, którzy mówili: „Pierdolić to gówno. Idziemy swoją drogą".

Zwariowałem na punkcie takich japońskich marek, jak A Bathing Ape, The Great China Wall, Y-3 czy Red Monkey. Zwariowałem na punkcie japońskiego dżinsu. Widziałem, jak produkują ten oldskulowy dżins za pomocą koła młyńskiego. Robili to tak, jak w latach 50., jak stare dżinsy Lee. Stałem się certyfikowanym dżinsofilem. A także fanem dzikich szwów i mankietów. W Japonii produkcja dżinsu to sztuka. Japończycy pracują nad tkaniną jak nikt inny. Jeśli chodzi o dżinsy rurki – a ja uwielbiam dżinsy rurki – to doprowadzili ten produkt do perfekcji.

Kiedy byłem dorastającym dzieckiem, to nie miałem poczucia, że istnieje coś w rodzaju „kultury ulicy" albo „ulicznych ciuchów". Głównie się biłem. Wszyscy się biliśmy. Dawaliśmy radę z tym, co mieliśmy do dyspozycji. W tamtych czasach, kiedy jakiś czarny brat rozdarł dżinsy, to czuł się z tym bardzo źle. A nawet było mu wstyd. Ale potem podchodził do niego jego ziom i mówił: „Podarte dżinsy są OK. A właściwie to wyglądają zajebiście". Podrzyj swoje dżinsy. Rozedrzyj koszulkę. Im bardziej będzie podarta, im więcej będzie w niej dziur, im bardziej będzie dziwna, tym lepiej. Dziwactwo to sposób na pokazanie że jesteś dumny, a nawet – że tworzysz styl.

A zatem brawa dla narodu japońskiego i jego dzielnych artystów, że się od nas uczą i że my uczymy się od nich. To przepiękna wymiana kulturowa. Oni mają nas. A my mamy ich. Oni mówią: „Bądź wolny". My mówimy: „Bądź szalony". A cała reszta świata podąża śladami tej naszej szalonej wolności.

Jay-Z

zobacz ***King Kunta*****; May 19, 2000. 19 maja 2000; The N-Word. Słowo na N; Shaquille O'Neal; Flip Saunders; Shoes. Buty**

Jazda na deskorolce

zobacz **Breakdancing; The Great Kabuki**

Jealousy. Zazdrość

Nie mam w sobie zazdrości czy nienawiści. To nie moje DNA. Wychowano mnie tak, żeby cieszyły mnie sukcesy innych ludzi. Wychowano mnie tak, żebym był kolegą. Mama powtarzała: „Nie zawsze jesteś najważniejszy". Ani razu nie zdarzyło się, żebym czuł zazdrość w stosunku do innego zawodnika. Zawsze byłem fanem kolesi, którym teoretycznie powinienem był zazdrościć. Tak samo jest z ludźmi – rodziną, przyjaciółmi, kibicami, nauczycielami, trenerami – wszyscy oni mnie oświecają i tak samo ja chcę oświecać innych. Zazdrość nie pasuje do tego równania. Zazdrość jest zbudowana na niepewności. Ale jeśli jesteś pewien swojej wartości, jeśli czujesz się komfortowo we własnej skórze, to wolno ci być darczyńcą, a nie kimś, kto bierze. Wolno ci jest kochać, a nie nienawidzić.

Johnny Joe

Słynny kierownik do spraw sprzętu w Celtics, Johnny Joe Connor, to jedna z ulubionych postaci w moim życiu. Johnny Joe jest legendą. Irlandczyk, z łańcuchem Świętego Jana na szyi, średniego wzrostu, w świetnej formie jak na swój wiek. Uwielbia uczelnię Notre Dame. Wygląda trochę jak wujek Raya Donovana*. Ma charakterystyczny akcent i sposób mówienia z North Endu, włoskiej dzielnicy Bostonu. JJ to uwodziciel, panienki go uwielbiają, ale on kocha tylko żonę.

Jest częścią grupy złożonej z gości, którzy kontrolują nasze życie – i idzie im to całkiem sprawnie. Vlad Shulman to terapeuta, który pracuje w magazynie ze sprzętem razem z fizjoterapeutą Edem Lacerte'em. Jeff Twiss to specjalista od PR-u, który jest w Celtics od czasów Billa Russella. Phil Lynch jest ochroniarzem. Wszyscy oni sprawiali, że czuliśmy się bezpiecznie.

Kiedy pojawiłem się w Beantown, Johnny zapytał mnie:

– Hej, Ticket, jaki chcesz numer?

A ja od razu pomyślałem sobie: Jeśli mamy wygrać mistrzostwo, to będziemy do tego potrzebowali pięciu braci. I odpowiedziałem:

– Biorę piątkę, JJ.

Magic Johnson

zobacz **DMX; Escort; LeBron James; Michael Jordan;** ***King Kunta;*** **Ben Wilson**

Michael Jordan

Dwudziestego siódmego lutego 1996 roku. T-Wolves grali z Bulls w hali United Center. To był mój pierwszy powrót do Chicago po przejściu na zawodowstwo. Byłem nakręcony, ale, do cholery, zawsze jestem przecież nakręcony. Tego dnia nakręciłem się jednak wyjątkowo, bo w hali byli wszyscy moi ziomale. Całe liceum Farragut.

---

* Bohater amerykańskiego serialu, który zarabia na życie, załatwiając bogatym ludziom sprawy o podłożu obyczajowym albo kryminalnym; w rolę wujka Raya, Mickeya, wcielił się Jon Voight.

Wszystko wydawało mi się bardziej zwariowane niż zwykle, bo nie spałem w nocy. Kiedy tylko wylądowałem w Chicago, dowiedziałem się, że mój przyjaciel Ronnie „Air" Fields miał fatalny wypadek samochodowy. Gwałtownie skręcił, żeby uniknąć kolizji z czymś na drodze, i uderzył w balustradę. Złamał kręgosłup. Mógł na szczęście poruszać rękami i nogami – i to była dobra wiadomość. Ale istniała też zła – nie było wiadomo, czy będzie mógł jeszcze grać w kosza. Totalnie załamująca wieść. Za trzy tygodnie miały rozpocząć się play-offy stanowe, a Ronnie rozgrywał fantastyczny sezon – zdobywał średnio 32 punkty i notował 12 zbiórek na mecz. Razem z Kobeanem był jednym z największych talentów ze szkoły średniej, który rozważał przejście prosto do NBA, tak jak ja zrobiłem to rok wcześniej. Teraz wszystko było niepewne.

Kiedy dotarłem do szpitala, zobaczyłem, że Ronnie ma kołnierz chroniący mu kręgosłup. Byłem wściekły, widząc przyjaciela w takim stanie. To mną wstrząsnęło. Przesiedziałem z nim całą noc i nie mogłem przestać się dziwić, że jest w tak dobrym nastroju, ale kiedy przyjechałem do United Center, byłem wrakiem człowieka.

Tak jak to mam w zwyczaju, przełożyłem te emocje na mecz. Na samą myśl o nim przechodziły mnie ciarki. Oglądałem w telewizji tyle spotkań Bulls, a teraz sam znajdowałem się na parkiecie i słuchałem, jak spiker Ray Clay wywołuje moje nazwisko w pierwszej piątce. Potem zgasły światła. Rozbłysły reflektory. Włączono rozbrzmiewającą coraz głośniej muzykę instrumentalną zespołu Alan Parsons Project, a głos Claya robił się coraz bardziej gardłowy, kiedy wygłaszał swoje słynne „Aaaa teeeeraz pierwsza piątka waaaaaszych Chi-ca-go Bulls!". Odleciałem. Ale byłem też skoncentrowany. Cała drużyna była skoncentrowana. Do przerwy przegrywaliśmy różnicą tylko trzech punktów. To spotkanie było naszym meczem o mistrzostwo. Nasz bilans wynosił 16-37 i nie mieliśmy już szans na awans do play-offów. Bulls mieli bilans 49-6 i wygrali wszystkie mecze na

Fot. David Sherman / NBAE / Getty Images

Z Jordanem

własnym parkiecie – to w tym sezonie mieli ustanowić rekord liczby zwycięstw w sezonie zasadniczym, którego przez kolejne 20 lat nie pobiła żadna drużyna. Ale gdyby udało nam się wtedy wygrać, czułbym, że ta kampania była sukcesem, niezależnie od tego, jak fatalny bilans będziemy mieli na koniec sezonu.

Przez całą trzecią kwartę wynik oscylował w okolicach remisu. Na dwie minuty przed jej końcem przegrywaliśmy tylko dwoma punktami, 72:74. Do tego czasu Jordan był zimny jak lód, trafił tylko pięć z 15 rzutów. Tymczasem JR Rider – koleś, którego nazywano „Easy Rider" – grał zajebiście i zdobył 16 punktów. JR był niegrzecznym chłopcem. Wcześniej, w sezonie 1993/94, został wybrany do pierwszej piątki najlepszych debiutantów. Zmiażdżył też rywali w konkursie wsadów, po zajebistej akcji, którą nazywał East Bay Funk Dunk.

JR okazał się jednym z moich najlepszych kumpli w lidze. Udzielił mi mnóstwo mądrych rad, był dla mnie niczym starszy brat. Podczas meczu rozgrywanego w United MJ miał problemy z pokryciem JR-a. Zacząłem więc motywować JR-a jeszcze bardziej.

– Ten skurwiel nie jest w stanie cię zatrzymać! – krzyczałem do ucha kolegi z drużyny. – Dalej go rozpierdalaj! Nie ma pojęcia, co z tobą zrobić!

Wrzeszczałem tak głośno, że nie było rady – Jordan musiał mnie usłyszeć.

Easy Rider był bardziej doświadczony ode mnie i doskonale wiedział, że trash-talking działa na MJ-a jak czerwona płachta na byka i oznacza samobójstwo.

– Młody nie zna reguł – powiedział do Jordana, próbując rozładować sytuację. Ale ja nie zamierzałem niczego rozładowywać. Miałem to w dupie.

– Jedziesz po jego dupie! – krzyczałem do Easy'ego. – Nie da ci rady.

Wtedy Jordan posłał mi to swoje zabójcze spojrzenie. Spojrzenie śmierci, które sprawiało wrażenie, jakby trwało wiecznie. Wbił pełne ognia oczy w jeden punkt. Ten wzrok mówił: „Teraz patrz i uważaj".

Po tym spojrzeniu rzeczywiście mogłem t y l k o patrzeć i uważać. Na niespełna minutę przed końcem trzeciej kwarty MJ trafił sześć punktów z rzędu. Potem, w czwartej kwarcie, grał już tak, jak tylko on potrafi. Pod koszem. Zza linii rzutów za trzy. Rzut z wyskoku z półdystansu. Wszystko mu wpadało. Gładko jak jedwab. Po każdym zdobytym koszu spoglądał na JR-a, a potem na mnie. Miażdżył nas jak zgniatarka śmierci miażdży puszki po coca-coli.

Zdobyliśmy z JR-em po 20 punktów. Ale to nie miało znaczenia. Na dwie minuty przed końcem, kiedy Bulls prowadzili różnicą 15 punktów, trener posadził nas na ławce. Ostatecznie rywale wygrali różnicą 21 oczek. Nasza dwójka padła na ławkę totalnie wypompowana po tym, jak MJ nas zmasakrował. Jordan zakończył mecz z 35 punktami na koncie.

– Mój błąd, stary – powiedziałem do JR-a, ledwo mogąc złapać oddech. – Przepraszam.

– Mówiłem ci, żebyś się, kurwa, zamknął – odpowiedział, łapiąc powietrze.

Przy kolejnym posiadaniu piłki podszedł do nas Mike. Oddychał lekko i łatwo. Prawie się nie spocił.

– No dobra, młody – powiedział. – Wszystko w porządku? Załatwione?

Wszystko było jasne. Mike to typ kolesia, którego lepiej nie prowokować. I nigdy więcej tego nie zrobiłem. Tamtego dnia zrozumiałem, że Jordan jest w ataku najlepszym koszykarzem na naszej planecie. Znajdował się na samym szczycie łańcucha pokarmowego.

Ta historia idealnie obrazuje, jak MJ podchodził do rywalizacji. Ale to, o czym mówi się rzadziej, to jego hojne oblicze.

W 1997 roku grający wtedy w Lakers Shaq został wybrany do reprezentacji Zachodu w Meczu Gwiazd, ale nie mógł zagrać z powodu kontuzji. Zostałem powołany jako jego zastępstwo. To był dopiero mój drugi sezon w NBA. Byłem najmłodszym uczestnikiem Meczu Gwiazd od 1980 roku i występu Magica.

Mecz rozgrywano w Cleveland. Wschód rozwalał naszą drużynę Zachodu. MJ zaliczył pierwsze triple double w historii Meczów Gwiazd. W przerwie zobaczyłem go na korytarzu, jak zmieniał buty. Air jordany XII. Kiedy zdjął parę, w której grał w pierwszej połowie, zatrzymałem się obok i powiedziałem:

– Dałbyś mi te kicksy.

Rzucił je w moim kierunku.

– Możesz je wziąć – powiedział. – Ale bez autografu.

Nie zamierzałem dyskutować. Po prostu mu podziękowałem, chwyciłem bezcenne buty, pognałem do szatni, wsadziłem je do torby i dokładnie ją zamknąłem. Miały z jednej strony żółty łuk, który uwielbiałem. Postawiłem je na honorowym miejscu na półce. Mogłem się na nie gapić bez końca. Teraz, po 24 latach, wciąż się na nie gapię.

June 28, 1995. 28 czerwca 1995 roku

Kiedy nadszedł czas na podanie do publicznej wiadomości decyzji, że zgłaszam się do draftu bezpośrednio z Farragut, chciałem zwołać konferencję prasową w miejscu, w którym będę czuł się komfortowo. Nie chciałem tego robić w jakiejś hotelowej sali konferencyjnej. Do mojego stylu najlepiej pasowała pizzeria Home Run Inn Pizza. Przyszło mnóstwo ludzi, dziennikarze tłoczyli się przed wejściem, próbując zadać mi pytania, a z tyłu zgromadzili się moi ziomale – wygłupiali się i wiwatowali. Rozpaliliśmy piece, zjedliśmy po kawałku pizzy, po czym powiedziałem, że przechodzę prosto do NBA.

Do końca czerwca zostało trochę ponad miesiąc. Skauci z uniwersytetów mnie znali, ale kluby z NBA niekoniecznie. Dlatego moi agenci zorganizowali trening w sali gimnastycznej w Chicago. Pojawiło się na nim sporo działaczy. Legendy NBA: Kevin McHale – wiceprezydent ds. operacji koszykarskich w T-Wolves, czy Pat Riley, który właśnie został trenerem i prezydentem Miami Heat. Byłem zdenerwowany jak skurwysyn. Znalazłem się na skraju hiperwentylacji. Był ze mną Kiwane Garris, mały obrońca z West Side, który podawał mi piłkę, i John Hammond, asystent trenera w Pistons, który potem pełnił funkcję dyrektora generalnego w Bucks i Magic. Hammond zauważył, że zaraz oszaleję, i kazał mi rzucać wolne, żebym się uspokoił. Wtedy usłyszałem Rileya:

– Proszę was, o co tu, do cholery, chodzi? Mam oglądać jakiegoś licealistę? Po co ja tu w ogóle jestem?

OK, pomyślałem. Nie wiesz, po co tu jesteś?

Tego właśnie potrzebowałem.

Pobiegłem przez parkiet, kozłując pomiędzy nogami i za plecami, po czym odbiłem się zaraz za linią rzutów wolnych i wykonałem najdzikszy slam dunk w całym życiu.

Działacze nie zareagowali ani słowem.

– Chcą zobaczyć, jak wysoko będziesz w stanie wyskoczyć – powiedział Hammond. – Podam ci piłkę od tablicy, a ty zadunkujesz i odegrasz ją do mnie.

Zrobiliśmy to – nie raz, nie dwa razy, ale pięć razy z rzędu. Za każdym razem Hammond podrzucał piłkę wyżej, a każdy dunk wyglądał bardziej wymownie. Przy piątym wsadzie wydałem z siebie wrzask, który trwał przez jakieś 15 sekund.

– YAAAAAAAAAAAAAAAAAAAAAAAY!

Po tym okrzyku spojrzałem na Rileya i powiedziałem:

– A teraz wiesz, po co tu jesteś?

Nastawienie Rileya zmieniło się o 180 stopni. Zaczął klaskać.

– Dobry trening, młody człowieku – powiedział. – Bardzo dobry trening.

McHale był z dyrektorem generalnym T-Wolves, Flipem Saundersem. Potem się dowiedziałem, że ich wizyta na moim treningu miała być tylko przynętą. Mieli do dyspozycji piąty wybór w drafcie i planowali pozachwycać się mną, mając nadzieję, że uda się przekonać wybierające przed nimi drużyny, żeby postawili na mnie, pomijając zawodnika, którego oryginalnie planowali wziąć. Dzięki temu Kevin i Flip mogliby wybrać koszykarza, którego tak naprawdę chcieli. Ale po tym treningu obaj byli już przekonani, że chcą wybrać właśnie mnie. Flip powiedział, że nigdy w życiu nie oglądał lepszego treningu indywidualnego.

Ale wtedy jeszcze nie miałem o tym pojęcia. Wiedziałem tylko, że muszę pamiętać o dobrych manierach.

– Miło mi pana poznać, panie McHale – powiedziałem, wyciągając rękę. – Miło mi pana poznać, panie Saunders.

Pod koniec tygodnia dostałem zaproszenie na draft. A to oznaczało, że zostanę wybrany. Moje notowania rosły, ale musiałem się pojawić na kilku testach. Jeszcze będąc w Chicago, przeszedłem w hotelu Hilton badania przed draftem. To oznaczało konieczność biegania po bieżni, podnoszenia ciężarów i wykonania kilku innych ćwiczeń. Byłem zdenerwowany i podekscytowany. Rozpoczynał się kolejny rozdział, który miał odmienić moje życie. Kiedy tam przyjechałem, zobaczyłem Joe Smitha, Corlissa Williamsona i Scotty'ego Thurmana. Patrzyłem na wszystkich, których uwielbiałem wcześniej oglądać w barwach drużyn uniwersyteckich.

– Co tam, Scotty? – zapytałem. – Stary, byłeś świetny w Arkansas. Obaj byliście świetni, i ty, i Corliss.

Widział, że go uwielbiam, i był bardzo spoko. Ale nie wszyscy bracia okazali się spoko. Niektórzy mnie gnębili, bo nie poszedłem na studia. Niektórzy sprawiali, że czułem się tak, jakbym był jakimś outsiderem. Niektórzy mówili:

– Straciłeś edukację, bracie. Wiele cię ominęło.

Czułem się tak, jakby robili sobie ze mnie jaja albo próbowali zrobić mi coś w rodzaju otrzęsin.

Kiedy ledwo podniosłem 65 kilogramów, powiedzieli:

– Nie jesteś wystarczająco silny, żeby grać w NBA.

Podnoszenie ciężarów nigdy nie było elementem moich treningów. Ważyłem niespełna 80 kilogramów. Byłem lekki. I długi. Wyglądało na to, że każdy z tych skurwieli jest większy, bardziej nabity, silniejszy i pewniejszy siebie. Byłem w szoku kulturowym.

Scotty czytał w moich myślach, więc do mnie podszedł:

– Stary, śmieją się z ciebie, bo wiedzą, że masz rację. Boją się ciebie. Niczego nie musisz udowadniać.

A jednak czułem, że muszę. Czułem, że ponieważ nie poszedłem na studia, to dźwigam na plecach dodatkowy ciężar. Ale jednocześnie miałem mnóstwo ulicznych doświadczeń, z których mogłem korzystać. No kurde, przecież przez rok mieszkałem w Chicago. Grałem tam na wszystkich boiskach, i na jednym krańcu miasta, i na drugim. Ścierałem się ze wszystkimi tamtejszymi zajebistymi koszykarzami, spłaciłem wszystkie możliwe długi. Pierdolić to. Jeśli to uniwersyteckie bractwo nadziei draftu uważało, że do nich nie pasuję, to miałem jeszcze więcej powodów, żeby udowodnić tym kolesiom, że są w błędzie.

Czas jechać do Toronto na draft. Ale zanim wsiadam do samolotu, pojawiają się kolejne kłopoty. Nadal znajduję się na zwolnieniu warunkowym, które rok wcześniej zostało przeniesione z Mauldin do Chicago. Rada do spraw zwolnień warunkowych zaczyna rzucać mi kłody pod nogi i stwierdza, że nie wolno mi wyjeżdżać z kraju. Muszę dostarczyć dokumenty, z których wynika, że jadę tylko na draft i zaraz potem wracam. Dopóki nie udało się rozwikłać tego gówna, wstrzymywałem oddech.

Ale w końcu się udało. Nasz samolot startuje z lotniska O'Hare i półtorej godziny później ląduje w Toronto. Wysiadam z samolotu i jadę do miasta, gdzie wszystko wygląda na czyste i piękne. Pamiętajcie, że nigdy wcześniej nie wyjeżdżałem ze Stanów. Wydaje mi się, że jestem w Europie.

Ale jestem w Toronto, bo to pierwszy draft z udziałem dwóch nowych kanadyjskich klubów – Raptors i Vancouver Grizzlies. Niespełna miesiąc wcześniej skończyłem 19 lat. Towarzyszą mi Mama, moja dziewczyna Corliss i moje ziomy: Bug, Nod i Kareem. Są też ze mną moi dwaj agenci. Kiedy przyjeżdżam do pokoju hotelowego, rozdzwaniają się telefony. Ludzie chcą imprezować. Ale ja nie mam nastroju na żadne imprezy. Chcę być sam. Nie potrzeba mi dodatkowej stymulacji. Ciekawe, czy uda mi się usnąć bez miliona myśli galopujących mi w głowie. Muszę zwolnić. Muszę się opanować. Zostanę wybrany. Oczywiście, że zostanę wybrany. Tydzień wcześniej dziennik „Chicago Tribune" napisał, że kilkunastu dyrektorów generalnych klubów NBA przeprowadziło symulację draftu i wszyscy uznali, że trafię z piątym numerem do T-Wolves. Staram się nie zwracać uwagi na to, co piszą media, ale wszyscy wokół o tym gadają. Słyszę, jak gadają. Gdybym został wybrany tak wysoko, byłoby to istne szaleństwo. Ale z tyłu głowy wciąż rozbrzmiewał mi głos – głos diabła, głos Pana Zwątpienie. „Popełniłeś wielki błąd – mówi Pan Zwątpienie. – Wyjdziesz na głupca. Spierdoliłeś. Dlaczego mnie nie słuchałeś? Dlaczego nie poszedłeś na studia? Przecież marzyłeś o tym, żeby pójść na studia". Zanim Pan Zwątpienie doprowadzi mnie do szału, odpowiadam mu, mówiąc: „To jest moje marzenie. Moim marzeniem jest ten draft. Więc się, kurwa, zamknij". Te głosy nie pozwalają mi zasnąć i walczą ze sobą w mojej głowie przez pół nocy.

W końcu nadchodzi świt. To jest ten dzień – 28 czerwca 1995 roku. Biorę prysznic. Golę się. Poleruję buty. Zakładam popielaty dwurzędowy garnitur, uszyty w Rochester Big & Tall na Michigan Avenue. Przebyłem długą drogę od dnia, kiedy Mama dała mi po głowie i kazała wybrać jakieś ciuchy ze szmateksu. Ten strój zupełnie nie przypomina śmierdzących naftaliną ubrań, które zakładałem do Sali Królestwa. Gdy krawiec z Rochester do mnie podszedł i powiedział, że garnitur zostanie skrojony na miarę, nawet nie wiedziałem, co to znaczy. Nie wiedziałem, co to znaczy wziąć miarę, wcześniej po prostu podwijałem rękawy, żeby ukryć niedopasowanie ubrania. O rany, tym razem rękawy koszuli kończą się idealnie na moich nadgarstkach. O rany, ta bawełna tak delikatnie przylega do mojej szyi, a te spodnie idealnie dotykają moich butów.

Moja dziewczyna pomaga mi założyć jedwabny krawat z Saks Fifth Avenue, wiążąc go w trójkąt. Wkładam w ucho okrągły złoty kolczyk. Kiedy dzwoni telefon, jestem gotowy na wyprawę do hali Skydome.

– Kevin, tu Wolf. Stoisz?

– Tak jest.

– No to usiądź. Mam dobre wiadomości.

– Jak możesz mieć dobre wiadomości, skoro draft nawet się jeszcze nie zaczął?

– Nie chodzi mi o draft. Chodzi o coś, co bardzo ci się spodoba.

– Co takiego? O czym ty mówisz, Wolf?

– Przyszły wyniki twoich ostatnich egzaminów ACT i SAT. Zrobiłeś to, synu. Poprawiłeś się o jakieś dwadzieścia procent. Zdałeś. Teraz każdy uniwersytet cię przyjmie.

Nie wiem, co myśleć. Jestem szczęśliwy i dumny. A nawet podekscytowany. Walczyłem z tymi testami tak kurewsko długo, aż w końcu sprostałem wyzwaniu. Nadaję się na studia.

Ale jednocześnie nie mam pojęcia, dlaczego ta wiadomość dociera do mnie właśnie teraz, na kilka chwil przed draftem. Co takiego próbuje przekazać mi wszechświat? Czy to, że w końcu mam satysfakcjonujące wyniki egzaminów ACT i SAT, oznacza, że powinienem zmienić zdanie i się wycofać? Z pewnością byłby to niezły news.

Byłem już na okładce magazynu „Sports Illustrated" z nagłówkiem: „Gotowy czy też nie… Trzy tygodnie temu Kevin Garnett uczestniczył w balu maturalnym. A w przyszłym tygodniu będzie jednym z najwyższych wyborów w drafcie do NBA". Czy to nie byłoby coś, gdybym obalił tę przepowiednię i się wycofał? Przynajmniej powstrzymałoby to całe to gadanie – które zresztą pojawia się do dziś – że jedynym powodem, dla którego zrezygnowałem ze studiów, było to, że bym się nie dostał na żadną uczelnię. No ale teraz wiem, że mogę iść na studia.

W końcu po całym tym mętliku w głowie spoglądam w lustro i mówię do Wolfa:

– Pierdolić to. Za późno. Pierdolić studia. Zaczynam studia ciężkiego życia. Studia w NBA, tam właśnie idę. Do zobaczenia na dole o dziesiątej.

Corliss patrzy na mnie i pyta, czy wszystko w porządku.

– Świetnie – odpowiadam. – Zdałem egzaminy. Ale teraz czekają na mnie poważniejsze egzaminy.

Na środku hali Skydome znajduje się scena, na której komisarz David Stern ma ogłaszać kolejne wybory, stoliki dla nas – zawodników, którzy mają zostać potencjalnie wybrani w drafcie, i ich towarzystwa. Dalej nowiuteńki parkiet, na którym będą grali swoje mecze Toronto Raptors i tysiące kibiców zgromadzonych na trybunach. Czuję się, jakbym był w akwarium. Czuję całą tę energię. Machające do mnie siostry. Ciotki. Kuzyni. Wpadam na jakichś kolesi, których kiedyś poznałem. Rashard Griffith, który na kilka lat przede mną dostał nagrodę dla najlepszego młodego koszykarza w Illinois, a potem grał na uniwersytecie Wisconsin. Rasheed Wallace i Jerry Stackhouse, przeciwko którym grałem na obozach Nike i którzy właśnie poprowadzili Uniwersytet Stanowy Karoliny Północnej do Final Four. Przybijam kilka piątek, ściskam się z kilkoma ziomami, ale czasami jestem traktowany podobnie jak podczas testów lekarskich, na których koszykarzom, którzy spędzili ostatnie lata na uczelni, nie podobało się, że ktoś poszedł inną drogą.

Mam to w dupie. Siedzę przy stole ze swoją ekipą. Jest ze mną Bug. Pamiętam, jak razem oglądaliśmy kiedyś drafty w telewizji. A teraz tu jesteśmy. Burczy mi w brzuchu. I mam sucho w gardle. Wypijam łyk wody. Oddycham. Patrzę na wielką tablicę za sceną, na której są już wypisane nazwy poszczególnych klubów – lecz miejsca na nazwiska wybranych przez nich koszykarzy są jeszcze puste. Jest i komisarz David Stern; rozpoczyna przywitanie, wykorzystując słownik pełen gładkich i pięknych słów, które mają zbudować odpowiednią atmosferę.

Mówi o przyszłych wielkich sportowcach. O przyszłych bogach. Ślini się, opowiadając o przyszłości. Nie przestaje gadać. Wystąpienie otwierające trwa pewnie tylko przez kilka minut, ale czuję się, jakby ciągnęło się wiele godzin. Pospiesz się. Jedziemy z tym cholerstwem. Ale Stern ciągle gada.

W końcu zaczynamy.

– Z pierwszym numerem draftu do NBA w 1995 roku Golden State Warriors wybierają Joe Smitha z Uniwersytetu Maryland.

Cieszę się, że to Joe został wybrany z jedynką. Słucham tego, będąc jego fanem. Joe to przyszła supergwiazda. Wszyscy obstawiali, że to właśnie on pójdzie z jedynką.

– Z drugim numerem draftu do NBA w 1995 roku Los Angeles Clippers wybierają Antonio McDyessa z Uniwersytetu Alabama".

McDyess był najlepszym wysokim zawodnikiem w konferencji Southeastern. Świetny wybór. Świetny zawodnik.

– Z trzecim numerem draftu do NBA w 1995 roku Philadelphia 76ers wybierają Jerry'ego Stackhouse'a z Uniwersytetu Stanowego Karoliny Północnej.

Znam Stacka z turniejów AAU. Skromny, ale gorący obrońca. Bardzo szanowany za występy w szkole średniej. Potem zaliczył świetną karierę na uczelni. Dobrze, że wybrali go z trójką.

Mniej więcej wtedy nogi zaczynają mi się trząść, a ręce pocić. Wybierani są kolejni zawodnicy, a ja wciąż tu siedzę. Nie ma mowy o byciu wyluzowanym. Wszyscy widzą, że jestem podenerwowany. Nie mam żadnego doświadczenia w takich sytuacjach.

Czwarty wybór należy do Washington Bullets. Waszyngton byłby spoko. Spodobałoby mi się tam. Rok wcześniej drużyna ta zajęła ostatnie miejsce w Konferencji Wschodniej, ale mają w składzie Chrisa Webbera. Gdybym został jego kolegą z drużyny, z miejsca spełniłoby się moje marzenie. Byłoby trochę tak, jakbym poszedł na studia do Michigan i jednocześnie grał w NBA. Ciekawiło mnie też, jak by to było zagrać razem z Gheorghe Mureşanem, mierzącym 231 centymetrów rumuńskim centrem. Myślałem sobie, że pojedynki z nim podczas treningów sprawiłyby, że jeszcze bardziej rozwinąłbym swoją grę pod koszem.

Ale myślę, że był to też jeden z powodów, dla których mnie nie wybrali. Na centrze mieli już Mureşana, a jego zmiennik, Jim

McIlvaine, właśnie zakończył swój debiutancki sezon. Nie potrzebowali kolejnego młodego centra. Tyle że ja nie uważałem siebie za centra. Martwiłem się, że stereotypowe obsadzenie mnie w tej roli może sprawić, że nie osiągnę pełni swoich możliwości. W sumie to zawsze upierałem się, że mam 211 centymetrów wzrostu (sześć stóp i 11 cali), bo kiedy przypną ci łatkę 213 centymetrów (siedem stóp), to eksperci zaczynają patrzeć na ciebie i twój styl gry inaczej. Ten jeden cal robi ogromną różnicę.

– Z czwartym numerem draftu do NBA w 1995 roku Washington Bullets wybierają Rasheeda Wallace'a z Uniwersytetu Stanowego Karoliny Północnej.

Sheed siedzi kilka stolików ode mnie. Jego mama zaczyna się wydzierać. Cały stolik podrywa się na nogi i ryczy ze szczęścia. Sheed naprawdę sobie na to zasłużył. Wszystkie kamery są skierowane na niego. Uwielbiam Sheeda. Cieszę się jego szczęściem.

A potem nagle wszystkie kamery zaczynają kierować się na nasz stolik. A konkretnie na mnie.

– Co się dzieje? – pytam swojego agenta.

– Przedstawienie się zaczyna – odpowiada.

Czyżby on wiedział coś, czego nie wiem ja?

– Z piątym numerem draftu do NBA w 1995 roku Minnesota Timberwolves wybierają...

Wszystko cichnie, poza dźwiękiem mojego nazwiska. Wszystko się zatrzymuje. Nie wiem, jak mam się zachować. Nie wiem, co powiedzieć. To surrealistyczne.

Wstaję i mocno przytulam Mamę, podczas gdy Ernie Johnson oznajmia publiczności zgromadzonej przed telewizorami: „Dlaczego on idzie teraz do NBA? Bo miał zbyt słabe wyniki testów. Nie chciał iść do szkoły policealnej". Uwielbiam Erniego. Pracowałem z nim blisko w TNT. To dobry człowiek. Ale to, co wtedy powiedział, było po prostu niewłaściwe – i byłoby takie, nawet gdyby nie moja wcześniejsza rozmowa z Wolfem. Mówić coś takiego w telewizji... O rany, to tylko ugruntowało łatkę, z którą musiałem potem zmagać się przez wiele lat.

Ale w tamtej chwili wiem tylko tyle, że jestem w pierwszej piątce draftu. Ktoś podaje mi czapeczkę T-Wolves. Zakładam ją i idę na scenę. Stern mi gratuluje, ściska moją dłoń.

– Miło mi pana poznać, panie Stern. To było moje marzenie.

– Zobaczymy, co z nim zrobisz – odpowiada. Wskazuje na fotografa i dodaje: – Spójrz w tę stronę.

Łzy napływają mi do oczu. Chrysa Chin, specjalistka od PR-u, która odgrywa pozytywną rolę w przypadku praktycznie wszystkich koszykarzy, którzy przewijają się przez NBA, prowadzi mnie w kierunku miejsca, gdzie odbywają się wywiady. Staram się brzmieć w miarę logicznie. W pewnym momencie przekręcam czapeczkę na bok. „Wyprostuj czapkę – mówi Chin. – Nie robimy takich rzeczy". Ale ja i tak to robię. Mam przekrzywioną czapkę.

Po zakończeniu wywiadów Upper Deck, firma od kart z wizerunkami zawodników, przekazuje mi czek na milion dolarów. Muszę przeliczyć te zera cztery razy, zanim uwierzę w to, co widzę. Nigdy w życiu nie widziałem czeku na taką kwotę. Jestem przyzwyczajony do tego, że dostaję pieniądze w brązowej papierowej torbie. A teraz mi mówią, że wynagrodzenie dostanę bezgotówkowo. To nowe określenie. Dzisiaj wszystko jest nowe. I ja jestem nowy.

Idziemy na kolację, z której wracamy wcześnie, bo rano lecę do Nowego Jorku, żeby wziąć udział w programie *Live with Regis and Kathie Lee*. Przeglądam przybornik PR. Mój pierwszy. Sprawdzam terminarz. Bez przerwy jakieś wywiady. Bez przerwy zainteresowanie. Corliss jest w łazience, szykuje się do snu, a ja siedzę na krześle i myślę sobie o tym, jak jeszcze rok wcześniej mieszkałem w ciemnej piwnicy u jednego z braci w Mauldin, jak uczyłem się lekcji, które zadała mi panna Willoughby, i zamartwiałem się, że wyląduję w więzieniu. A teraz jestem w hotelu Shangri-La w Toronto, dziękuję Bogu Jehowie i modlę się o szansę na dokonanie zmian. Corliss wyczuwa, że chcę być sam.

Wyglądam przez okno i widzę migoczącą gwiazdę. I tak po prostu zaczyna się nowe życie.

K

Kareem / Martin Luther King Jr. / *King Kunta* / Kobe / Komora hiperbaryczna

Kareem

zobacz **Dunk; Izolacja; *King Kunta*; The National Anthem**

Martin Luther King Jr.

zobacz **Fists. Pięści; Zero tolerancji**

King Kunta

Zajebista piosenka Kendricka Lamara. Nie da się jej nie kochać. Ale najbardziej zajebiste jest w niej to, że jak się jej uważnie słucha, to w tle słychać zabójczy rytm *The Payback* Jamesa Browna, ten sam, który został wykorzystany w *Can't You See* grupy Total z udziałem Biggiego. JB wykorzystał *The Payback* w latach 70., Biggie – w 90., a Kendrick w roku 2015. To nam daje ponad trzy dziesięciolecia zmiksowanej czarnej muzy.

Kiedy więc ludzie dissują hip-hop za to, że jest zbyt radykalny, wulgarny albo za bardzo odcina się od przeszłości, to odpowiadam, że hip-hop to świeże spojrzenie na przeszłość, która wjeżdża w teraźniejszość z myślą o przyszłości.

Jeśli w wieku 20 lat w 1996 roku słucham *Ain't No Nigga* Jaya--Z i Foxy Brown, to jest to nowa wersja piosenki *Ain't No Woman (Like the One I Got)* zespołu Four Tops z lat 70. To jeden z utworów, które Mama puszczała nam z radia, kiedy myliśmy podłogę i zmywaliśmy naczynia. Jay-Z pomaga mi przeć do przodu, wykorzystując wspomnienia z dzieciństwa. Coś pięknego.

Przykłady można mnożyć. W 1988 roku Eazy-E wykorzystuje basy z *Ball of Confusion* zespołu The Temptations z lat 70. w utworze *Eazy-Duz-It*. Mój wujek Pearl uwielbiał The Temptations. A ja, kiedy słuchałem Eazy'ego, przypominałem sobie, jak bardzo kocham wujka Pearla.

W 2011 roku Kanye i Jay-Z wykorzystali *Try a Little Tenderness* Otisa Reddinga w swojej piosence *Otis*. Redding wypuścił swój kawałek w 1966 roku, moja babcia Mil go wtedy uwielbiała.

Mój ulubieniec DMX wykorzystał *Ain't No Sunshine* Billa Withersa, kiedy wypuścił swój utwór *No Sunshine*.

Lil Wayne oddaje hołd legendzie soul i R&B, Betty Wright, kiedy zaprosił ją do wzięcia gościnnego udziału w wykonaniu utworu *Playing With Fire*.

Kolejne pokolenia łączą się ze sobą dzięki hip-hopowi, tak jak łączą się ze sobą dzięki koszykówce.

Kareem bierze coś z Wilta. Charles „Round Mound of Rebound" Barkley – z Wesa Unselda. Larry Bird czerpie z Ricka Barry'ego. Anthony Davis bazuje na Jerrym Lucasie. Dirk Nowitzki wygląda jak nowy Arvydas Sabonis. Kolejne pokolenia – od Oscara Robertsona przez Magica aż do Jasona Kidda. Alonzo Mourning ogląda się na Billa Russella. Wszyscy próbują przejąć coś z tego, co pozostawił po sobie na parkiecie Earl „the Pearl" Monroe. Ja patrzę na Chrisa Webbera, który patrzył na Derricka Colemana.

Wszystkie pokolenia łączą się w jedno pokolenie.

Akumulacja.

Kontynuacja.

Proces, w którym dawna doskonałość karmi nową doskonałość, inną doskonałość. Proces, w którym usłyszane w radiu dźwięki i to, co widzisz na parkiecie, łączy się z niezliczonymi ludzkimi istnieniami. To połączenie bazuje na szacunku. I miłości.

Kobe

Nigdy nie przyszłoby mi do głowy, że umrze przede mną. Kiedy piszę o Beanie, czuję tak wiele rzeczy naraz. Wciąż nie mogę sobie poradzić z ogarnięciem tego, co się wydarzyło. Niedowierzanie. To było takie nagłe. Takie koszmarne. Zbyt bolesne, żeby to przetworzyć. Ale kiedy w końcu stawiam czoła tej strasznej historii, czuję dumę – dumę z tego wszystkiego, co osiągnął Kobean, i wdzięczność, że znalazł się w moim życiu i zostaliśmy braćmi.

Poznaliśmy się w Philly, w hali Spectrum, podczas mojego debiutanckiego sezonu. Lubiłem tę halę, bo była ciemna, a obręcze wisiały nisko. Zagrałem przyzwoicie, zszedłem z parkietu, a kiedy wszedłem do szatni, to tam był. Siedział na moim stołku.

– Co słychać, KG? – zapytał. – Jestem Kobe.

– W porzo, a co u ciebie? – odpowiedziałem. – No i dlaczego twój tyłek jest na moim stołku? Wypierdalaj z mojego miejsca.

Zeskoczył i zaczęliśmy się śmiać. Był bardzo ożywionym, niesfornym dzieciakiem. Zajebisty koleś. I miał niezłą gadkę. Sam do mnie przyszedł. Byliśmy nastolatkami. On miał wtedy 17 lat, ja 19. Ja już grałem w NBA. On miał tu trafić za rok. Szykował się do tego samego, co zrobiłem ja – chciał zgłosić się do draftu bezpośrednio ze szkoły średniej – więc coś nas łączyło. Nigdy nie spotkałem nikogo, kto zadawałby tyle pytań. Jedno wylewało się za drugim.

– Czy naprawdę gra się tu tak agresywnie, jak się wydaje?

– O tak, kurde. Jest bardzo agresywnie.

– Ciężko jest być debiutantem?

– Ciężko jak skurwysyn.

– W jakim sensie?

– Płacisz frycowe. Musisz stawiać czoła weteranom, którzy uważają cię za zagrożenie. Wszyscy chcą ci skopać dupsko. A ty musisz próbować utrzymać się na nogach.

– Masz swoją bandę? Masz tu ze sobą swoich ludzi?

– Mam, ale staram się polegać tylko na sobie. Wydaje mi się, że ty jesteś bardziej towarzyskim typem.

Pokazał, że się nie myliłem. Kobean był jak mój młodszy brat. On był ekstrawertykiem. Ja byłem introwertykiem. Jego tata był koszykarzem, który pomagał mu poruszać się po tym labiryncie. Potem, kiedy się do siebie zbliżyliśmy, opowiadał mi o lidze włoskiej. Zaczął nawijać po włosku. Niezłe gówno. Śmieszne. Ale podczas tych niekończących się rozmów w szatni podczas Meczów Gwiazd i wspólnych obiadów, po zakończeniu spotkań z dziennikarzami, siedzieliśmy sobie razem na korytarzu – dwóch koszykarzy gadających o życiu. To wtedy Bean opowiedział mi o wyzwaniach, którym stawiał czoła, kiedy po latach spędzonych w Europie musiał jako dzieciak wpasować się w życie w Ameryce. Nie tylko jako amerykański dzieciak, ale jako czarny dzieciak. Przeżył szok kulturowy, zanim sam zaszokował świat. Byliśmy ukształtowani zupełnie inaczej, ale pod pewnymi względami widziałem w nim siebie w wersji 2.0. Najwyraźniej dobrze się przygotował i wiedział, do kogo przyjść.

Mógł się zwrócić, do kogo chciał, żeby dowiedzieć się czegoś więcej o NBA. I wiem, że podpytywał wiele osób. Ale cieszę się, że byłem jednym z pierwszych ludzi, do których z tym przyszedł.

Prasa jechała po nim tak jak po mnie. Media zaczęły go ścigać, kiedy grał jeszcze w liceum Lower Merion w Philly. Poszli za nim na bal maturalny, gdzie jego parą była piosenkarka Brandy. Pokazali mu, że w jego życiu już nigdy nie będzie tyle prywatności, ile by sobie życzył. Ile życzyłby sobie każdy z nas.

Obserwowałem go, gdy został wybrany w drafcie. Obserwowałem go w pierwszych latach, kiedy widać było, że jest mu ciężko.

Dostawał lanie. Wszyscy dostają. Im bardziej jesteś utalentowany, tym gorsze lanie. Nabijali się z niego nawet niektórzy koledzy z drużyny. Mówili: „No dobra, Showtime". Pamiętam, gdy opowiadał mi, jak się czuł, kiedy śmiali się *z niego*, zamiast śmiać się r a - z e m z n i m. Zajęło mu trochę czasu, zanim zaczął ufać kolegom z drużyny. Ale nauczył się tego, nauczył się dogadywać z D-Fishem, z T-Lue i z Brianem Shawem. To oni stali się jego prawdziwymi ziomami.

Pamiętam też jego pierwszy występ w Meczu Gwiazd w 1998 roku. W hali Madison Square Garden. Był to też pierwszy Mecz Gwiazd Timmy'ego Duncana. Dla mnie był to drugi występ. Pierwszy Mecz Gwiazd z udziałem Kobe'ego i Jordana. Dziennikarze rozdmuchiwali fakt, że w wieku 19 lat Bean jest najmłodszym w historii uczestnikiem tego wydarzenia. Prasa próbowała go sprowokować. Prędzej czy później dziennikarze próbują sprowokować każdego. Twierdzili, że Jordan już jest wyszlifowany do perfekcji i że musimy dopiero zobaczyć, jak wiele szlifowania potrzebuje jeszcze Kob.

Trenerem Wschodu był Larry Bird, który uznał, że Bean jest zbyt niesforny. Mówił coś w stylu: „Pozwólmy Kobe'emu rzucać. Niech rzuca tak wiele, że w końcu sam będzie miał dość". Bird też się z nim bawił. Wszyscy robili sobie z niego jaja. Już same przygotowania do meczu sprawiały, że był bardzo podenerwowany.

Ale ponieważ zawsze byliśmy wobec siebie w porządku, a ja umiałem go wyczuć, to mogłem powiedzieć:

– Zapomnij o tym gównie, nie denerwuj się, Kob. Jesteśmy tu i teraz. Jesteśmy t u t a j! Przybiłem z nim piątkę, walnąłem go pięścią w pierś i wrzasnąłem mu prosto w twarz:

– G r a m y w p i e r w s z e j p i ą t c e! T o m y j e s t e ś m y p r z y s z ł o ś c i ą l i g i!

Powiedziałem mu, że podczas meczu będę go szukał, żeby mu podać, a potem po pierwszych pięciu czy sześciu minutach pierwszej kwarty zobaczyłem, jak idzie pod kosz. Wtedy właśnie wypuściłem boskie podanie lobem, tak idealne, że ta kurewska piłka przez kilka sekund zawisła nad koszem niczym księżyc o północy, aż w końcu Bean chwycił ją dwiema rękami i zapakował do kosza. Kibice zgromadzeni w hali oszaleli.

– Mówiłem ci – rzuciłem.

– Wrrrrrr! – odpowiedział. I wrócił do gry.

Nasza drużyna gwiazd była pełna wymiataczy – Bean, ja, Shaq, Gary Payton i Karl Malone. W pewnym momencie Karl wkurwił się po nieudanym pick-and-rollu. Weterani często się wkurzali. Ale to też było częścią zabawy. Młodzi kolesie wchodzą do gry. Starsi wracają jak burza. To nie był tylko pojedynek Wschodu z Zachodem, ale pełen ciosów i siniaków pojedynek dwóch pokoleń.

Wschód wygrał tamten mecz. MJ dostał nagrodę MVP, zaliczając 23 punkty, sześć zbiórek i osiem asyst. Ale Kob też miał powody do dumy. Zdobył 18 punktów, najwięcej w naszej drużynie. Dał z siebie wszystko, włożył w mecz całe serce i już nigdy potem nie widziałem, żeby się denerwował.

Przeżyliśmy razem tak wiele pięknych chwil. Tak wiele obrazów przebiega mi przez myśl. Tyle ciepłych, rodzinnych uczuć.

Weekend Gwiazd w Dallas. Sobotni konkurs wsadów, siedzę w pierwszym rzędzie ze swoją dwuletnią córeczką. Bean i Vanessa siedzą obok mnie, a Vanessa podnieca się moją małą dziewczynką:

– Jest taka urocza! Taka cudowna! Jesteś takim szczęściarzem, Kevin.

Kob i ja przeistaczamy się z singli w żonatych facetów.

Myślę sobie teraz o dobrych rzeczach, o wesołych czasach, o czasach, kiedy nasze drogi się krzyżowały.

Zaraz po tym, jak Bean został wybrany w drafcie, spędzałem lato w LA, kręcąc reklamy dla Nike. Kob chciał, żebym trenował w Loyola Marymount, ale nie lubiłem tamtejszego parkietu. Pod spodem był beton. Moim pierwszym wyborem było UCLA. To tam grali wszyscy streetballowcy. To tam toczyło się prawdziwe koszykarskie życie. Wszyscy mieli tam swoich ludzi, wszystko było na serio, zero żartów. Żadnej gównianej gadki, bo zaraz byś pożałował. Podobało mi się takie otoczenie.

Bean nigdy by tam nie przyszedł. Powiedziałby: „KG, powinieneś grać w Venice".

Grałem w Venice, ale to było na wcześniejszym etapie mojego życia. Teraz postrzegałem Venice inaczej.

– Ale dlaczego? – dopytywał Bean. – W Venice Beach jest sporo zajebistych meczów.

– Granie na betonie nie jest najmądrzejsze. Granie na betonie rozpierdala ci nogi.

To właśnie grając w Venice, Bean złamał nadgarstek. Ale złamany nadgarstek go nie powstrzymywał. Nic by go nie zatrzymało.

Podczas meczów sezonu zasadniczego toczyliśmy zawsze zażarte pojedynki. Zderzaliśmy się, walczyliśmy, prowokowaliśmy się. Kiedy było trzeba, to go kryłem. Kiedy było trzeba, to go blokowałem. Mówił:

– Nie dasz rady mnie zatrzymać.

A ja odpowiadałem:

– Nie, kurwa, wcale.

Dwaj czystej krwi koszykarze, dwaj zażarci rywale, którzy bez przerwy sprawdzają, jak daleko mogą się posunąć. Ale nawet po tych najbardziej zażartych meczach zawsze przybijaliśmy piątkę.

Jedyny raz, któremu towarzyszyła prawdziwa frustracja, zdarzył się latem 2007 roku, kiedy przygotowywałem się do zmiany klubu. W T-Wolves doszedłem już do ściany. Zastanawiałem się nad transferem do jednej z trzech drużyn – Suns, Celtics, Lakers – i chciałem poznać opinię Kobe'ego: co o tym sądzi i czy Lakers byliby dla mnie odpowiednim wyborem. Zadzwoniłem więc do niego. Nie odebrał. Zadzwoniłem jeszcze raz. Znowu nie odebrał. Sprawdziłem, czy na pewno wybrałem właściwy numer. Bean Bryant. Dokładnie przeszedłem przez wszystkie numery, wszystko się zgadza. Spróbowałem raz jeszcze. Piąty raz. I szósty.

Zanim zadzwoniłem do niego po raz 14., zapytałem żony:

– Czy na pewno dalej powinienem próbować go łapać?

– Oczywiście – odpowiedziała. – Chodzi o twoją przyszłość.

Poprosiłem nawet T-Lue, który kumplował się z nami obydwoma, żeby przekazał Kobe'emu, żeby do mnie oddzwonił. Ale Bean nadal milczał. Po 20. razie uznałem, że wystarczy. Potem dowiedziałem się, że był długo w Chinach. Ale to przecież nie oznaczało, że nie docierały do niego moje wiadomości.

Czas mijał. Dużo rzeczy się zmieniało. Latem Celtics pozyskali Raya Allena i nagle wszystko zaczęło do siebie pasować. T-Lue mówił: „Ticket, to jest to". Chauncey mówił to samo: „Lepszej okazji nie będzie, Musisz się przenieść do Bostonu". Tego lata Gary Payton odnowił śluby w LA. Chciałem go wesprzeć. Był tam też Antoine Walker. Rok wcześniej zdobył w Heat tytuł mistrza NBA. Miał swój mistrzowski pierścień. Zaczęliśmy gadać. Mówił to samo co Shot i T-Lue: „Boston jest teraz na topie. Musisz to zrobić, musisz tam przejść. Też musisz zdobyć swój pierścień".

Czułem, o co mu chodzi. Był autentyczny. Mój interes naprawdę leżał mu na sercu. Mój brat dał mi wtedy jedną z najlepszych rad w całym moim życiu.

Podjąłem decyzję. I byłem jej pewien. Czułem się zdeterminowany. Porzuciłem marzenia o tym, że zostanę kolegą z drużyny Beana. Nie było to łatwe, ale zrobiłem to, co trzeba było zrobić.

A kiedy już to zrobiłem, rozpoczął się sezon i 23 listopada w hali Staples Center znowu się spotkaliśmy. Ja w barwach Celtics, Bean – Lakers. Ktoś ustawił się na linii rzutów wolnych, a ja nie miałem ochoty stawać obok Koba, bo nie zamierzałem słuchać jego frajerskich wymówek, dlaczego do mnie nie oddzwonił. Ale on zmienił ustawienie, żeby być obok mnie. Więc znowu się przesunąłem. W końcu sędzia powiedział:

– Panowie, ustawcie się wreszcie i przestańcie się ruszać.

Kiedy się do mnie zbliżył, od razu zapytałem:

– Stary, dlaczego do mnie nie oddzwoniłeś?

– Nie dostałem wiadomości.

– Pierdolenie.

– Pod jaki numer dzwoniłeś?

– Pod właściwy. Pod numer, który dostałem od T-Lue.

– Oj tam, przecież wiesz, jak to jest, KG. Zmieniamy numery jak rękawiczki.

– Myślę, że jednak dostałeś tę wiadomość.

– Ale wiadomości mają to do siebie, że giną.

– Ale nie wtedy, kiedy się je, kurwa, wysyła 20 razy.

– Posłuchaj, stary, zrozum, byłem w Chinach. Miałem tam wystartować z nową linią Nike. Było mnóstwo roboty. Poruszałem się w ośmiu różnych kierunkach.

– Wszystko rozumiem, ale wiem na pewno, że nie poruszałeś się w moim kierunku.

Przekomarzaliśmy się tak przez minutę albo dwie. Wychwyciły to kamery, a dziennikarze zrobili z tego większe halo, niż było warto. Owszem, Bean zranił moje uczucia. Ale w końcu przeprosił i to mi wystarczało.

Złe uczucia pomiędzy mną i Kobem zawsze znikały. Bo Bean był po prostu wspaniałym człowiekiem. Miał zajebiste poczucie humoru, które przejął od Jordana. Prawdę mówiąc, to Kob świadomie podążał za scenariuszem napisanym przez Michaela. Niczym się w tym nie różnił od innych koszykarzy z naszego pokolenia. Bean przeprowadził się do Orange County, bo wiedział, że Jordan mieszka godzinę drogi stamtąd. Nawet chodził podobnie do Michaela. Zaczął tejpować mały palec, tak jak Jordan. A potem uwierzył, że jest nawet lepszy od Jordana. Ale jeśli jesteś takim wybitnym koszykarzem jak Bean, musisz w to wierzyć, bo jeśli tak nie będzie, nie staniesz się już lepszy. Nikt nie może cię zastraszyć.

Ale jednocześnie Kob zawsze mnie wspierał. W 2000 roku zdobył pierwsze mistrzostwo, pokonując w finałach Pacers 4-2. Używaliśmy w tamtych czasach pagerów Sky Page. Wysłałem mu wiadomość z gratulacjami. Odpisał: „Oj, stary, to było szaleństwo". Potem, kiedy zdobywał kolejne tytuły, to dzwonił do mnie i mówił: „Nie martw się, byku, ty też jeszcze kiedyś wygrasz".

A ja odpowiadałem: „Dobra, stary, wypierdalaj. Nie potrzebuję takiego pierdolenia. Że niby teraz to ja jestem m ł o d s z y m bratem?".

„Historia zatoczyła koło" – odpisał.

„No i jeszcze kiedyś zatoczy koło w drugą stronę. A wtedy lepiej uważaj, bo skopię ci dupsko".

Obserwowałem, przez co przechodził, kiedy stracił wszystkie kontrakty sponsorskie. Kiedy wyglądał jak wańka-wstańka; kiedy się wywracał, to zawsze znowu wstawał. I za każdym razem wracał silniejszy, mądrzejszy, skromniejszy. Zawsze potrafił obrócić wszystko na swoją korzyść. Bean 3.0 był najlepszą wersją Beana w historii.

Miłość i szacunek. To właśnie poczułem, kiedy 22 stycznia 2006 roku zdobył 81 punktów w meczu przeciwko Raptors. Widziałem w tym przejaw i kulminację jego wielkości. Zamanifestował swój rytm. Rzucał, trafiał i trafiał dalej. Sześćdziesiąt punktów? Za mało. Siedemdziesiąt? Za mało. Nawet 80 to było za mało. Liczbą dnia było 81. Prawie nie mogłem w to uwierzyć. Myślałem, że oglądam grę wideo. A przecież walczył wtedy z jednym z moich najlepszych przyjaciół, z Samem Mitchellem, który był wtedy trenerem Raptors. Aż byłem na siebie zły, bo podświadomie zacząłem kibicować, żeby Kob pobił rekord Wilta, który w 1962 roku zdobył w jednym meczu 100 punktów.

W starciu z Kobem

Fot. Brian Babineau / NBAE / Getty Images

A potem przyszły mecze o mistrzostwo w 2010 roku, kiedy Bean pokonał nas, grając ze złamanym palcem wskazującym w rzucającej ręce. Wtedy włączył prawdziwy tryb bestii.

Przed siódmym meczem powiedzieliśmy sobie, że go zatrzymamy. Taką ustaliliśmy strategię. Ale Kob i tak znalazł sposób na to, żeby nas pokonać. Choć sam miał problemy, to szybko się zorientował, że dobry dzień ma ktoś inny. Metta Sandiford-Artest, który wtedy jeszcze był Ronem Artestem, był na fali. Zdobył 20 punktów. Najważniejsze były ostatnie trzy.

Zagraliśmy w tej kluczowej akcji idealnie w obronie. Czwarta kwarta. Minuta do końca. Lakers prowadzą różnicą trzech oczek. Bean miał piłkę na skrzydle. Ray go kryje bezpośrednio od piłki. Wszyscy w hali wiedzą, że to Kob będzie rzucał. Nie ma mowy, kurwa, nie pozwolimy mu na to. Rasheed rusza do podwojenia, Kob idzie w prawo. Ale Ray go odcina, nie pozwala mu wejść pod kosz. I Bean wyskakuje w powietrze i wyprowadza trudne podanie do stojącego na obwodzie Metty. P zmienił już krycie i skacze z wysoko wyciągniętą ręką, żeby utrudnić mu życie. Robimy wszystko, co powinniśmy zrobić. Ale piłka i tak wpada do kosza.

W szatni było po meczu mnóstwo łez. Przytulaliśmy się. Nawet dziś, po ponad dziesięciu latach, trudno mi pogodzić się z tą porażką. Tamta drużyna Celtics była zbyt dobra, żeby zadowolić się tylko jednym tytułem mistrzowskim. Ale genialne podanie Beana i trójka Artesta nas załatwiły.

W ostatnim sezonie Kobe'ego, kiedy w każdym mieście okazywano mu miłość, to były jedne z najbardziej sentymentalnych chwil w historii koszykówki. Świat wiwatował na jego cześć, brał go w ramiona i mówił: „Kochamy cię za coś więcej niż tylko za twoją grę. Uwielbiamy twój charakter, twoją inteligencję, twoją godność, twoje oddanie temu, co rozpoczął Jordan: popularyzowaniu koszykówki na całym świecie, walce z całym tym medialnym syfem, wszystko to, co wyniosło was obu ponad Mount Everest".

A w ostatnim meczu oczywiście zdobył 60 punktów. No raczej.

Jeśli mam jakieś poczucie winy, to o to, że nie przeniosłem naszej przyjaźni na wyższy poziom. Po zakończeniu kariery mogłem się do niego częściej odzywać. Szkoda, że tego nie robiłem. Ale Kobe wyjechał do Orange County, a ja byłem w LA. Prowadziliśmy całkiem inne życia i poszliśmy w różnych kierunkach.

Kiedy dostałem wiadomość, że Kob, jego cudowna córeczka i wszyscy ci inni dobrzy ludzie odeszli, to pierwszą osobą, do której zadzwoniłem, był Paul Pierce. Wiedziałem, że rozpacza tak jak ja. Musiałem porozmawiać z P. Ale nie byłem w stanie mówić. Mogłem tylko płakać. Dobrze jest czasem popłakać sobie jak dziecko. Kiedy myślę o tym, że życie Koba było takie krótkie, nie jestem w stanie powstrzymać łez. Ten żal nigdy nie zniknie. Ale jakimś cudem muszę przejść od żalu do wiary. Dusza jest autentyczna. Dusza jest czymś, co czujemy. A prawda duchowa jest taka, że i ja, i reszta świata będziemy czuli obecność ducha Beana do końca życia.

Komora hiperbaryczna

zobacz **Insomnia. Bezsenność; Kenny G**

L

Land Cruiser / Lawyers. Prawnicy / Leadership. Przywództwo / Eldrick Leamon / Learning. Nauka / Bruce Lee / Lil Wayne / Lojalność/ Tyronn Lue / Lynching. Lincz

Land Cruiser

Kiedy lądujesz w nowym miejscu, to potrzebujesz przewodników. Kevin McHale, rodowity mieszkaniec Minnesoty, który awansował na dyrektora generalnego, przedstawił mnie swojemu asystentowi, Claytonowi Wilsonowi, reprezentantowi starej szkoły trenerskiej, który pił mnóstwo piwa, nosił suspensorium, drapał się po jajach i ciągle chciał imprezować. Mówił: „Weź te spodenki. Miały być dla Damona Stoudamire'a, ale będą na ciebie dobre".

Damon „Mighty Mouse" Stoudamire miał 178 centymetrów wzrostu. Te spodenki ledwo zakrywały mi jaja.

Potrzebowałem trochę czasu, żeby załapać poczucie humoru Claytona. Poza tym nie wiedziałem, że Clayton jest prawą ręką baseballisty Kirby'ego Pucketta. Kirby był potężnym miotaczem, który poprowadził Minnesota Twins do dwóch zwycięstw w finałach ligi MLB, World Series. Może i Prince był królem Minnie, ale to Kirby był burmistrzem miasta. Nikt nie znał Minneapolis lepiej od niego. To on dał mi pierwsze i najlepsze lekcje o mieście. Znał krajobraz Twin Cities – Minneapolis i Saint Paul – jak własną kieszeń. Pokazał mi wszystkie dzielnice: Plymouth, Lake Calhoun, North Side, South Side. Tu mieszkają Somalijczycy. A tu Etiopczycy. Obie populacje są coraz większe. Bardzo spoko goście.

To Minnie jest pierwszym miastem, w którym zobaczyłem, że czarni i biali mogą chodzić ze sobą na randki, trzymać się za ręce, mieć razem piękne i silne dzieci z kręconymi włosami. Zaczynam to wszystko ogarniać, napawać się tym. Jest klimatycznie, ale nowocześnie. W Saint Paul mają chór R&B i gospel Sounds of Blackness, który śpiewa pieśni zatytułowane *Optimistic* albo *Spirit*. Są radosne, pozytywne i poprawiają humor.

W Chicago nigdy zbyt wiele nie wychodziłem. Kiedy nie zarabiasz pieniędzy, to jesteś tu praktycznie skazany na trasę kolejki. Masz relatywnie ograniczony zasięg. W Minnie jest odwrotnie. Przeprowadziłem się do wielkiego luksusowego apartamentu w kompleksie naprzeciwko podmiejskiej galerii handlowej Ridgedale Center. Idealne miejsce na start. Chciałem mieszkać gdzieś, skąd mógłbym łatwo wskoczyć na autostradę i pojechać prosto na trening.

Miałem zajebistych kolegów z drużyny. Sam Mitchell, JR Rider, Doug West i Terry Porter – wszyscy oni byli dla mnie przewodnikami. W Minnie nie ma zbyt wielu czarnych, więc potrzebowałem kogoś, kto pokaże mi prawdziwe getto. Czyli North Side. Restaurację Harold's Chicken. Tę część Minnie, która jakby naśladowała Chicago. Podobała mi się ta imitacja.

Ale podobały mi się również przedmieścia, bo było tu bardzo cicho. Zatrudniłem siostrę Mamy, ciocię Betty, żeby zajmowała się moim domem. Wiedziałem, że dobra domowa kuchnia będzie dla mnie najlepsza. Podobnie jak otoczenie się rodziną.

Jedynym problemem był śnieg. Miałem już wtedy kilka samochodów, ale ich felgi i niskoprofilowe opony nie radziły sobie ze śniegiem. Kupiłem land cruisera, bo Biggie śpiewał o nim w utworze *Machine Gun Funk* – jeep z pistoletem maszynowym MAC-10 na podłodze. Nie chciałem range rovera ani chevroleta tahoe, ani suburbana. Nie ma mowy, chciałem jeździć tak jak Notorious B.I.G.

Któregoś wieczora uczyliśmy się jeździć w śniegu – razem z Bugiem kręciliśmy bączki na pustym parkingu. Kiedy już mieliśmy dość, weszliśmy do sklepu, żeby kupić jakieś przekąski. W środku było tylko dwóch gości – Jimmy Jam i Terry Lewis*. Nigdy wcześniej ich nie spotkałem. Ale oczywiście znałem i uwielbiałem ich muzykę. Wiedziałem, że stworzyli razem z Morrisem Dayem i z Prince'em grupę Time. W Time grał Jesse Johnson, gitarzysta, którego solówki zawsze przyprawiały mnie o ciary. Jesse to dla mnie najlepszy gitarzysta od czasów Jimiego Hendrixa. Jimmy i Terry stworzyli też grupę SOS Band, nie wspominając o *Saturday Love* w wykonaniu Cherrelle i Alexandra O'Neala. Wariuję za każdym razem, kiedy słucham tego kawałka. Jeśli chodzi o R&B, to Jam i Lewis byli królami Minnie.

– Hej KG – powiedział Jimmy – rano masz trening, prawda? Czy Flip wie, że nie śpisz o tej porze?

Uśmiałem się, oddałem hołd muzyce, którą stworzyli ci bracia, ale stwierdziłem, że też ich trochę pocisnę, i powiedziałem:

– A wy co tutaj robicie? Przecież starzy ludzie o tej porze śpią.

– Nie jesteśmy za starzy, żeby zaprosić was do siebie do domu.

– Teraz?

– A dlaczego nie?

Ten dom to była posiadłość nad jeziorem. Wyglądała tak, jakby wnętrza zaprojektował Yves Saint Laurent. Przypominała nieskazitelną fortecę. Jak z jakiegoś żurnala. Jam był pierwszym znanym mi bratem, który miał salę telewizyjną ze stucalowym telewizorem na ścianie. Kryty basen. Windę prowadzącą do sypialni. Trzy generatory mocy. Garaż na sześć aut. Ferrari.

* Duet producentów muzycznych R&B i pop z Minneapolis, znany m.in. ze współpracy z Janet Jackson, Boyz II Men i Mariah Carey.

Ulubieni futboliści

1. Lawrence Taylor
2. Walter Payton
3. Randy Moss
4. Randall Cunningham
5. Mike Singletary

Okazało się, że Kirby Puckett mieszka w Edinie, zaraz za miastem, a Jam i Lewis mieli tam studio produkcyjne Flyte Tyme. Mogłem tam wpadać, kiedy chciałem. Patrzeć, jak Mariah Carey nagrywa swój kawałek. Przyglądać się grupie Mint Condition i reaktywowanemu zespołowi New Edition. Kultura muzyczna Minnie jest megapopularna na całym świecie, a ja jestem takim szczęściarzem, że siedzę sobie w reżyserce razem z kolesiami, którzy tworzą tę muzę.

Jestem w South Beach, zajebistym klubie nocnym w centrum miasta, z moimi kumplami, z Bugiem i z całą resztą. Wpadamy na braci z różnych uczelni. Na kolesi z Uniwersytetu Minnesota, z Uniwersytetu Stanowego Dakoty Południowej albo z uczelni w Kansas czy w Nebrasce. Słyszę, jak wygląda życie na kampusie. Chcę wiedzieć, co mnie ominęło.

Napawam się Minnesotą. Poznaję braci futbolistów. Kolesi takich, jak John Randle, jeden z najlepszych zawodników Vikings w historii. Kilka miesięcy później pojawi się jeszcze skrzydłowy Randy Moss – nazywamy go Mossy. Ci goście wymiatają w NFL. A jednocześnie traktują mnie jak starego kumpla. Wszędzie szacunek.

Muszę tylko pojawić się w hali Target Center w centrum Minnie i rozruszać drużynę. Byłem zdeterminowany. Byłem stworzony do ciężkiej harówy. Chciałem zdobyć mistrzostwo. No cóż, łatwiej powiedzieć niż zrobić.

Lawyers. Prawnicy

Pierwszą rzeczą, jakiej dowiedziałem się o NBA, było to, że liga w dwóch trzecich składa się z prawników. Przeglądają umowy, chcą zmieniać język, szukają alternatyw i sposobów, jak zyskać przewagę, jak wymyślić nową strategię. W NBA to, co jest napisane drobnym drukiem, jest równie ważne, jak gra w koszykówkę.

Leadership. Przywództwo

Mama zawsze mi mówiła: „Jeśli jesteś w pokoju, szukasz kogoś, kto jest przywódcą, i nie możesz go znaleźć, to znaczy, że ty nim jesteś".

To fakt.

Eldrick Leamon

Pierwszym bratem robiącym sobie przerwy w brwiach, którego znałem, był właśnie Eldrick. Wielki gość: 193 centymetry wzrostu, ponad 90 kilo wagi. Niektóre dzieciaki nazywały go „Wujek El", bo wyglądał na starszego. Kiedy reprezentacja liceum Southside w Greenville zdobyła w 1992 roku mistrzostwo stanowe, Eldrick był dopiero w drugiej klasie. Mój kuzyn Shammond Williams uczył się w trzeciej i grał w tej samej drużynie. Eldrick był pierwszym bratem, który miał prawdziwą kasę. Pracował na ulicy. Przez pewien czas graliśmy w tej samej drużynie AAU. Wtedy po raz pierwszy jeździłem do hal w innych miastach. Eldrick był bardziej bystry ode mnie. Zwracał uwagę na to, jak grają bracia ze szkół, do których chodzili tylko czarni.

– Zwróć uwagę na ich styl – mówił mi.

Bracia ze szkół, do których chodziły w większości białe dzieciaki, grali w inny, chyba mniej charakterystyczny sposób.

Eldrick dostrzegał niuanse. I miał wielkie serce. Pan Wielkoduszny. Kiedy był przy kasie, chodził po naszym getcie i pomagał kolesiom płacić czynsz, kupował im jedzenie, a nawet buty. Troszczył się o swoich ziomów. Był prawdziwym kumplem.

A potem nadeszło lato 1994 roku.

Zadzwonił telefon. To był jeden z moich kumpli.

– Eldrick nie żyje.

Nie chciałem uwierzyć w to, co słyszę.

– Co ty mówisz?

– Eldrick Leamon. Nie żyje.

Głęboki oddech. Westchnienie. Bicie serca w piersi. W końcu to do mnie dotarło. Przez sekundę czy dwie nic nie mówiłem.

– Wojny gangów? – zapytałem.

– Nic podobnego. Zginął w Myrtle Beach. Jechał na motorze i ktoś w niego wjechał na czerwonym świetle.

Każdego lata w Myrtle Beach organizowany jest Black Beach Weekend. Przyjeżdżają tam czarne dzieciaki z college'ów i się bawią. Eldrick uwielbiał wjeżdżać na takie imprezy na kawasaki z ryczącym silnikiem. To on pierwszy jeździł po okolicy, najpierw na skuterze, a potem zmienił go na motor. Uwielbialiśmy oglądać tę maszynę, uwielbialiśmy jej kurewsko głośny dźwięk. No i przez to uwielbialiśmy też Eldricka.

Właśnie takie myśli przebiegały mi przez głowę, kiedy dowiedziałem się o jego śmierci. Kilka tygodni wcześniej Wujek El ukończył szkołę średnią. Miał 18 lat. Kiedy teraz o tym myślę, przypominam sobie, że jego kolega z drużyny, Merl Code, zaliczył potem bardzo udaną karierę w Clemson. A jego inny ziom, Mike Menniefield, wylądował w St. John's.

A teraz przyszłość Eldricka stała się przeszłością. Istnieje tylko jego przeszłość. I pozostała ze mną na zawsze, nie tylko dlatego, że był zajebistym koszykarzem, ale również z tego względu, że miał takie wielkie serce. Jego przeszłość była przy mnie, kiedy dostałem się do NBA i podpisałem kontrakt z T-Wolves. Uznałem, że mam obowiązek go upamiętnić. Przed prezentacją przedmeczową w hali

Target Center miejsce po mojej lewej stronie było zawsze puste. Bo to było miejsce Eldricka. Chciałem, żeby był ze mną na każdym meczu. Chciałem, żeby jego przeszłość stała się moją teraźniejszością. Chciałem, żeby był obok mnie. I był. Wciąż jest. I zawsze będzie.

Learning. Nauka

W mojej pamięci pozostały dwa cytaty z Biblii dotyczące czasu:

Księga Rodzaju 8:22: „Będą zatem istniały, jak długo trwać będzie ziemia: siew i żniwo, mróz i upał, lato i zima, dzień i noc".

Księga Eklezjasty 3:1: „Wszystko ma swój czas i jest wyznaczona godzina na wszystkie sprawy pod niebem: Jest czas rodzenia i czas umierania, czas sadzenia i czas wyrywania tego, co zasadzono, czas zabijania i czas leczenia, czas burzenia i czas budowania, czas płaczu i czas śmiechu, czas zawodzenia i czas pląsów".

Tak jak u każdego, w moim życiu też były różne czasy. Czas dzieciństwa w Karolinie to okres bólu połączonego z radością. Czas spędzony w Chicago okazał się bardzo intensywny. Nigdy nie było mi tak zimno jak zimą w Chicago, ale ważniejsze wydaje się to, że czas spędzony w tym mieście m n i e ukształtował, mnie – chłopaka ze wsi. A teraz Minnie, czas, który będzie trwał 12 lat. I były też czasy w ramach tego czasu – czasy nadziei, czasy załamania, czasy triumfu i czasy dzikiej frustracji.

Pierwszy rok w NBA nie był dla mnie łatwy. Mieszkałem z Bugiem i to było spoko, bo spędzaliśmy kupę czasu, grając w gry komputerowe. Nie piłem ani nie paliłem – i dzięki temu nie wariowałem. Dwa treningi dziennie u trenera Billa Blaira były mordercze, ale przychodząc do NBA, właśnie tego się spodziewałem. Podczas meczów wchodziłem na parkiet z ławki, za skrzydłowych Toma Gugliottę i Christiana Laettnera. Wspominałem czasy, kiedy grałem z Billym, który udawał, że jest Laettnerem. I myślałem: O rany, gdyby Billy mógł mnie teraz zobaczyć! Nie od razu wychodziłem w pierwszej piątce, zresztą wcale tego nie oczekiwałem. T-Wolves niemrawo zaczęli sezon, mieliśmy bilans 6-14. I tuż przed Bożym Narodzeniem Kevin McHale zwolnił Blaira, a naszym nowym trenerem został Flip Saunders, kolega Kevina z drużyny Uniwersytetu Minnesota i dyrektor generalny klubu. Zawsze dobrze się z Flipem dogadywaliśmy. Znał się na koszykówce i dostrzegał mój potencjał. Podniósł mój koszykarski iloraz inteligencji.

Musiałem się jeszcze wiele nauczyć, a dotarło to do mnie, kiedy po raz pierwszy zagrałem przeciwko Chrisowi Webberowi. C-Webb był jednym z tych zawodników, których starałem się naśladować, pracując nad własnym stylem gry. Ten gość nie kończył akcji layupem. Dunkował jak szalony. Miał wielkie ręce. I wielkie serce.

W naszym pierwszym meczu szybko zaliczył swój charakterystyczny rzut hakiem. Znałem styl gry Webba. I czekałem na ten rzut. To była jego ulubiona akcja na początek. Ze środka – stojąc tyłem do ciebie, dwa kozły i rzut ponad lewym ramieniem. Widziałem to już wcześniej wielokrotnie, ale nigdy wcześniej podczas meczu, grając przeciwko niemu. Zareagowałem tak, że po prostu stałem i gapiłem się z podziwem. Kilka minut później usiadłem na ławce i Sam Mitchell postawił mnie do pionu.

– KG, wiem, że to twój idol, wiem, że go uwielbiasz, ale tutaj nie możesz być kibicem. Musisz walczyć. Nie ma, kurwa, mowy o kibicowaniu. Musisz mu skopać dupsko.

Po czym lekko mnie spoliczkował. To mnie przebudziło.

W kolejnym meczu przeciwko C-Webbowi zbiłem tak mocno piłkę po jego rzucie, że poleciała w trybuny.

– Wypierdalaj z tym gównem! – wrzasnąłem.

– No proszę, teraz tak mówisz – odpowiedział Webb.

– Tak jest, kurwa!

Chris odpowiedział spokojnie:

– Hej, młody, a może jednak skupimy się na koszykówce?

Miał rację, skorzystałem z tej podpowiedzi i wyluzowałem. Webb był bestią i cieszyłem się na każdy pojedynek przeciwko niemu, ale miał też siłę spokoju, która pomogła mi wyrobić sobie charakter.

Ale jeśli chodzi o wyrabianie charakteru, to najwięcej zawdzięczam Samowi Mitchellowi. Początki mieliśmy ciężkie. Podczas pierwszego treningu, jeszcze przed rozpoczęciem sezonu, Sam i Doug West zaczęli mnie prowokować. Nie spodobało mi się to. Podobnie jak to, że mówili o mnie Rook (debiutant). Jasne, byłem pierwszorocznakiem, ale uważałem takie określenie za poniżające. Pobiliśmy się z Dougiem. I nie była to moja jedyna bójka – okazało się, że biję się z kolegami z drużyny częściej, niż można się było spodziewać. I nieźle obrywałem.

Dlatego towarzysko odciąłem się od reszty zespołu. Wolałem być sam. Trzymałem się tylko z Bugiem.

W końcu nadszedł pierwszy mecz wyjazdowy. Siedzę sobie sam w pokoju hotelowym. Dzwoni telefon. To Sam Mitchell.

– Pogadajmy.

Odłożyłem słuchawkę, niech spierdala.

Puk, puk. Ktoś jest przy drzwiach. Uchylam je, nie zdejmując łańcucha.

Sam Mitchell.

– Czego chcesz?

– Pogadać.

– O czym?

– Po prostu otwórz drzwi, byku.

Otworzyłem. Sam wszedł, usiadł na krześle przy łóżku, a ja próbowałem uciąć sobie drzemkę. Przełamał lody.

– Posłuchaj, stary, bierzesz to gówno za bardzo do siebie. Próbujemy cię po prostu poznać. I tyle. Siedzimy razem w okopach i musimy mieć pewność, że jesteś twardzielem. Bijemy się z najlepszymi koszykarzami na świecie. Jordan. Hakeem. Barkley. Karl. Nie pierdolimy się w tańcu.

Sam kontynuował lekcję o budowaniu więzi, zamiast skupiać się tylko na sobie. O tym, że muszę zapomnieć o własnym interesie, a skupić się na interesie drużyny. I im więcej mówił, tym bardziej go lubiłem. Był bratem z Georgii, który identyfikował się ze mną, bratem z Karoliny. Byliśmy ulepieni z tej samej gliny. Ale to on był dojrzałym gościem. Miał dzieci. Prowadził jakieś biznesy, posiadał aktywa. Ubierał się w eleganckie garnitury. Dbał o to, żeby dobrze wyglądać. Ale okazał się też wojownikiem, nie dawał sobie w kaszę dmuchać, był bestią, buldogiem, jednym z reprezentantów starej szkoły, który miał sporo do powiedzenia na temat reprezentantów nowej szkoły, którzy zarabiają tak dużo kasy. Rozumiał, czego potrzebowałem. Widział, że muszę mieć mentora. Nawiązaliśmy relację i gadaliśmy tamtej nocy przez jakieś trzy godziny. Szacunek dla Sama za to, że tak cierpliwie poradził sobie z moim negatywnym nastawieniem.

Kolejnym kolegą z drużyny, który pomógł mi opuścić gardę, był Malik Sealy. Trafił do Minnesoty z Detroit w 1998 roku. Wiem, że Sam uczył mnie, że mam nikomu nie kibicować, ale przy Maliku nie mogłem się opanować. Grałem z numerem 21, bo z tym właśnie numerem Malik grał na uczelni St. John's. A teraz stałem razem z nim w kręgu podczas przerwy na żądanie.

Malik miał silne korzenie. Jego tata był jednym z ochroniarzy Malcolma X. Dostał imię po El-Hajjim Maliku El-Shabazzie, pełnym imieniu Malcolma. Był spokojny i wyrafinowany. Ze wszystkim sobie radził. Mniej znaczy więcej.

Im więcej spędzałem czasu z Malikiem, tym bardziej go lubiłem. Miał wielkie oczy, podobne do moich. I krótko przyciętą fryzurę fade. Nie dystansował się, w przeciwieństwie do mnie. To nie ja zrobiłem pierwszy krok w kierunku naszej przyjaźni, tylko on. Zadzwonił do mnie do pokoju i powiedział:

– Cześć, stary, na dole mają zajebistą małą restauracyjkę. Może byśmy coś dziabnęli?

– Dzięki, ale nie jestem głodny – odpowiedziałem.

– Jasne, ale jakbyś zmienił zdanie, to wpadaj, ja tam będę.

Poszedłem i ucieszyłem się, kiedy zobaczyłem tam Sama. To on namówił Malika, żeby do mnie zadzwonił. Stworzyliśmy nierozłączne trio. Ci dwaj bracia wprowadzili mnie w strefę komfortu. Malik miał coś, czego mi brakowało – cierpliwość. Nauczył mnie zwalniać. Nie przerywać, kiedy mówi ktoś inny. Czekać na to, aż w rozmowie pojawi się naturalna przerwa, i dopiero wtedy zaczynać mówić. Przejmowałem od Malika jego łagodność.

Inicjacja w świecie NBA nie jest łatwa. Sam i Malik pomogli mi przejść przez ten proces. Nie musieli tego robić. Mogli pozwolić mi być dalej zdystansowanym gościem. Ale przełamali tę moją postawę i dzięki dobroci i trosce sprawili, że zrozumiałem, jak bardzo się nawzajem potrzebujemy. Sam ujął to najlepiej w jednym z wywiadów: „Mówi się, że pomagałem Kevinowi, ale ja byłem dla niego tylko starszym bratem albo wujkiem. Kevinowi nie mógł przytrafić się ktoś lepszy niż Malik. Miał rówieśnika, z którym mógł sobie pogadać. To on tak naprawdę nauczył Kevina cieszyć się z tego, że jest Kevinem. Kevin żartował często, że bycie Kevinem to katorga. Ale kiedy pojawił się Malik, nagle się okazało, że fajnie jest być Kevinem Garnettem. I że to wcale nie katorga".

Bruce Lee

zobacz **Chauncey B-B-B-B-Billups; The Great Kabuki**

Lil Wayne

zobacz **Glen Davis;** ***King Kunta*****; The N-Word. Słowo na N; One--and-Done. Rok i z głowy**

Lojalność

Lojalność bazuje na miłości. Jeśli jesteś kochany – jeśli dajesz miłość i ją dostajesz – to zostajesz. A jeśli nie, to się rozstajecie.

Z drużynami koszykarskimi jest tak, jak z rodzinami. Niektóre są zgodne, inne – dysfunkcyjne. Jeśli pochodzisz z dysfunkcyjnej rodziny, to chcesz się z niej jak najszybciej wyrwać. Ale kiedy znajdujesz kochającą rodzinę, tak jak udało mi się to w Minnesocie i potem w Bostonie, chcesz w niej zostać jak najdłużej.

Ale głębszą prawdą jest to, że lojalność wobec odpowiednich ludzi – takich jak w moim przypadku Bug albo trener Wolf – może uratować ci życie. I nawet kiedy myślę sobie o tym, jak brak lojalności mnie rozjebał – kiedy moi przyjaciele zdradzili mnie w Karolinie i niewiele brakowało, a trafiłbym przez nich do więzienia – to i tak patrzę na to pozytywnie. Mogę spokojnie powiedzieć, że potrafię w pozytywny sposób spojrzeć na prawie wszystko, co mi się przytrafiło. Gdybym nie musiał uciekać z Karoliny, nie zamieszkałbym w Chicago. A to Chicago zmusiło mnie do wyhodowania drugiej skóry. To Chicago uczyniło mnie twardym, tak twardym, że mogłem się zmierzyć z marzeniem o grze w NBA. I nawet decyzja Mamy, która sprzeciwiła się temu, żebym w ostatniej klasie grał w Kalifornii z Paulem Pierce'em – decyzja, z której byłem wtedy bardzo niezadowolony – sprawiła, że wróciłem do Wolfa, a on bardziej niż ktokolwiek inny kierował się przede wszystkim moim interesem. Nie mam pojęcia, jakie miałbym doświadczenia z liceum Inglewood, ale Farragut Career Academy była z pewnością najlepszym obozem dla rekrutów, jakiego wtedy potrzebowałem.

Niczego nie żałuję. Jestem po prostu bardzo wdzięczny wszystkim mocom, które zrobiły ze mnie młodego człowieka, nauczyły mnie radzić sobie ze światem i odnajdywać drogę do wyjścia z życiowego labiryntu.

Tyronn Lue

Loooooooooooooooooooooooooooooooo. Znany również jako Hef.

Hef jak Hefner.

Kobiety go uwielbiają, bo jest szarmancki. Kobiety uwielbiają niskich obrońców o gładkiej skórze.

Pierwszy raz spotkaliśmy się dzięki trenerowi Joe Abunassarowi, twórcy legendarnego programu koszykarskiego Impact Basketball. Joe był najbardziej energetycznym gościem, jakiego znałem. Ukończył akademię Indiana Hoosier, pracował z trenerem Bobem Knightem i stworzył zupełnie nowe podejście do odnowy biologicznej, obejmujące dietę i analizę składu ciała, a także biegi maratońskie.

Zawsze byłem dobry w biegach przełajowych, więc od razu kupiłem myślenie Joego. Ustawiał mnie w kryciu przeciwko niższym obrońcom, kazał mi walczyć z trójkami i dwójkami. Tak jak Wolf. Wszystko po to, żebym grał jeszcze wszechstronniej jako wysoki zawodnik.

Pewnego lata, chyba po trzecim roku moich występów w NBA, trenowałem z Joem, który ściągnął do swojego programu również Antoine'a Walkera. Często się ścieraliśmy, więc to, że teraz się tu spotkaliśmy, było bardzo fajne. Graliśmy bardzo ostro, kiedy zauważyłem małego obrońcę, który grał w kosza jak nawiedzony.

– Kto to taki? – zapytałem.

– Ty Lue. Z Nebraski.

Chaunce, który też tam zawsze był, zawołał Tya Lue, żeby mnie z nim poznać.

Był megapodjarany.

– Ticket! Uwielbiam cię! Poznaj mojego kuzyna Doodlesa, obaj jesteśmy twoimi fanami. Kochamy cię. Nie mogę uwierzyć, że tu z tobą jestem.

T Lue i Shot byli ze sobą blisko, bo grali przeciwko sobie w Nebrasce. (Przeskoczmy o kilka dziesięcioleci. Ty Lue zostaje nowym trenerem Clippers i jego pierwszą decyzją jest zatrudnienie Chaunce'a jako pierwszego asystenta). Tamtego lata od razu się z Tyem zaprzyjaźniliśmy. Jakbyśmy znali się od zawsze. Był innym typem ode mnie: bardziej wyluzowanym, szalonym, ale w kontrolowany sposób. Choć trochę wybuchowym. Szybkim jak skurwysyn. Walecznym. Ostrym jak brzytwa. Superinteligentnym. To był niezły cwaniak. Z niezłą gadką. Zawsze z pozytywnym nastawieniem. Gdy już pojawił się w moim życiu, to pozostał w nim na zawsze. I niezależnie od tego, dokąd poprowadziły nas kariery, nic nie byłoby w stanie stanąć między nami.

Jest wiele opowieści o T Lue i Tickecie. Oto moja ulubiona:

Siedzimy u mnie na chacie w sobotę wieczorem. Oglądamy telewizję. Programy telewizyjne specjalnie mnie nie wciągają. Oglądam, relaksuję się, ale od razu o nich zapominam. Istnieje jednak jeden program, który mnie naprawdę wkręca. Uwielbiam ten koncept. To *Making the Band* P. Diddy'ego. Bracia przychodzą i próbują stworzyć zespół muzyczny, który będzie wymiatać. Podoba mi się nowa kapela. Nagrywają jakiś kawałek, który może sprawić, że przejdą dalej. Problem w tym, że brakuje im pewności siebie. Muszą włożyć w to więcej serca. Identyfikuję się z nimi, bo widzę, że jeśli naprawdę docisną, to wygrają.

Zaczynam do nich gadać. Włącza mi się wola walki, cały buzuję.

– Hej, Ticket, ale wiesz, że oni cię nie słyszą? – pyta T. – Wiesz o tym, prawda?

To brzmi sensownie, ale nie zamierzam się tym przejmować. I dalej się wydzieram.

– Zróbcie to! Skopcie tyłki temu drugiemu zespołowi, wypierdolcie ich z programu.

Widzę siebie na boisku, jak gram w kosza. Zbieram piłkę z tablicy. Dunkuję. Te byczki też powinny dunkować!

– Wyluzuj, Ticket – mówi T. – To tylko głupie reality show.

– Nie ma tu, kurwa, nic głupiego! Ci bracia muszą wziąć się do kupy! Muszą działać razem.

Tyle że tego nie robią. Nie słuchają mnie. Zaczynają się kłócić. Nie zachowują się jak drużyna. Nie robią tego, co powinni zrobić. Coś we mnie pęka. Myślę sobie, co by było, gdyby byli drużyną koszykarską, i jaki byłbym wkurwiony, gdyby mój zespół zachowywał się tak jak oni. Wrzeszczę na nich jeszcze głośniej.

– Ticket, posłuchaj – mówi do mnie T. – Wkurwiasz się bez powodu. Wyluzuj w końcu.

Ale jest już za późno. Jestem taki wkurwiony na tę telewizyjną kapelę, że walę pięścią w ścianę i robię w niej wielką dziurę. Wszędzie wala się tynk. A wszystko przez jakiś kretyński program telewizyjny.

– Ticket! – krzyczy T, śmiejąc się histerycznie. – Ty wariacie!

Lynching. Lincz

W Karolinie doświadczyłem na własnej skórze, jak pojęcie linczu można odwrócić i wykorzystać przeciwko mnie. To był taki absurd, że zacząłem czytać na ten temat, żeby się dowiedzieć, jak wyglądało to w przeszłości. Często zapominamy o faktach historycznych, bo tak bardzo żyjemy teraźniejszością.

W 1932 roku na prezydenta został wybrany Franklin Delano Roosevelt, który na wiele dziesięcioleci stał się bohaterem liberałów. To kumam. Wprowadził program reform ekonomiczno-społecznych, nazwany Nowym Ładem, dzięki czemu udało się pokonać wielki kryzys gospodarczy. W 1934 roku jego żona Eleanor pracowała razem z Krajowym Stowarzyszeniem na rzecz Popierania

Ludności Kolorowej (NAACP) nad przepisami, które miały zakazać linczów. Wyobraźcie sobie to gówno – nie było wtedy nawet przepisów zakazujących linczów! Pani R i NAACP przekonują kilku senatorów, żeby poparli ustawę, ale stary pan R nie chce tego zatwierdzić. Prezydent Stanów Zjednoczonych bał się stracić głosy rasistowskich białych wyborców i nie chciał publicznie wystąpić przeciwko mordowaniu czarnych. Wciąż możecie zobaczyć zdjęcia czarnych mężczyzn wieszanych na miejskich placach na oczach białych kolesi, którzy często się uśmiechali albo wiwatowali. Oto obrzydliwe dziedzictwo amerykańskiej historii. Ale 88 lat później wciąż jest ono żywe. Może i lincze przybierają dziś inną formę – duszącego uścisku kolanem, uduszenia, strzału w plecy albo uderzenia w głowę – ale morderstwo z zimną krwią to wciąż morderstwo z zimną krwią.

Zdarzało się, że słyszałem, jak ludzie mówili: „Czarni zawsze tylko narzekają. Czarni nie potrafią zapomnieć o przeszłości. A przecież ty nie masz prawa narzekać. Ameryka była dla ciebie dobra. Jesteś sławny. Jesteś bogaty".

To fakt. Ale ważniejsze jest to, że właściciele klubów, które mnie zatrudniały, są jeszcze bogatsi. Kolejny fakt: moje osiągnięcia były możliwe dzięki ludziom, którzy wyważyli drzwi. Jackie Robinson przełamał tę barierę w 1947 roku, gdy dołączył do Dodgers i został pierwszym czarnoskórym baseballistą w lidze MLB. Trzy lata później Earl Lloyd przełamał barierę rasową w NBA. Wspominałem już też o Spencerze Haywoodzie, który musiał iść do Sądu Najwyższego, żeby umożliwić młodym koszykarzom przechodzenie do NBA bezpośrednio ze szkoły średniej.

To odważni bracia, którzy nigdy nie odpuszczali. To pionierzy, wojownicy zasługujący na uznanie. Kiedy biały świat próbował im powiedzieć „nie", oni odpowiedzieli: „Wypierdalać!".

A zatem patrzę na to tak, że Ameryka niczego nie dała nam w prezencie. Sami sobie to wzięliśmy. Wzięliśmy, bo byliśmy tacy dobrzy, że nie można było z tym dyskutować. Nie tylko zmieniliśmy sport w dzieło sztuki, ale tak długo to dzieło sztuki zmienialiśmy i poprawialiśmy, że kibice, nawet jeśli byli rasistami, musieli je nam oddać. Kiedy więc ktoś mi mówi: „Powinieneś być wdzięczny Ameryce", odpowiadam: „Ameryko, to ty powinnaś być nam wdzięczna". Dostarczaliśmy ci zajebistej rozrywki, zajebistych emocji, wprowadzaliśmy innowacje i wymyślaliśmy nowe rzeczy. Czy to na boisku baseballowym, czy futbolowym, czy na parkiecie koszykarskim, czy na korcie tenisowym. Na scenach Broadwayu, na ekranach kin, w laboratoriach naukowych, w salach koncertowych, w klubach nocnych. W literaturze, w poezji, w rapie i w biznesie – wszędzie zmienialiśmy reguły gry, ponosząc ogromne koszty. I niezależnie od tego, jak dużo musicie zapłacić, to pamiętajcie, że to my zapłaciliśmy więcej, bo to my doznawaliśmy okrutnych krzywd.

Podsumowując: jesteście nam winni znacznie więcej niż my wam.

Tak tylko mówię.

M

Karl Malone / Gucci Mane / May 19, 2000. 19 maja 2000 /
Kevin McHale / Sam Mitchell / Alonzo Mourning / MV3

Karl Malone

zobacz **Charles Barkley; LeBron James; Kobe; Flip Saunders; Tough Guys. Twardziele; Rasheed Wallace**

Gucci Mane

zobacz **Headphones. Słuchawki**

May 19, 2000. 19 maja 2000

Moje imprezy urodzinowe były kameralne – 19 maja 2000 roku, kiedy skończyłem 24 lata, zjadłem kolację z dwoma najbliższymi przyjaciółmi, Reggiem Goldsmithem, koszykarską gwiazdą Greenville, który przeprowadził się do Minnie, żeby mi pomóc, i z Malikiem Sealym. Sezon 1999/2000 był najlepszym w mojej dotychczasowej karierze. Zdobywałem średnio prawie 23 punkty i odnotowałem 12 zbiórek na mecz, po raz pierwszy zostałem wybrany do najlepszej piątki NBA i po raz czwarty z rzędu pomogłem T-Wolves awansować do play-offów. Obok Sama Mitchella Malik był moim największym oparciem w NBA.

To był deszczowy, ponury wieczór, ale gdy już przyjechaliśmy we trzech do Monte Carlo, mojej ulubionej restauracji w Minnie, wszystko było super. Przegadaliśmy całą noc. Malik zawsze potrafił mnie uspokoić i sprawić, że czułem, że świat podąża we właściwym kierunku. W pewnym momencie przyszedł Sam Mitchell i atmosfera zrobiła się jeszcze cieplejsza. Moi dwaj przyjaciele siedzieli obok mnie. Moi *consiglieres.* Gadaliśmy przez całą noc. Malik opowiadał o Baseline, studiu muzycznym, które założył z Jay-Z. Zagrał w filmie *Eddie* z Whoopi Goldberg, wspominał o kolejnych filmach, które planował nakręcić. Opowiadał też o lecie, o rynku wolnych graczy i o wszystkich kombinacjach, które mogą się wtedy pojawić. Sam mówił, że w przyszłości planuje zostać trenerem. Zaczął też grać w golfa i stwierdził, że pomaga mu się to zrelaksować. Nabijaliśmy się, wyobrażając sobie, jak Wielki Sam będzie wyglądał w tych debilnych strojach golfowych. Ot, grupka czarnuchów, którzy świetnie się bawią.

Około drugiej w nocy ktoś zaproponował, żebyśmy pojechali do klubu striptizowego Déjà Vu, żeby zobaczyć, co się tam dzieje. Wciągnęli mnie na scenę, wokół mnie zebrały się panienki i zaczęły mi śpiewać *100 lat.* W klubie nie było tłoczno. Miejsce było pełne w połowie. Fajna muza. Tańce. Żarty. Nic ciężkiego.

Zrobiła się czwarta nad ranem. Pora wracać do domu. Nikt nie jest pijany, Nikt nie jest ujarany. Wychodzimy na zewnątrz i czekamy na auta. Koleś podstawia mi samochód. Padamy sobie w ramiona. Sam mówi, że jutro pogramy w golfa, ale przecież już jest jutro, więc mówię, że niczego nie obiecuję. Moi bracia raz jeszcze składają mi życzenia, wsiadam do samochodu, mam jeszcze podrzucić Golda do Minnetonki pod Minneapolis, a potem pojechać do swojego domu nad jeziorem.

Mam 24 lata. Brzmi nieźle. Życie jest w porządku. Jestem bardzo wdzięczny losowi za to, że Malik zrobił tak wiele, żeby się ze mną zaprzyjaźnić. Bracia tacy jak on i Sam trafiają się bardzo rzadko. Starsi kolesie, którzy troszczą się o młodszych kumpli, którzy dorastają pod ich skrzydłami. Są bliżsi od rodziny. Choć nie łączą ich z nami więzy krwi.

Autostrada jest pusta. Jazda jest przyjemna. Reggie wysiada przy swojej chacie, a ja pędzę do siebie. Padam na łóżko, włączam *SportsCenter* i usypiam przepełniony wesołymi myślami.

Świat zna koniec tej historii. Jakiś pijany kierowca, wracając do domu, zjeżdża na przeciwległy pas i zderza się czołowo z samochodem Malika. Trzydziestoletni Malik ginie na miejscu. Trudno mi mówić o tym, jaki przeżyłem szok, jaka to strata, jak wielka wyrwa została po tym w mojej duszy.

Wszyscy mnie szukają, wszyscy chcą wiedzieć, jak sobie z tym poradzę. Ale ja sobie z tym nie radzę. Nie zamierzam nawet próbować sobie z tym radzić – a przynajmniej nie emocjonalnie. Przechodzę przez kolejne etapy. Wspomnienia. Pogrzeb. Dociera do mnie to, że został pochowany w Hartsdale w Nowym Jorku, obok Malcolma X, którego tak bardzo podziwiał.

Ale czy się rozsypałem i płakałem tak, jakbym tego chciał? Czy potrafiłem szlochać tak, jak płakała ciocia Betty, kiedy przekazała mi tę wiadomość? Czy krzyczałem do Boga? Dlaczego coś takiego przytrafiło się takiemu dobremu człowiekowi, jak Malik? Czy zwariowałem z rozpaczy?

Nie. A to wszystko dlatego, że się bałem, że kompletnie się posypię. A zatem zamiast się posypać, postanowiłem to wykorzystać. Wykorzystałem żal po śmierci Malika, żeby jeszcze bardziej się zmotywować, żeby grać jeszcze ostrzej, w imię pamięci przyjaciela, którego tak bardzo kochałem. Wiedziałem, jak wiele dla mnie znaczył, kiedy jeszcze żył, ale teraz, kiedy odszedł, było to dla mnie jeszcze jaśniejsze i znacznie bardziej bolesne. Czułem bezgraniczny smutek.

Poza tym, że próbowałem przekuć ból w walkę na boisku, moim jedynym sposobem na cierpienie było wsiąść do porsche i przejechać połowę drogi z Minnie do Chicago. Włączałem muzę na cały regulator i jechałem.

Chciałem się uwolnić od bólu, wykorzystując moc porsche, który przenosił mnie z jednej strefy do drugiej. Ryk silnika. Widok migoczących gwiazd. Białe światło księżyca. Podkręcanie muzyki DMX-a. Rymowanie. Spakować cały ten ból, zmienić go w słowa piosenki, zmienić uczucia z negatywnych w pozytywne. Nie pozwolić, żeby emocje mnie zniszczyły, żeby mnie rozpraszały. Zrobić wszystko, co się da, żeby utrzymać niemiecki samochód sportowy na drodze, żeby nie zjechać z pasa, żeby nie wybuchnąć, żeby umieć jakoś przetrwać tę stratę.

Kiedy dziś o tym myślę, to sądzę, że powinienem był poprosić o pomoc. Czasem człowiek potrzebuje terapii, żeby zachować zdrowie psychiczne. I ja jej potrzebowałem. Mam nadzieję, że ludzie, którzy to teraz czytają, którzy przeżyli straszną stratę i ból, nie będą zbyt dumni, żeby poprosić o pomoc. Zwróćcie się o pomoc do specjalisty. Chrońcie swój umysł i duszę.

Pamiętam czasy, kiedy bałem się zaprzyjaźniać z kolegami z drużyny, bo przecież mogą zostać kiedyś sprzedani do innego klubu. Ale nigdy nie przyszło mi do głowy, że któryś z nich może zginąć. Nawet mi to przez myśl nie przeszło. A teraz to była rzeczywistość. Żałowałem, że nie powiedziałem Malikowi, jak wiele dla mnie znaczył. Nagle dotarło do mnie, że nic nie jest w życiu pewne. Jutro może się nie wydarzyć. Powiedzcie tym, których kochacie, że ich kochacie. Powiedzcie im to teraz. I mówcie im to codziennie.

W kolejnym sezonie Shot podpisał umowę z Minnie i czasem sobie myślę, że to Bóg go zesłał, żeby był ze mną i żebym nie zwariował po utracie Malika. To siła charakteru Shota pomogła mi przetrwać ten kryzys emocjonalny.

Czas goi rany, ale ta strata wytrzymała próbę czasu. Wolves uhonorowali pamięć Malika, zastrzegając jego koszulkę z numerem 2 – i bardzo dobrze. Ja napisałem „2Malik" (dla Malika) na języku swoich butów Adidas Garnett 3 – i to też bardzo dobrze. Kiedy w 2013 roku zostałem sprzedany z Bostonu do Brooklynu, grałem tam w koszulce z numerem 2, tak jak Malik. A kiedy wróciłem do Minnie na ostatni taniec z T-Wolves, występowałem z opaską z numerem 2.

Takie gesty biorą się z serca. Wspomnienie o Maliku, podobnie jak wspomnienie o Eldricku w tej książce, to kolejny gest. Kiedy piszę te słowa, widzę ich twarze. Słyszę ich śmiech. Czuję ich ciepło. Żyją we mnie, ale to, że nigdy ich już nie zobaczę, sprawia, że moja dusza płonie. Tragedia ich śmierci nie zniknie. Ból pozostanie we mnie na zawsze.

Kevin McHale

„KG, zobacz, co potrafi zrobić Robert Horry – mówił mi zawsze Kevin McHale. – Gość rzuca trójki. Atakuje kosz. Spójrz na Shawna Kempa. Zobacz, jak gra. Spójrz na Scottiego Pippena, który jest być może najlepszy w tym, co robi. Teraz twoja kolej. Teraz ty powinieneś się tego wszystkiego nauczyć. Wysocy zawodnicy mają problem z obroną przy pick-and-rollach. Musisz sobie z tym poradzić. Popatrz, jak ustawia się Hakeem. Albo Larry Johnson. Popatrz na Charlesa Oakleya. To twoi nauczyciele".

Kevin został jednym z moich mentorów i mistrzów. Był Yodą dla mojego młodego Luke'a Skywalkera. Czuję, że moi bracia, tacy jak Rasheed Wallace, Antonio McDyess, Corliss Williamson i Joe Smith, oddaliby rękę i nogę, żeby się ze mną zamienić i móc być trenowanym przez McHale'a. Kevin spotykał się ze mną w cztery oczy tak często, jak tego potrzebowałem. Zawsze mówił: „Bądź tą czwórką, która rozgrywa piłkę. Bądź czwórką, która potrafi podawać. Doprowadź do mistrzostwa najprostsze elementy gry – bierz piłkę, stań na wprost kosza, odwróć się, wyskocz, rzuć od tablicy, zamarkuj rzut, bądź kreatywny, napawaj się chwilą, nigdy nie zadowalaj się tym, co twoim zdaniem umiesz zrobić. Doprowadź do mistrzostwa to, czego twoim zdaniem n i e u m i e s z".

Steve Babineau / NBAE / Getty Images

Z Kevinem McHale'em

McHale był też mistrzem poruszania się na parkiecie. Slippery eel. Dipsy-doo. Gotcha*. Był być może najlepszym silnym skrzydłowym, bo potrafił się świetnie zastawiać. Stosował różne akcje, w zależności od ustawienia obrony rywali. Na wszystko miał jakieś rozwiązanie. Podszlifował mój talent bardziej niż ktokolwiek inny. Nauczył mnie zestawu umiejętności, które znał tylko on. Absolutnie idealny trener, który pojawił się w moim życiu w absolutnie idealnym momencie. „Chodzi tylko o kreatywność – mówił. – O kreowanie przestrzeni. O kreowanie innowacji. O kreowanie pewności siebie".

Kevin nauczył mnie też, że satysfakcja to wróg postępu. Jeśli jesteś zadowolony ze swojej gry w koszykówkę, przestajesz się rozwijać. Zamień frustrację w nieustraszoność. Nie pozwól, żeby błędy

* Potoczne określenia charakterystycznych rzutów McHale'a.

cię rozpierdoliły. Bądź za nie wdzięczny, bo są kluczem do rozwoju. Zwycięstwo jest piękne, ale jeszcze więcej uczysz się, kiedy przegrywasz. A w Minnie przegrywałem bardzo często.

W 2003 roku po raz siódmy z rzędu awansowaliśmy do play-offów, ale za każdym razem odpadaliśmy w pierwszej rundzie. A ja straciłem swój system wsparcia. Malik zginął. Sam Mitchell zakończył karierę w 2002 roku, a Shot w tym samym momencie odszedł do Detroit. Ze składem, jaki wtedy mieliśmy, nie było szans, żebyśmy mogli powalczyć o najwyższe trofea. Dlatego właśnie latem 2003 roku McHale wykonał kilka ruchów, które okazały się równie imponujące, jak slippery eel i dipsy-doo.

Sam Mitchell

zobacz **Kobe; Land Cruiser; Learning. Nauka; May 19, 2000. 19 maja 2000; Kevin McHale; Shaquille O'Neal; Flip Saunders; Tough Guys. Twardziele**

Alonzo Mourning

zobacz **Derrick Coleman; Dunk; *King Kunta*; Shoes. Buty; John Thompson**

MV3

Pierwszym transferem, który przeprowadził Kevin McHale przed rozpoczęciem sezonu w 2003 roku, było pozyskanie z Bucks Sama Cassella. Potem ściągnął jeszcze z Knicks Latrella Sprewella w ramach transferu z udziałem czterech drużyn. Media nazwały nas MV3. Niektórzy dziennikarze określali nas też mianem Wielkiej Trójki – to wtedy po raz pierwszy usłyszałem ten termin. Magazyn „Sports Illustrated" umieścił nas na okładce, razem z cytatem z Sama: „Od lat robili tu wszystko metodą małych kroczków. Teraz pora na wielki skok".

Uwielbiałem jego nastawienie. Zanim zdążył zagrać w kilku kolejnych klubach, zdobył dwa tytuły w Houston, odegrał ważną rolę w ich mistrzowskich kampaniach i trafił kilka ważnych trójek. Był świetny w rzutach z półdystansu. Miał silne korzenie koszykarskie. Uczył się grać od rozsądnych braci, reprezentantów starej koszykarskiej szkoły w Baltimore, i biła od niego ogromna pewność siebie. Ale miał też w sobie ukrytą cierpliwość i spokój, który włączał się w odpowiednich chwilach.

Między mną, Samem i Spree była zajebista dynamika. Na początku marca mieliśmy bilans 40-16, trzeci najlepszy w całej NBA. Sam i ja zdobywaliśmy średnio ponad 20 punktów na mecz, a Spree, który rozgrywał swój 12. sezon w lidze, grał jak w swoich najlepszych latach i też zdobywał średnio prawie 20 oczek. Dziennikarze przykleili mu łatkę „trudnego" zawodnika, ale wcale tak nie było. Był świetnym kolegą – jednym z moich najlepszych – gotowym zrobić wszystko, co trzeba, żeby wygrywać. Był na maksa intensywny. Spree wnosił do drużyny taką samą ogromną energię przez całe 48 minut meczu. A jeśli poziom energii albo koncentracji jednego z członków drużyny spadał, to Sam na niego naskakiwał i dbał o to, żeby kolega wrócił na właściwy poziom. Jeśli Spree był najbardziej intensywnym koszykarzem, z jakim dane mi było grać, to Sam okazał się z pewnością najgłośniejszym. Mówił tak szybko, że ledwo można go było zrozumieć. Był jak ten koleś z reklam Micro Machines*. Zawsze coś trajkotał do kolegów z drużyny, ciągle nas cisnął. W swoich dwóch pierwszych sezonach zdobył dwa tytuły mistrzowskie z Rockets, więc wiedział, co jest potrzebne, żeby sięgnąć po mistrzostwo. W wywiadzie dla „Sports Illustrated" powiedział: „Weźcie emocje Spree, moje emocje i emocje Big Ticketa, a potem

* John Moschitta junior, znany jako Fast Talking Guy, aktor znany z reklam Micro Machines, były rekordzista świata Księgi Guinnessa pod względem prędkości mówienia, potrafił wyartykułować 586 słów na minutę.

zmieszajcie je ze sobą. Przecież to bomba atomowa... Mówi się, że ja i Spree się starzejemy. Serio? Bo jakoś na razie kopiemy dupska tym małolatom".

Mało kto wie, że Spree był prawdziwym nerdem komputerowym. Geniuszem technologicznym. Koleś potrafił rozłożyć komputer na części i złożyć go z powrotem w pół godziny. Miał własny komputer z wizerunkiem obcego – jakiś wyższy poziom – i sam go sobie zbudował.

Zabraliśmy się ze Spree i z Samem do roboty. Zakończyliśmy tamtą kampanię z bilansem 58-24, najlepszym w ciągu lat, które spędziłem w T-Wolves, i po raz pierwszy w historii klubu byliśmy rozstawieni z numerem 1 na Zachodzie. Dzięki temu, że grałem z Samem i Spree, spoczywająca na mnie presja była mniejsza, wskutek czego mogłem rozwinąć swoją grę i wynieść ją na wyższy poziom. Brawa także dla pozostałych kolegów z drużyny: Gary'ego Trenta, Trentona Hassella i Troya Hudsona.

W tamtym roku zostałem pierwszym zawodnikiem w historii, który w jednym sezonie czterokrotnie zdobywał nagrodę dla zawodnika miesiąca. Byłem liderem klasyfikacji zbiórek i sumy zdobytych punktów – po raz pierwszy od 29 lat udało się to temu samemu zawodnikowi. Pobiłem w tamtym sezonie 11 rekordów T-Wolves. No i zdobyłem nagrodę MVP sezonu zasadniczego. Nieźle jak na chłopaka ze wsi w Karolinie. Ale najważniejsze było dla mnie to, że gra w koszykówkę nigdy nie sprawiała mi większej przyjemności niż w tamtej drużynie.

Komisarz Stern przekazał mi nagrodę MVP na środku hali Target Center przed rozpoczęciem półfinałów Konferencji Zachodniej z Sacramento Kings. W pierwszej rundzie pokonaliśmy w pięciu meczach Denver Nuggets. W końcu przeszliśmy przez pierwszą rundę play-offów. Słodkie uczucie. Podobnie jak możliwość podniesienia nagrody MVP. Uścisnąłem dłoń komisarza tak jak dziewięć lat wcześniej, podczas nocy draftowej. To było szalone, podobnie jak wszystko, co wydarzyło się w moim życiu od tamtego czasu.

Nie rozkoszowałem się tym zbyt długo. Jedną ręką trzymałem puchar, a drugą machałem do kolegów z drużyny. MVP to gówno w porównaniu ze zdobyciem mistrzostwa. A żeby tego dokonać, musieliśmy pokonać Kings. To miał być epicki pojedynek pomiędzy mną a moim idolem, C-Webbem.

N

Nas / The National Anthem. Hymn narodowy / Negocjacje / Nicknames. Przydomki / Nike / The Notorious B.I.G. / The N-Word. Słowo na N

Nas

zobacz **The Go. Chicago; *Illmatic***

The National Anthem. Hymn narodowy

Kiedy cofam się myślami w czasie, to muszę przyznać, że mój debiutancki sezon był niewiarygodnie popieprzony. Raz w jedną stronę, raz w drugą. Straszliwy zapierdol. Kasa, jakiej nie byłem sobie w stanie wyobrazić. Ale obserwowałem wtedy też coś takiego, co choć wówczas nie zrobiło na mnie wielkiego wrażenia, robi na mnie wielkie wrażenie dzisiaj.

Brawa dla Mahmouda Abdula-Raufa.

Znałem go jako Chrisa Jacksona, kiedy grał jeszcze w LSU Tigers. Miał zajebiste buty i własny styl. Nie był taki widowiskowy jak Pistol Pete Maravich, do którego wszyscy go porównywali. Przypominał raczej cichego zabójcę. Został mistrzem rzutów za trzy punkty w kontrataku. I robił to 20 lat przed Stephem Currym. Jest taka słynna historia, jak to jego trener w szkole średniej powiedział podopiecznym, żeby rzucali wolne, dopóki nie spudłują. I mój bohater stanął na linii, trafił 283 rzuty z rzędu i opóźnił trening o 45 minut. Zawsze postrzegałem go jako jednego z najbardziej zajebistych grajków. Na pierwszym roku zdobywał średnio 30 punktów.

Potem śledziłem jego karierę w NBA, został wybrany w drafcie w 1990 roku przez Denver Nuggets. Miał absurdalnie wysoki procent trafionych rzutów wolnych – 95,6 procent. Ale największe wrażenie robiło na mnie to, że chociaż miał zespół Tourette'a, to znalazł sposób na to, żeby być znakomitym koszykarzem. Dzięki temu sam mniej się wstydziłem dysleksji i problemów z nauką. Im więcej na jego temat wiedziałem, tym mocniej do mnie docierało, jak wiele nas łączy. Dzieciak z Południa, który dorastał w getcie. Nie znał ojca. Był jednym z tych gości, którzy pokazywali mi na własnym przykładzie, że wszystko jest możliwe.

W tym samym roku, w którym dołączył do NBA, został muzułmaninem, a kilka lat później zmienił nazwisko na Mahmoud Abdul-Rauf. Razem z Dikembe Mutombo pomogli zrobić z Nuggets kandydata do walki o najwyższe laury. Przeszli do historii NBA pod koniec kampanii 1993/94, kiedy wyeliminowali z play-offów Seattle Supersonics – wtedy po raz pierwszy drużyna rozstawiona z numerem 8 pokonała drużynę rozstawioną z jedynką. A w kolejnym sezonie należeli do nielicznych zespołów, które pokonały rekordową ekipę Bulls, choć ekipa z Chicago wygrała wtedy 72 mecze sezonu zasadniczego – Mahmoud zdobył w tamtym spotkaniu 32 punkty.

W tym samym roku Mahmoud podjął decyzję, że nie będzie stał podczas odgrywania hymnu Stanów Zjednoczonych. Nie był pierwszym koszykarzem, który protestował w taki sposób. To samo robił Kareem, kiedy grał na uczelni UCLA, w związku z czym trener John Wooden zostawał wraz z całą drużyną w szatni – wychodzili na parkiet dopiero wtedy, kiedy hymn się kończył.

Tyle że na początku protest Mahmouda nikogo nie interesował. Nikt tego nawet nie zauważył. On sam też z pewnością nie zamierzał robić z tego wielkiego halo. Kiedy odgrywano hymn, albo zostawał w szatni, albo rozciągał się przy linii bocznej. Ale w końcu zwrócił na to uwagę jakiś dziennikarz, który go o to zapytał. Jeszcze jeden przykład na to, jak media potrafią wykręcić gówno z niczego. I wtedy właśnie to zrobiły. Rauf powiedział, że flaga amerykańska jest dla niego „symbolem ucisku i tyranii. Ten kraj ma długą historię tego typu zachowań. Z faktami chyba nie ma co dyskutować. Nie można być jednocześnie za Bogiem i za prześladowaniami".

Władze ligi oznajmiły, że jeśli nie będzie stał podczas hymnu, zostanie zawieszony.

„Zróbcie to, co uważacie, że powinniście zrobić" – odpowiedział.

Więc to zrobili. Zawiesili go. Opuścił jeden mecz i dostał karę w wysokości 30 tysięcy dolarów. Był już gotowy na dobre zrezygnować z gry w NBA, ale stwierdził, że może wykorzystać fakt, że jest koszykarzem i gra w tej lidze, żeby zwrócić uwagę na prześladowania. Wrócił i od tego momentu stał podczas hymnu z dłońmi złożonymi jakby do modlitwy. Był to mocny przekaz, ale media oczywiście go za to skrytykowały. Dziennikarze napisali, że wracając do gry, poszedł na ustępstwa. A kiedy już zrobili z niego wyrzutka, zajęli się czymś innym.

Mahmoud chciał iść do przodu, ale nie był w stanie. Zaliczał najwięcej punktów i asyst w Nuggets, a mimo to latem został sprzedany do Sacramento za wybór w drugiej rundzie draftu i podatnego na kontuzje weterana Šarūnasa Marčiulionisa, który w kolejnym sezonie rozegrał w Denver tylko 17 meczów, po czym zakończył karierę. Mahmoud występował w Sacramento przez dwa lata. Liczba spędzanych przez niego na parkiecie minut konsekwentnie malała. Choć miał dopiero 28 lat, czyli był w najlepszym wieku dla koszykarza, to w drugim sezonie nie wychodził już nawet w pierwszej piątce. Kiedy jego czas w Kings dobiegł końca, dostał jeszcze tylko jedną ofertę od klubu NBA, ale była tak żenująco niska, że odszedł do ligi tureckiej. Zrezygnował, kiedy okazało się, że tamtejszy klub mu nie płaci, i przez dwa lata w ogóle nie grał w koszykówkę. W 2001 roku podpisał minimalny kontrakt z Grizzlies, ale też nie pojawiał się na parkiecie zbyt często. W tym samym roku spłonął jego nowiuteńki dom, który wybudował w rodzinnej Luizjanie. Już wcześniej budynek został kilkakrotnie zdewastowany, zburzono mu garaż, a na ścianach wymalowano sprayem drukowanymi literami skrót KKK (Ku-Klux-Klan). Mahmoud nie był tym zaskoczony. Zanim się wprowadził, przewidywał, że padnie ofiarą przestępstw motywowanych nienawiścią rasową. „To tylko dowód na to, jak daleko zaszliśmy w naszym kraju, jeśli chodzi o relacje międzyludzkie" – powiedział.

Musiało minąć 20 lat, by przy wykonywaniu hymnu narodowego znowu pojawiły się protesty – tym razem Colin Kaepernick klękał na jedno kolano. A po kolejnych czterech latach świat zrozumiał, że Colin – a dwie dekady przed nim Mahmoud – miał rację.

Nie powinniśmy zapominać o odwadze Mahmouda Abdula-Raufa. Kiedy to wszystko się wydarzyło, miałem 19 lat. Szkoda, że nie miałem wtedy większej świadomości politycznej. Szkoda, że musiało minąć kolejnych 25 lat, żeby świat zrozumiał, że sportowcy mają święte prawo demonstrować przeciwko niesprawiedliwościom społecznym. Mahmoud zapłacił za swoje poświęcenie ogromną cenę. Jego protesty doprowadziły do skrócenia jego kariery w NBA. Stracił przynajmniej pięć–sześć lat gry, kiedy mógł spokojnie wchodzić z ławki i zdobywać szybko 15 czy 20 punktów. Taki był dobry. Po rozegraniu sezonu w Grizzlies występował jeszcze w różnych innych miejscach – w Rosji, we Włoszech, w Grecji, a nawet w Arabii Saudyjskiej i Japonii – ale zarobił tylko część tego, ile wart był jego talent.

„W ostatecznym rozrachunku chcę żyć i umrzeć z wolnym sumieniem i z wolną duszą – powiedział Abdul-Rauf kilka lat temu w rozmowie z portalem sportowym The Undefeated. – To jest właśnie moja podróż".

A my, bracie Mahmoudzie, w końcu cię słuchamy. I dziękujemy ci, że widziałeś to, czego my jeszcze nie widzieliśmy. Dziękujemy ci, że natchnąłeś nasze serca i inspirowałeś nasze dusze. Zbyt wiele czasu zajęło nam dogonienie twojej odwagi i twoich przekonań. Ale lepiej późno niż wcale.

Negocjacje

Wszyscy podróżujemy. Kiedy znajdujemy się w połowie podróży, to ciężko ocenić, gdzie dokładnie jesteśmy. Ale warto pamiętać, że każda podróż ma swoje zwroty akcji, wzloty i upadki, a miejsce, w którym – jak nam się wydaje – się pogubiliśmy, tak naprawdę jest miejscem, gdzie powinniśmy się w danej chwili znaleźć.

Moja podróż zawodowa rozpoczyna się wcześnie. Dopiero co ukończyłem szkołę średnią. Jestem łatwowierny. I naiwny. Wierzę we wróżkę zębuszkę. Myślę, że świat, do którego wkraczam, jest jak sen. Idealny sen. Stawiam NBA na piedestale.

Przychodzę do NBA przekonany, że wszyscy będą gryźć parkiet i dawać z siebie 100 procent. Ale to nieprawda. Niektórzy bracia wypruwają sobie żyły, ale inni niekoniecznie. Szybko się orientuję, że jestem dymany. W lidze nie chodzi o koszykówkę, lecz o kasę, o sprzedaż gadżetów, o marketing. Na ulicach Karoliny i Chicago bywałem świadkiem robienia przekrętów, ale kto, do kurwy nędzy, spodziewałby się przekrętów instytucjonalnych robionych na wielką skalę? NBA jako instytucja nigdy nie przestaje kantować.

Kiedy zostałem wybrany w drafcie w 1995 roku, po raz pierwszy wprowadzono limit wynagrodzeń dla debiutantów. Przedtem każdy pierwszoroczniak mógł negocjować jak wolny gracz. Ale ja nie mogłem już tego zrobić. Rok wcześniej Glenn Robinson podpisał dziesięcioletni kontrakt wart 68 milionów dolarów. I stare wilki zareagowały. Weterani doskonale wiedzieli, że kiedy dużą kasę dostają młode wilki, takie jak Big Dog*, pogarsza to ich możliwości

* Przydomek Glenna Robinsona.

wyrywania większych kontraktów od właścicieli. Podobała im się idea limitu wynagrodzeń i – co oczywiste – właściciele też byli nią zachwyceni. Ci ostatni uwielbiali sytuację, w której mogli tak tanio zatrzymywać u siebie debiutantów.

W drafcie, w którym zostałem wybrany z piątką, z jedynką poszedł Joe Smith. Golden State podpisało z nim trzyletnią umowę wartą 8,53 miliona dolarów. Mój kontrakt opiewał na 3 lata i 5,4 miliona. W pierwszym sezonie zarobiłem 1,6 miliona.

Kolejne lato, w roku 1996, było bardzo ważne z punktu widzenia rynku wolnych graczy. Shaq przeszedł do LA, a Barkley do Houston. To wtedy wszedłem głęboko w świat agentów, którzy zabierali głos w moim imieniu. Nie podobało mi się to. Nie chciałem, żeby ktokolwiek się za mnie wypowiadał. Chciałem sam angażować się we własne interesy. Wszystko musiało wychodzić bezpośrednio ode mnie – moje słowa i moje emocje. A potem, kiedy w 1997 roku nadszedł czas rozmów na temat przedłużenia mojego kontraktu, musiałem się wyjątkowo uspokoić. Nigdy nie miałem do czynienia z tak ogromnymi pieniędzmi. Czytałem, studiowałem i uczyłem się sztuki zarządzania wielkimi sumami tak szybko, jak to było możliwe. Odbywałem miliony spotkań, podczas których dowiadywałem się o tym, jak działa rynek ubezpieczeń, oszczędzanie, inwestowanie w nieruchomości i odroczone płatności. Kiedy byłem dzieckiem, nikt mnie w takie rzeczy nie wtajemniczał. Musiałem się spieszyć, żeby nadgonić zaległości, żeby się wyedukować.

Pierwsza zasada Szkoły Negocjacji: nigdy nie przyjmuj pierwszej propozycji.

Pierwsza oferta wynosi 103,5 miliona dolarów za sześć lat gry. Muszę przełknąć ślinę. Muszę sobie przypomnieć o pierwszej zasadzie. Muszę odrzucić tę ofertę. I odrzucam. Czasami siedzę sobie w gabinecie mojego agenta i słyszę przez głośnik, jak rozmawia z zarządem T-Wolves. Nie wiedzą, że ich słyszę. A słyszę, jacy są bezczelni, kiedy o mnie mówią. Słyszę, jak próbują zaniżyć moją wartość. Biorę to do siebie, ale wtedy przypominam sobie o drugiej zasadzie Szkoły Negocjacji: nigdy nie traktuj tego osobiście. To tylko biznes.

I tu wchodzi zasada numer 3, chyba najważniejsza. Można ją podsumować jednym słowem: wyluzuj. Bądź cierpliwy. Nie zachowuj się, jakbyś był za bardzo podekscytowany albo przejęty. Daj T-Wolves tyle czasu, ile będą potrzebowali. Nie czekaj niecierpliwie, aż złożą ci kontrpropozycję. Poleć na Jamajkę. Ciesz się pięknem wyspy. Podziwiaj błękit morza i słoneczne niebo. Popatrz na mewy latające nad wodą. Snorkeluj. Nurkuj. Zjedz kurczaka po jamajsku. Popijaj piña coladę. Zajaraj trawkę. Obejrzyj piękny różowo-pomarańczowo-purpurowy zachód słońca. Ciesz się błogostanem.

Ale potem wskakuję do basenu i widzę dzisiejszy egzemplarz „USA Today", który ktoś mi podaje. Duży artykuł opisuje, że Kevin Garnett właśnie odrzucił ofertę T-Wolves opiewającą na 122 miliony dolarów.

Co jest, kurwa!?

Dzwonię do agenta, który próbuje mnie uspokoić i mówi, że tak właśnie wyglądają negocjacje. No nie wiem, nie jestem przekonany. Nie podoba mi się to, że wypadłem z obiegu. Błyskawicznie wracam samolotem do Minnie. Zwalniam agenta i wykorzystuję jego asystenta, żeby przejąć kontrolę nad rozmowami. Dogadujemy się na 126 milionów. A potem nadchodzi wieczór, kiedy mają zostać podpisane wszystkie dokumenty. Siedzę sobie w studiu muzycznym Flyte Tyme i słucham pierwszych miksów z nowego albumu Janet Jackson, *The Velvet Rope*. Uwielbiam tę muzę.

– Możesz jechać do hali Target Center i podpisać kontrakt – mówi mój człowiek.

– Teraz?

– No cóż, oni się nie spieszyli z ustaleniem szczegółów umowy, to teraz ty też nie musisz się spieszyć. Pojedziesz wtedy, kiedy będziesz w odpowiednim nastroju.

– To dobrze, bo najpierw chcę przesłuchać do końca nową płytę Janet.

Kontrakt zostaje podpisany, ale świętowanie nie trwa długo. Prasa jest niezadowolona. Zwracają uwagę na to, że 126 milionów dolarów to tylko o 30 milionów mniej, niż Glen Taylor zapłacił za cały ten pierdolony klub trzy lata wcześniej. Czy powinienem się w związku z tym czuć winny? Nie, kurwa. Nie miałem nic wspólnego z zakupem T-Wolves przez Taylora. Dziennikarze wspominają też, że to najwyższy kontrakt w historii sportu, że przebiłem 120 milionów za siedmioletnią umowę Shaqa z Lakers. Inni właściciele też są wkurwieni – tak bardzo, że w 1998 roku dochodzi do lokautu i wprowadzenia limitów maksymalnych wynagrodzeń.

Glen Taylor nagle nie jest już dla mnie taki miły. Kevin McHale też spogląda na mnie jakoś inaczej. Tak samo Flip. Wcześniej był luz, teraz robi się między nami raczej chłodno. Bardziej profesjonalnie. Chodzi już tylko o biznes. Kolesie zaczynają mnie nienawidzić. Muszę zajrzeć do księgi biznesu i do księgi koszykówki. I okazuje się, że księga biznesu *jest właśnie księgą* koszykówki. Liga spada z piedestału. Pomimo moich udanych taktyk negocjacyjnych, a może raczej dzięki nim, dostaje mi się ze wszystkich stron. W takich chwilach dziękuję miastu Chicago za ciężką szkołę życia i wszystko, czego się tam nauczyłem o morderczej rzeczywistości.

Po mojej wielkiej wypłacie zaczynają się pojawiać historie o tym, że odbije mi woda sodowa. Ale dzieje się coś odwrotnego. Jeszcze bardziej szlifuję wiedzę na temat zarządzania finansami. Studiuję sztukę inwestowania. Pozostaję sumiennym uczniem, który zgłębia kwestie finansowe, i zbieram wokół siebie świetną ekipę ekspertów w tej dziedzinie. Zwracam się do nich po mądre rady. Wspólnie poszukujemy oryginalnych metod maksymalizacji strumienia przychodów i ochrony mojego portfela.

W kwestii negocjacji sporo nauczyłem się też przy okazji lokautów. Przeszedłem przez cztery. Pierwszy odbył się w 1995 roku, kiedy byłem jeszcze debiutantem. Byłem cichy, uważny i patrzyłem, jak wszystko się toczy. Siedziałem sobie i obserwowałem Davida Sterna, który mówił powoli i cierpliwie. Klasyczny David Stern. Widziałem, że jest autokratą. Kiedy przychodzi do negocjacji, wyłazi z niego bestia. Mówi w lekceważący sposób. Wspomina o hierarchii. To mistrz zasłony dymnej. Korzysta z wyrafinowanego odpicowanego słownictwa rodem z wyższej uczelni. Rozpierdala nas mentalnie.

Ale jest tam też Michael Jordan. Bardzo aktywny. I bardzo dobrze wyedukowany w sprawach koszykarskiego biznesu. Studiuję Jordana. Zwracam uwagę na niuanse w jego podejściu. Tak jak na parkiecie Jordan szuka odpowiednich akcji, które może w danej chwili rozegrać. Dowiaduję się, że MJ jest jedynym gościem, któremu z uwagi na ogromny wpływ, jaki wywarł na koszykówkę, pozwolono odkupić od ligi prawa do swojej marki. Szacun dla Jordana.

Ale mam pytanie: jak nam wytłumaczycie, co się dzieje z pieniędzmi, które wam płacimy? Pytanie nie podoba się Sternowi. Mówi, że nie ma nic wspólnego z tą dyskusją. Prosi, żeby nie podnosić teraz tego tematu.

OK, czyli o to chodzi. Ale pytanie pozostaje w mocy.

Tymczasem kontynuuję swój *research*. Nasiąkam wiedzą niczym gąbka. Istnieje już wtedy internet. AOL*. Wchodzę i wychodzę. Uczę się, uczę i uczę. Teraz się cieszę, że wzięli mnie na celownik. Bez tego nie byłbym tak zmotywowany, żeby nauczyć się tego gówna.

Rok później dochodzi do drugiego lokautu, ale trwa tylko kilka godzin.

Ale trzeci lokaut okazuje się bardzo długi – trwa przez 191 dni, od 1 lipca 1998 roku do 6 stycznia 1999 roku. Dyskusje dotyczą przede wszystkim umowy zbiorowej. Pojawiam się na negocjacjach

---

* America Online, jeden z głównych dostawców internetu, w latach 90. utożsamiany przez Amerykanów z siecią.

w garniturze. Jestem ubrany na czarno. I gotowy do akcji. Mam sporo do powiedzenia. Nie boję się, jestem asertywny. Zadaję trudne pytania, a jeśli uznaję, że ich odpowiedzi to gówno prawda, mówię im o tym.

Właściciele są na scenie, patrzą na nas z góry. Nie podoba mi się to. Zwracam im uwagę. Dociera to do nich. Nie siadam. Stoję przez cały czas. Kiedy trzeba, jestem złośliwy. Twardo bronię swojego stanowiska.

Czwarty lokaut opóźnił rozpoczęcie kampanii 2011 o 161 dni. Billy Hunter jest dyrektorem wykonawczym związku zawodowego koszykarzy. A Stern pełni funkcję komisarza. Na nasze spotkania stopniowo zaczyna przychodzić coraz więcej koszykarzy. Z początku są to głównie zawodnicy średniego szczebla, ale po jakimś czasie spotykam tam także LeBrona i Kevina Duranta. Robi się gorąco. Osiągnęliśmy impas. Wtedy jeszcze nie wiem, że strategia Sterna polega na tym, żeby namówić Kobeana, żeby rozwiązał ten problem. Bean miał ogromną pensję i był oczywiście żywo zainteresowany tym, żeby się jak najszybciej dogadać. Posiadał też ogromny wpływ na wszystkich – i na właścicieli, i na zawodników – więc zaczął się pojawiać na tych ekskluzywnych spotkaniach. Przed świętami udaje się ustalić nowe warunki, ale nie podoba mi się to. Wielu z nas poczuło się wykluczonych z procesu podejmowania decyzji.

Postrzegałem to tak, jakby Bean powiedział wtedy Billy'emu: „Tylko mnie potrzebujecie". Mieliśmy wówczas rozbieżne opinie na ten temat. Nie było miło. Nasze braterstwo stanęło pod znakiem zapytania, ale ostatecznie przetrwało.

Latem 2020 roku przypomniałem sobie, co wydarzyło się dziewięć lat wcześniej. Tym razem władze ligi próbowały wymyślić sposób na dokończenie sezonu w bańce w Orlando podczas pandemii COVID-19. Patrick Beverley zatweetował wtedy: „Koszykarze – powiedzcie, czego chcecie. Jeśli Król James powie, że mamy grać, będziemy grać. To nic osobistego, tylko BIZNES".

Zawodnicy tacy jak Jordan, Bean i LB mają ogromny wpływ na resztę. I czy się to komuś podoba, czy nie, nie da się zaprzeczyć, że w różnych momentach historii NBA to oni byli więksi od całej ligi.

Nicknames. Przydomki

Jest wielu sportowców, którzy mieli ksywkę „Kid" (Dzieciak) – propsy dla Kena Griffeya juniora*. Mnie nazywano „*Da* Kid". Nie pamiętam, kto określił mnie w ten sposób jako pierwszy, ale Nike to potem wykorzystało – zrobili wokół tego całą kampanię reklamową. Problem z przydomkiem „Dzieciak" polega na tym, że w końcu dorastasz i pojawia się przy tobie jakiś inny „Dzieciak". I tak dostałem przydomek „Big Ticket" (Wielka Kasa, Wielki Bilet), bo na mecze z moim udziałem sprzedawało się mnóstwo biletów. Nie jestem pewien, kto nazwał mnie tak po raz pierwszy, ale chyba był to jeden z komentatorów meczów T-Wolves – Trent Tucker albo Kevin Harlan.

Kiedy zaliczyłem jakiś wyjątkowo spektakularny i dziki slam dunk, Harlan zawsze mówił: „Bez poszanowania dla ludzkiego życia!". Uwielbiałem to określenie – bo tak właśnie się czułem na parkiecie. Uwielbiałem, kiedy podniecony Harlan komentował kolejne akcje. Zdarzało się, że pędziłem przez parkiet i kątem oka widziałem, jak podskakuje na krzesełku i wrzeszczy, wydziera się wniebogłosy. Przypominał mi słynnego prezentera wrestlingu Jima Rossa. I niezależnie od tego, czy był to „*Da* Kid", czy „Big Ticket", to fakt, że dorobiłem się przydomka, sprawiał, że czułem się jak jeden z wrestlingowych bohaterów mojej młodości.

---

* Amerykański baseballista, gwiazda Seattle Mariners, 13-krotny uczestnik Meczu Gwiazd.

Nike

zobacz **Charles Barkley; Dunk; Father Figures. Ojcowska ręka; Fists. Pięści; The Go. Chicago; Hollywood; Allen Iverson; June 28, 1995. 28 czerwca 1995; Kobe; Nicknames. Przydomki; Shoes. Buty**

The Notorious B.I.G.

Luty 1997 roku. Mój pierwszy Mecz Gwiazd w Cleveland. Byłem na ulicy i właśnie wchodziłem do hotelu, kiedy zobaczyłem, jak z limuzyny wysiadają Biggie i Puffy. Biggie był w futrzanym płaszczu, tak długim, że ciągnął się po śniegu. Puff mnie zauważył i powiedział:

– Hej, Big, chodź tu, stary. Musisz poznać Kevina Garnetta.

Pomyślałem sobie: ja pierdolę, za chwilę poznam króla rapu, kolesia, który brzmiał w moich uszach, od kiedy ktoś podrzucił mi demo zatytułowane *Microphone Murderer*.

Mówił do mnie takim głosem, jakby miał astmę. Miał głęboki głos. I głęboki oddech. Robił długie przerwy przed każdym słowem.

– Hej, stary… czy chcesz… może chcesz z nami zajarać jointa?

– Bardzo bym chciał, ale mam coś do roboty.

– Dobra… to do zobaczenia… wielkoludzie.

W ramionach miał dwie fajne laski, które właściwie chowały się pod jego gigantycznym futrzanym płaszczem. Były od niego niższe, lecz wyglądały tak, jakby to one go niosły. Ale jednocześnie dawało się wyczuć jego moc. Był dowódcą, prawdziwym gangsterem, miał twarz, której nie sposób było zapomnieć.

Fot. Andrew D. Bernstein / NBAE / Getty Images

Mecz Gwiazd w 1997 roku

Ulubieni raperzy

1. Biggie
2. Nas
3. Jadakiss
4. Eric B. & Rakim
5. Snoop
6. Jay-Z

Biggie poszedł z nimi w swoją stronę, a ja w swoją. Kiedy tylko wpadłem na jakiegoś ziomala, od razu się pochwaliłem:

– Stary, właśnie poznałem Biga.

– Kiedy? Gdzie on jest?

– Poszedł do swojego apartamentu. Ale był na ulicy, prawdziwy jak cholera. Szkoda, że nie widziałeś jego lasek. Szkoda, że nie widziałeś, jak jego futrzany płaszcz ciągnął się po śniegu. Wyglądał jak jakiś rosyjski car. Puffy też tam był. Wyglądają jak miliarderzy. Proponowali, żebym poszedł z nimi zajarać zioło.

– I dlaczego tego nie zrobiłeś?

– Nie wiem, może byłem onieśmielony.

– Jak to? Ty?

– Każdy bywa czasem onieśmielony. Sam Mitchell nauczył mnie, żebym nie dał nikomu zastraszyć się na boisku. Ale teraz byliśmy poza boiskiem. To jest Biggie Smalls. Widziałem prawdziwego Biga. Ciężko jest przejść nad tym do porządku dziennego. Poza tym nie miałbym mu nic do powiedzenia poza czymś w stylu: „O rany, jesteś bohaterem. Jesteś moim bohaterem". Więc dałem im przestrzeń, niech się sami dobrze bawią.

Nigdy, nawet w najbardziej szalonych wyobrażeniach, nie mogłem przewidzieć, że już miesiąc później ten genialny raper będzie martwy*.

---

* Notorious B.I.G. zginął 9 marca 1997 roku, zastrzelony we własnym samochodzie na światłach, sprawa jego zabójstwa nie została wyjaśniona do dziś.

The N-Word. Słowo na N*

Nigga to słowo prawe. *Nigger* – słowo złe. *Nigga* wywodzi się z więzów krwi, potu i łez, przelewanych przez braci i siostry. *Nigger* – mówi o nienawiści. *Nigga* – o miłości. *Nigger* to oddzielenie. *Nigga* to bycie razem. Jest ogromna różnica pomiędzy kimś, kto mówi: „Jesteś moim czarnuchem (*nigga*)", a kimś, kto mówi: „Jesteś czarnuchem (*nigger*)".

Nigger to etnopaulizm**, słowo wykorzystywane wyłącznie do tego, żeby obrażać inne grupy etniczne. Dla wielu pokoleń czarnych mężczyzn i kobiet, którzy żyli przede mną, to słowo było jak nóż wbijany w ich serca. Rozumiem, dlaczego nie chcą go już nigdy słyszeć, w żadnej formie.

Ale czasy się zmieniają, słowa się zmieniają, znaczenia się zmieniają. Geniusz nowego pokolenia czarnuchów (*niggas*) polegał na tym, żeby przejąć najgorsze słowo, jakim ich nazywano, minimalnie je zmienić, zdefiniować na nowo i nadać mu duszę.

Dawno temu biali mówili o „dobrych Murzynach". A ja dziś mówię o złych czarnuchach (*bad nigga*). LeBron James jest złym czarnuchem – być może najgorszym w historii obok MJ-a. Travis Scott ze swą pomysłowością też jest złym czarnuchem. Jeśli chodzi o słowa, to można je rozumieć zupełnie na odwrót. Jeśli jakiś koleś potrafi zajebiście śpiewać, tak jak Maxwell albo Anthony Hamilton, można powiedzieć, że to jest tak dobre, że aż chore. Jeśli jakaś książka jest świetnie napisana, jak *The Autobiography of Malcolm X* (Autobiografia Malcolma X), można powiedzieć, że to odlot, choć przecież Malcolm odrzucił narkotyki i zapomniał o odlotach, kiedy zobaczył światłość.

---

* Zgodnie z ideologią tego rozdziału pozostawiamy oryginalne brzmienie słów *nigga* i *nigger*, tłumaczone na język polski jako „czarnuch" – w zależności od kontekstu może być odbierane pozytywnie (*nigga*) albo negatywnie (*nigger*).

** Pejoratywne słownictwo określające inne narody, pomniejszające ich rangę.

Jest wielu czarnoskórych snobów, często wykształconych, są wśród nich nawet genialni politycy i profesorowie, którzy nie tylko nie chcą być nazywani czarnuchami (*niggas*), ale wręcz uważają, że to słowo powinno zostać zakazane. Wiem, z czego się to bierze. Oni nie słyszą słowa *nigga*, słyszą słowo *nigger*. Czują ból z przeszłości, kiedy biali traktowali nas jak niższą formę człowieczeństwa, a nawet coś, co nie jest człowiekiem. Ludzie zniewoleni byli nazywani czarnuchami (*niggers*). Nasi dziadkowie i rodzice walczyli o godność. Słowo Murzyn było równoznaczne z godnością. Czarni walczyli o to przez całe życie. I niech ich Bóg za to błogosławi. Ale Bóg błogosławi również nas – za to, że potrafiliśmy odmienić reguły gry.

Słucham swojego języka i słyszę w nim połączenie wsi z miejskim betonem, Karoliny z Chicago, prowincji z wielkim miastem. To moja ewolucja. Miałem południowy akcent, którego nauczyłem się w dzieciństwie, połączony z ultramiejskim rapem, którego nauczyłem się w ostrym getcie.

Lubię myśleć i uczyć się o pochodzeniu języka. Wiem na przykład, że słowo „jazz", określające naszą muzykę, która wywodziła się z burdeli w Nowym Orleanie, było synonimem bzykania. Mężczyzna mógł powiedzieć kobiecie: „Chcę cię wyjazzować". Słyszałem też wywiad z jednym z wynalazców jazzu. Koleś mówił, że nie podobało mu się słowo „jazz". Mówił, że jest zbyt wulgarne. I szukał określenia, które miałoby w sobie więcej szacunku. No ale kurwa, dzisiaj jazz jest naprawdę pięknym słowem. Od razu myślimy sobie o Milesie Davisie albo o Herbiem Hancocku.

Spór na temat określenia *nigga* się nie kończy, ale jeśli chodzi o mnie, nie ma to znaczenia. Ten pociąg już dawno odjechał ze stacji. Nie zmusicie dziesiątek milionów czarnuchów, żeby przestali używać słowa „czarnuch" (*nigga*). Rozumiem, że w tym sporze chodzi o szacunek dla samego siebie. I zgadzam się z tym. Ale jeśli nazwę cię „moim czarnuchem", to zrobię tak dlatego, że naprawdę cię szanuję. A jak powiem, że jesteś zły, to dlatego, że uważam, że jesteś dobry. A gdy powiem, że jesteś chory, to znaczy, że z pewnością masz się świetnie.

Aha, jeszcze jedno – nazywam tak też wielu białych kolesi. Flea, szalony basista Red Hot Chili Peppers, to prawdziwy czarnuch. Podobnie jak Eminem.

Hip-hop udowodnił, że słowa bez melodii mogą tworzyć muzykę. Słowa są jak nuty. Muzyk jazzowy potrzebuje swoich bluesowych nut. A raper potrzebuje swoich wulgaryzmów. *Nigga* (czarnuch). *Thug* (zakapior). *Gangsta* (gangus). *Bitch* (suka). *Ho* (kurwa). I w zależności od kontekstu te nuty mogą brzmieć przepięknie. A słowa te w rękach poetów takich jak Kendrick Lamar, sprawiają, że historie ożywają. Sprawiają, że są autentyczne. I pozostają autentyczne. Jak niby mielibyście powiedzieć komuś takiemu, jak Jay-Z albo Drake, albo Lil Wayne, albo J. Cole, że mają pisać teksty zawierające więcej szacunku? Jak chcielibyście im powiedzieć, że mają cenzurować własne słownictwo? Ich głosy to ich słownictwo – one pozwalają nam zrozumieć, że to, co śpiewają, jest właściwe. Jeśli zaczęlibyśmy ten głos czyścić, to zatraciłby całą autentyczność.

Podsumowując: nie zamierzam nazywać się Afroamerykaninem. Nazywam siebie **CZARNUCHEM**. I wszystkie czarnuchy doskonale wiedzą, co to znaczy.

O

Barack Obama / OGs. Stare wilki / Official Block Family / Hakeem Olajuwon / One-and-Done. Rok i z głowy / Shaquille O'Neal / Onyx

Barack Obama

Są takie dni, że wspominam rok spędzony w Chicago i zastanawiam się nad tym, czy moje drogi skrzyżowały się kiedyś z Obamą. Czy był na jakimś moim meczu w Farragut? Czy oglądał kiedyś mecze Midnight League? Czy zapukał kiedyś do moich drzwi, gdy wychodził organizować swoją społeczność?

Jedyną rzeczą, która sprawiłaby, że zdobycie mistrzostwa z Celtics wydawałoby mi się jeszcze słodsze, byłaby wizyta w Białym Domu podczas jego prezydentury. Nie zrozumcie mnie źle – to był zaszczyt, że mogłem odwiedzić to miejsce i poznać prezydenta Busha. Ale to Obama był pierwszym koszykarskim prezydentem. To ten koleś, kiedy sprowadził się na 1600 Pennsylvania Avenue, przerobił część kortu tenisowego na boisko koszykarskie.

Nigdy nie dane mi było zagrać w jednym z tych słynnych meczów, które organizował. Może to i dobrze. Ciężko by mi było powstrzymać drzemiącą we mnie bestię, a ostatnią rzeczą, jakiej potrzebuje największy przywódca wolnego świata, jest oko podbite łokciem KG. Pamiętam, że kiedyś pojawił się wielki news o jakimś kolesiu, który przypadkiem uderzył prezydenta w usta i głowie państwa trzeba było założyć 12 szwów. Potrafię sobie wyobrazić, że coś podobnego mogłoby się wydarzyć w grze z moim udziałem. A wiecie, co

Obama potem zrobił temu facetowi? Wysłał mu oprawione zdjęcie całego incydentu. Bo to właśnie taki człowiek. Rozumie, że koszykówka jest jak polityka. Że to niezłe gówno.

Mam do Obamy żal tylko o jedno: szkoda, że przynajmniej raz nie włączył trybu totalnego czarnucha. W historii naszego kraju brutalność policji nie ustała ani na chwilę, nic się pod tym względem nie zmieniło także podczas jego prezydentury. Rozumiem potrzebę prezydenckiej godności, ale naprawdę – dość tego. Byłbym przeszczęśliwy, gdybym zobaczył wściekłość mojego czarnego brata, która jest tak głośna, że słyszy ją cały świat.

Ale nieważne, gość i tak pozostaje moim bohaterem. Nigdy nie byłem tak szczęśliwy, jak podczas kampanii Bidena w miejscowości Flint w stanie Michigan, kiedy od niechcenia trafił w sali gimnastycznej trójkę z rogu. Po czym, wycofując się, powiedział: „Tym się właśnie zajmuję".

Panie Prezydencie, jeśli kiedykolwiek będzie pan w LA i będzie pan chciał zagrać ze mną jeden na jednego, proszę tylko dać znać. Możemy nawet zagrać na chacie u Snoopa. Tak jak pan, Dogg też gra całkiem nieźle w kosza.

OGs. Stare wilki

Wiedza. Nikt nie wiedział, że to jest potrzebne. Nikt nie wiedział, że jest tu tyle drobnych, nienamacalnych niuansów. Świadomość tego mieli jedynie ludzie najbardziej znający się na rzeczy, którzy przez całe życie szukali i się przyglądali. Dlatego warto jest wejść w sieć powiązań NBA. Dlatego rozmawiasz ze starymi wilkami. Dlatego stare wilki siedzą w twojej szatni. W ten sposób stajesz się coraz lepszy. Stajesz się coraz lepszy, przebywając w otoczeniu lepszych od siebie.

Debiutanci muszą zrozumieć, jak ważne są stare wilki. I zrozumieć, że kiedy liga czasami twierdzi, że jakiś zawodnik jest za stary, żeby podpisać z nim kontrakt, nie jest to wcale prawdziwy powód. Jest też inne określenie, z jakiego korzystają: „podatny na kontuzje". To też nie zawsze prawda. Czasem rzecz w tym, że nie chcą, żeby stare wilki były blisko debiutantów. Bo wiedzą, że stare wilki mogą nauczyć młodych tego, jak zdradziecka i oszukańcza bywa NBA. Niekiedy usuwają starych wilków z szatni, bo te przekazują za dużo informacji młodszym. Nie chcą, żebyśmy wymieniali się informacjami. Bo wiedzą, że tym samym się chronimy.

Wiecie, co się dzieje, kiedy liga wstawia do szatni bandę szczeniaków, którzy nie mają o niczym zielonego pojęcia i słuchają się tylko siebie? Władzom ligi łatwiej jest przepychać to, co chcą przepchnąć. Dlatego właśnie zawsze musisz okazywać szacunek starym wilkom – i to nie tylko w NBA, ale w każdym biznesie. Nie powinieneś wychodzić z założenia, że są starzy i już nie ogarniają. Nie odrzucaj ich lekceważącym „OK, boomer". Naucz się od nich wszystkiego, co się da. Bo to oni mogą ci pomóc i sprawić, że sam sobie pomożesz.

Official Block Family

zobacz **Crews. Bandy**

Hakeem Olajuwon

zobacz **Charles Barkley; Dunk; Learning. Nauka; Kevin McHale**

One-and-Done. Rok i z głowy

Muszę wyjechać. Mam już tak dość tego całego gadania o opuszczeniu studiów i przejściu bezpośrednio do ligi, że ciągle myślę o 2005 roku, kiedy David Stern przeforsował przepis, w ramach którego koszykarz NBA musi mieć 19 lat i spędzić przynajmniej rok na uczelni. Tę zasadę nazwano One-and-Done (Rok i z głowy), bo aby spełnić te warunki, wielu koszykarzy uczęszczało do college'u przez dwa semestry, po czym rezygnowało z nauki i zgłaszało się do draftu.

Wszystko zmieniło się w 1995 roku, kiedy przeszedłem z Farragut bezpośrednio do T-Wolves. W ciągu kolejnych dziesięciu lat moim śladem podążyli kolejni zawodnicy. Kobe. Sweet Lou Williams. Dwight Howard. Tracy McGrady. Bron. Ogromne talenty, które wywarły ogromny wpływ na koszykówkę. Dlaczego zatem władze NBA w 2005 roku zmieniły reguły gry?

Musi to mieć związek z władzą instytucjonalną NBA i siłą ligi National Collegiate Athletic Association (NCAA). I z tym, jaką mają przewagę nad naszą społecznością, której brakuje wiedzy. Z tym, jak tę przewagę wykorzystują. I z rasizmem. Młodzi sportowcy często nie są świadomi, jakie mają możliwości. A powinni.

Dobrze ujął to trener Stan Van Gundy. Porównał koszykówkę do innych dyscyplin sportu. Zwrócił uwagę, że nikt nie narzeka, kiedy jakiś dzieciak przechodzi z liceum do niższej ligi baseballowej. Albo hokejowej. A to dlatego, że większość spośród nich jest biała, a co ważniejsze – w grę nie wchodzą tam wielkie pieniądze.

W NCAA zaś chodzi o ogromną kasę – ogromną kasę, którą zarabiają głównie dzięki czarnym dzieciakom. I są to w większości czarne dzieciaki pochodzące z robotniczych i biednych środowisk.

Dlaczego niby taki dzieciak miałby poświęcać cały rok cennego sportowego życia i potencjalnie rujnować go przez kontuzję kolana albo kostki?

Jest taka scena w filmie dokumentalnym o Fab Five* z Uniwersytetu Michigan, w której Jalen Rose i Chris Webber przechodzą obok wystawy domu towarowego i widzą na niej koszulkę C-Webba. I żadnego z nich nie stać na to, żeby ją kupić! Wystarczająco złe jest już samo to, że uczelnie wykorzystują talent zawodników, żeby zwiększać frekwencję na trybunach i budować prestiż instytucji. Ale

* Tak nazywano drużynę Uniwersytetu Michigan w 1991 roku, w której grali Chris Webber, Jalen Rose, Juwan Howard, Jimmy King i Ray Jackson.

jeszcze bardziej oburzające, że produkują gadżety z twoim numerem i twoim nazwiskiem, a ty nie dostajesz za to ani centa.

Kiedy władze NCAA poprosiły Condoleezzę Rice, sekretarz stanu w gabinecie prezydenta George'a W. Busha, żeby się temu przyjrzała, powiedziała, że zasada One-and-Done „odegrała znaczącą rolę w skorumpowaniu i destabilizacji koszykówki uniwersyteckiej... oraz ograniczyła zawodnikom wolność wyboru". W tym przypadku Condoleezza okazała się prawą siostrą.

Druga strona podnosi argument, że zawodnik potrzebuje roku, żeby wydorośleć. Pewnie w niektórych przypadkach tak jest. Ale w innych – to gówno prawda. Koszykówka tak bardzo się rozwinęła, że młodzi bracia coraz wcześniej rozwijają swoje umiejętności. Trenerzy uniwersyteccy mają za zadanie nie tylko budować młodych zawodników koszykarsko, ale również społecznie i mentalnie. Ale jeśli korzystają ze swojej władzy, żeby zacząć gracza kontrolować, jest to po prostu złe. To zawodnicy dźwigają na swoich barkach cały ten sport, dzięki któremu uczelnie zarabiają miliony dolarów. Dlatego zasługują na to, żeby czerpać z tego korzyści we wszystkich aspektach życia. I doprowadza mnie do szału, że są traktowani jak dojne krowy.

Jestem ogromnym zwolennikiem edukacji. I jeśli młody koszykarz chce iść na studia, to świetnie. Piękna sprawa. Niech idzie na uczelnię i niech zostanie tam tak długo, jak chce. Ale są też dzieciaki takie jak ja, które już w liceum grają na poziomie NBA. Poza tym, jeśli naprawdę tego chcesz, to przecież możesz iść na studia już po zakończeniu kariery sportowej. Tak zrobił Bill Willoughby. Kiedy zadzwoniłem do niego, żeby poprosić go o radę, czy przechodzić na zawodowstwo, był na pierwszym roku Uniwersytetu Fairleigh Dickinson. Ostatecznie ukończył studia w wieku 44 lat. Jordan i Shaq też wrócili na studia, żeby je skończyć i zdobyć tytuł magistra. Szacun dla Juwana Howarda. Podczas debiutanckiego sezonu w Washington Bullets płacił za niezależne kursy szkoleniowe i wiosną się obronił.

Jest jeszcze przykład Vince'a Cartera. W 2001 roku wszedł na podium w birecie oraz todze i odebrał dyplom ukończenia uczelni UNC, po czym wskoczył w prywatny odrzutowiec Raptors i poleciał nim do Philly, gdzie jego drużyna rozgrywała siódmy mecz finałów Konferencji Wschodniej. Vince nie trafił wtedy w ostatniej sekundzie rzutu, który doprowadziłby do remisu. Wredne media oczywiście nie mogły się powstrzymać i skrytykowały go za to, że wziął udział w ceremonii wręczania dyplomów.

Podsumowując: dwie dyscypliny sportu, w których dominują czarni – koszykówka i futbol – mają totalnie spierdoloną relację z NCAA. Nie wejdziesz do NBA wcześniej niż rok po ukończeniu szkoły średniej. A NFL zmusza cię do spędzenia na uczelni przynajmniej trzech lat.

Mały Stevie Wonder został zawodowcem w wieku 11 lat.

Aretha Franklin miała 18 lat.

Lil Wayne – 14.

Talent to talent. A geniusz to geniusz. W Ameryce wszystko kręci się wokół pieniędzy i choć koszykówka różni się od sztuki, to dobrze wiem, że koszykówka też jest rodzajem sztuki. A koszykarze są artystami.

Zakazywanie genialnemu artyście zarabiania pieniędzy to zbrodnia. Kiedy takie zakazy wprowadzają instytucje, które są zarządzane w większości przez białych, a artyści, którym nakłada się kajdanki, są w większości czarni… No cóż, nie mam lepszego pomysłu niż cofnąć się w czasie i zacytować Marvina Gaye'a, który śpiewał kiedyś: „Mam ochotę wrzeszczeć i unieść obie ręce".

Shaquille O'Neal

Jest ode mnie o cztery lata starszy. Kiedy trafił do NBA, wyglądał jak Bóg. Ponad 213 centymetrów wzrostu. Totalna kontrola. Boisko należało do niego. I koszykówka należała do niego. Przybył do NBA

Z Shaqiem

z nową supermocą, której nigdy wcześniej nie widzieliśmy. Próbowałem go naśladować. Jego imię było odmieniane przez wszystkie przypadki, stał się marką. Nigdy nie popadał w tarapaty. Genialnie radził sobie w biznesie. Na parkiecie zawsze wyglądał dla mnie tak samo – czyli tak, jakby miał dwa i pół metra wzrostu. Zawsze czułem wdzięczność do losu, że nie był złym człowiekiem. Gdyby okazał się palantem, nie mielibyśmy szans. Dziękuję mu za to, że jest takim wspaniałym człowiekiem i wzorem do naśladowania. On i Jordan.

Poznałem Shaqa na planie filmu *Drużyna asów* w 1994 roku. Gram tam pominiętą w napisach końcowych rolę w jednej ze scen meczowych. Nie spędziłem wtedy zbyt wiele czasu ani z Shaqiem, ani z jego kolegą z drużyny, drugą koszykarską gwiazdą filmu, Pennym Hardawayem. Ale mogłem mu się przyjrzeć z bliska i myślałem sobie: Ja pierdolę, jakim cudem ktoś miałby pokryć tego gościa?

A potem nadchodzi dzień, kiedy muszę spróbować to zrobić. Całe to moje podejście pod tytułem nikomu-nie-dam-się-zastraszyć jest wystawione na próbę. Muszę sobie przypomnieć, czego nauczył mnie Sam Mitchell. Muszę odnaleźć w sobie tę mroczną stronę, bo dzieciak, który wciąż we mnie mieszkał i oglądał w telewizji, jak Shaq dominuje w barwach Orlando Magic, jak rozbija tablice, musi się teraz zmierzyć z tym gigantem w koszulce Lakers na parkiecie hali Forum.

Tylko przełykam ślinę.

A potem, na kilka sekund przed rozpoczęciem meczu, pojawia się on – Wielki Diesel, Wielki Arystoteles – 150 kilogramów żywej wagi niekwestionowanego Supermana NBA. Kiedy się zbliża, zastanawiam się: Co powie? Jak spróbuje mnie wytrącić z równowagi? Nie będzie to zbyt trudne. A on patrzy mi prosto w oczy i tak, jakbyśmy znali się od lat, uśmiecha się i pyta:

– Co słychać, bracie? Jak się masz? Mama dobrze się czuje? Wszyscy zdrowi? Widzę, że ty masz się dobrze. I chyba trochę tu pograsz.

Po czym szybko przybija ze mną piątkę – to nie żółwik, ale stary, dobry uścisk dłoni. Jest mi miło, czuję się podekscytowany, ale kiedy tylko rozpoczyna się mecz, orientuję się, że w jakiś słodki sposób Shaq znalazł metodę na to, żeby wyprowadzić mnie z równowagi.

Za każdym razem, kiedy grałem przeciwko niemu, była w tym jakaś magia. Zero trash-talkingu ani z jego, ani z mojej strony. Rzucał mi tylko spojrzenia. Komunikował się ze mną za pośrednictwem oczu: zaskoczenie, lekceważenie, podziw. Shaq grał w Cleveland, kiedy walczyliśmy o mistrzostwo w Bostonie. Czułem, że to moja szansa, żeby zrewanżować mu się za te wszystkie czasy, kiedy razem z Beanem wygrywali z T-Wolves. Któregoś wieczora, gdy graliśmy z Cavs, Doc powiedział mi: „Chcę, żebyś przez kilka minut krył Shaqa". Perk, który zazwyczaj się nim opiekował, musiał przez chwilę odpocząć. Próba zatrzymania Shaqa przypomina próbę podtrzymania ściany domu. Po dwóch minutach nie byłem w stanie podnieść ręki, żeby przybić komuś piątkę. Nie przesadzam. Miałem zajebiście zmęczone ręce. Gdybyś chciał mnie uderzyć, nie byłbym w stanie podnieść rąk, żeby się obronić.

W kolejnym sezonie – jego ostatnim – podpisał umowę z Celtics. Trochę mi zajęło, zanim przyzwyczaiłem się do oglądania go w biało-zielonych barwach po tak wielu latach, kiedy grał w purpurowo-złotym stroju. Wiedziałem, że jest świetnym kolegą z drużyny, bo graliśmy razem w wielu Meczach Gwiazd, i w Bostonie było tak samo. Wniósł do drużyny dobrą atmosferę. Gdyby władze klubu nie sprzedały Perka do OKC, to czuję, że Shaq mógłby z nami wywalczyć swój piąty mistrzowski pierścień. Potrafił znaleźć sposób, żeby robić wszystko, co chciał: grał w filmach, prowadził transmisje, był DJ-em, a nawet rapował. Kibice koszykówki krytykowali go, że kiepsko rapuje. Ale nie ja. Ja go wspierałem. Uwielbiam gadać z nim o muzyce. Moim ulubionym kawałkiem Shaqa był *You Can't Stop the Reign*, w którym rapował z Biggiem i wykorzystywał sample z utworu *You Can't Stop the Rain* brytyjskiej grupy R&B Loose Ends. Szalony miks różnych gatunków muzycznych i różnych talentów. Ale prawda jest taka, że cała płyta, na której wystąpili wszyscy – od Jaya-Z przez Mobba Deepa, Rakima po Bobby'ego Browna – była kiepska.

Onyx

DMX wywarł zdecydowanie największy wpływ na mój styl i lans, ale ukształtował mnie również Onyx, hip-hopowa kapela z Queens. Chłopaki były naprawdę głośne – to była rapowa wersja punk rocka.

Slam, ich przebój z 1993 roku, był odą do tańca pogo, ale ja słyszałem w nim również odę do slam dunków. Słuchałem tego kawałka i czułem się tak, jakby mówili mi, że mam rozjebać obręcz.

To także oni sprawili, że łysa głowa wyglądała spoko. W utworze *Atak of Da Bal-Hedz* rapowali o tym, jakie to mądre – wziąć brzytwę i zrobić ostatecznie porządek z włosami. Było w tym mnóstwo prawdy. W swoim debiutanckim sezonie miałem jeszcze włosy, choć krótko przystrzyżone, ale dotarło do mnie, że poświęcam im zbyt wiele czasu. Byłem zdecydowanie zbyt próżny – ale kiedy jesteś pierwszoroczniakiem w NBA, ciężko jest ci zachować pokorę. Ogoliłem więc głowę i utrzymałem taką fryzurę do końca kariery.

A to przenosi mnie do mojej bluzy z kapturem. Mnóstwo osób pyta, jak to robię, że udaje mi się utrzymywać kaptur na tyle głowy w taki sposób, że się nie zsuwa. Niektórzy twierdzili nawet, że korzystam z plastra. To nie tak, cała tajemnica tkwi w sposobie golenia. Kiedy golisz się pod włos, nadaje to twojej łysinie jakość papieru ściernego. Trochę jak taśma na deskorolce. I tkanina, z której zrobiony jest kaptur, się jej trzyma.

P

Pain. Ból / Candace Parker / Partnerstwo / Gary Payton / Peanut Butter and Jelly. Masło orzechowe i galaretka / Rosie Perez / Perfection. Doskonałość / Kendrick Perkins / Paul Pierce / Scottie Pippen / Players First. Po pierwsze zawodnicy / Prejudice. Uprzedzenia / Prince / Promenada / Przewinienie techniczne / Kirby Puckett

Pain. Ból

Dwadzieścia jeden sezonów. W czterech z nich zagrałem we wszystkich 82 meczach. W czterech kolejnych opuściłem tylko jedno albo dwa spotkania. W sumie daje to 1462 mecze. Siódmy najlepszy wynik w historii. I to nie licząc play-offów – a to 143 kolejne spotkania. I jeszcze 15 Meczów Gwiazd. I osiem meczów na igrzyskach olimpijskich. Przez dziesięć lat spędzałem na parkiecie średnio ponad 38 minut na mecz. Podczas play-offów siedmiokrotnie grałem średnio ponad 40 minut. Nie mówię tego, żeby się chwalić. Chcę podkreślić, jak bardzo obciążałem ciało. I jak ogromnych kar fizycznych doświadczają wszyscy zawodnicy.

Nietrudno jest skręcić kostkę, złamać palec albo zerwać ścięgno. Lista dramatycznych kontuzji, które skróciły kariery wielkich zawodników, ciągnie się bez końca. Myślę o Grancie Hillu. O Pennym Hardawayu, Derricku Rosie, Andrew Bynumie. O braciach, którzy cierpieli. Jestem z nimi całym sercem.

Czasami masz szczęście i przez długi okres unikasz kontuzji. Ale czasami go nie masz. Mnie opuściło w lutym 2009 roku. Celtics mieli wtedy bilans 44-11 i byliśmy na dobrej drodze, żeby powrócić do finałów NBA i bronić tytułu. Ale wtedy, w drugiej kwarcie meczu z Utah Jazz, wyskoczyłem do lobu, źle wylądowałem i podkręciłem prawe kolano. Opuściłem kolejnych 13 meczów. Próbowałem wrócić, ale po kilku spotkaniach kontuzja się odnowiła. A to oznaczało, że będę pauzował do końca sezonu. Moja drużyna i tak zaliczyła zajebisty rok i odnotowała bilans 62-20. Ale w półfinale konferencji przegraliśmy z Orlando. Wiem, że zrobiłbym wtedy różnicę. I jestem pewien, że awansowalibyśmy do finałów, w których znowu spotkalibyśmy się z Lakers. Jeśli doliczyć do tego kolejny sezon, mielibyśmy trzy razy z rzędu finały Celtics – Lakers. Przeszlibyśmy do historii. A w finałach w 2010 roku znowu mieliśmy pecha. W meczu numer 6 Perk doznał kontuzji kolana i nie mógł zagrać w siódmym starciu. Czy uważam, że z Perkiem w składzie wygralibyśmy tamten mecz i zdobylibyśmy tytuł? Zdecydowanie tak. Ale nie zamierzam szukać usprawiedliwienia naszej porażki.

Po kampanii 2009 miałem operację kolana. Usunęli mi narośl kostną wielkości kciuka. Wróciłem w dobrej formie, ale nadal odczuwałem ból. W NBA nie da się inaczej. Możesz zaleczyć kontuzję, ale ból nie znika. Kiedy zmagasz się ze strachem, to nawet jeśli sobie z nim poradzisz i zaczynasz grać jak demon, wciąż musisz zmagać się z bólem.

Kiedy trafiałem do NBA, perspektywa dziesięciu, może 12 lat aktywnej gry była bardzo dobrym prognostykiem. Należało czuć za to wdzięczność. Koszykówka nie była postrzegana jako dyscyplina sportu kojarząca się ze sprawnością fizyczną i długowiecznością. Ale potem do akcji wkroczyła nowoczesna medycyna. Pij więcej wody. Rozciągaj się. Dźwigaj ciężary. Ale nie za dużo. Pliometryka* też jest dobra. Taśmy oporowe. Piłki gimnastyczne. Pływanie. Rowerek stacjonarny. Spadochrony do treningu szybkościowego. Trening na wysokości. Bieżnie antygrawitacyjne. Zaawansowany ultrasonograf. Wanny chłodzące. Sprzęty do masażu pneumatycznego.

* Rodzaj treningu nastawiony na poprawę szybkości reakcji mięśni.

Niskopoziomowa terapia laserowa. Sen. Śpij tak dużo, jak się da. Przynajmniej osiem godzin dziennie. I ucinaj sobie drzemki. Pij jeszcze więcej wody. Obciążenie węglowodanami. Dieta niskowęglowodanowa. Dieta bez węglowodanów. Bez cukru, bez glutenu. Dieta paleo*. Dieta ketogeniczna**. Dieta wegańska. Raw food***. Odżywanie. Zrównoważona dieta. Elastyczność. Odporność.

Szybko przyswoiłem sobie te mądrości. Jeszcze w liceum, kiedy dzieciaki brały piłkę i zaczynały rzucać, ja rozciągałem się przez 20 minut, zanim zacząłem cokolwiek robić. Kiedy kilka razy zdarzyło mi się skręcić kostkę, nauczyłem się ją zginać i rozprostowywać. Takie ćwiczenia sprawiały, że mięśnie wokół kostki stawały się silniejsze. Wykonywałem je z nieomal religijnym namaszczeniem. Ale to wszystko nie powstrzymywało ataków bólu. Odpowiednia dieta, odpowiednie ćwiczenia, robienie wszystkiego, co zalecają ci robić eksperci – wszystko to nie uchroni cię przed bólem.

Weźmy na przykład moje stopy. Zawsze miałem problemy z wielkimi pęcherzami przy palcach u nóg. Podczas przerwy letniej, kiedy nie grałem tak dużo w kosza, moje stopy przechodziły transformację. Puchły i musiałem je okładać lodem. To sprawiało, że podeszwy nóg robiły się wrażliwe. Musiałem smarować je pod skarpetami wazeliną.

Aż nadeszło lato, podczas którego Shot rzucił mi wyzwanie i zaprosił do gry przeciwko sobie i swoim ziomalom. Zapomniałem wtedy o skarpetach, ale uznałem, że to pierdolę. I zagrałem bez skarpetek. Graliśmy ostro. W połowie meczu zdjąłem buty i okazało się, że mam stopy skąpane we krwi.

---

* Dieta człowieka epoki kamiennej, bazująca na naturalnych produktach i nieprzetworzonej żywności.

** Sposób odżywiania, w ramach którego zwiększamy podaż tłuszczów przy jednoczesnym ograniczeniu spożycia węglowodanów.

*** Dieta opierająca się na surowych produktach.

– O kurwa – powiedział Shot. – Musimy jechać do szpitala.

– To nic nowego – odpowiedziałem. – Pęcherze. Krew. Zwykły biznes.

– Rozpierdolisz sobie stopy, KG.

– One już są rozpierdolone. Gramy dalej.

Kiedy się zorientowałem, że koszykówka będzie całym moim życiem – i jedynym źródłem utrzymania – opracowałem sposób na to, żeby radzić sobie z emocjonalnym i fizycznym bólem. Wróciłem myślami do najgorszego bólu, jaki kiedykolwiek odczuwałem. Miałem wtedy dziewięć czy dziesięć lat i przygotowywałem kanapkę dla swojej małej siostrzyczki. Nie zwracałem uwagi na to, co robię, i w efekcie przeciąłem sobie palec. Prawie go sobie odciąłem. Ból był nie do zniesienia. Kiedy indziej pobiłem się z jakimś chłopakiem, który rozbił mi głowę. Jakiś czas potem miałem problemy w szkole. Kiedy Mama wróciła z wywiadówki, dostałem straszne lanie. Znów straszny ból. Albo gdy miałem 13 lat i grałem w kosza w Crosby Circle: na boisku było ślisko po niedawno padającym deszczu i kiedy próbowałem zadunkować nad jakimś chłopakiem, poślizgnąłem się i upadłem na głowę. Niewiarygodny, kurewski ból.

Właśnie te punkty zwrotne w historii mojego bólu zachowałem w pamięci, kiedy grałem już jako zawodowiec. Nie mogło mnie spotkać nic gorszego od tamtych incydentów. Jeśli byłem w stanie znieść to, co zniosłem jako dziecko, to tym bardziej mogłem znieść ból jako dorosły facet. Zacząłem patrzeć na ból jak na swędzenie. Swędzenie bywa irytujące, ale jeśli bardzo się postarasz, możesz powstrzymać się przed drapaniem. Nie drap się przez dziesięć sekund. A potem nie drap się przez kolejnych dziesięć sekund. A potem jeszcze przez pół minuty. I bardzo szybko w ogóle zapomnisz o tym, że cię swędziało.

Zdarza mi się przyjąć cios w piersi albo nawet dostać łokciem w szyję. Ból jest natychmiastowy. Ostry. Błaga o to, żebym jakoś zareagował. Masz ochotę wrzeszczeć, zemścić się albo wręcz upaść na parkiet. Ale przynajmniej na sekundę możesz wyjść z siebie. Możesz zobaczyć, co się dzieje poza przestrzenią i czasem, i powiedzieć: „Muszę się teraz po prostu uspokoić".

Ból spowodowany przez zużycie materiału to jedno. Ale ból wywoływany przez rywali jest czymś innym. Zach Randolph opowiada historię o tym, jak kiedyś, gdy grał jeszcze w Portland, pyskowaliśmy do siebie. Miał już dość mojego pierdolenia i kurewsko ostro mnie sfaulował. Ale wziąłem go wtedy z zaskoczenia. Zamiast mu oddać, padłem na parkiet i zrobiłem pięć pompek z rzędu. Ależ mu zafundowałem zajebistego mindfucka. Z-Bo nie miał pojęcia, jak ma się zachować. Ktoś powala cię na ziemię, a ty upadasz i robisz pompki? Ktokolwiek coś takiego zobaczy, nie będzie się już chciał z tobą pierdolić. Bo wie, że ma do czynienia z wariatem.

Szkoda, że nie mogę powiedzieć, że reagowałem w taki sposób zawsze, kiedy mnie prowokowano. Ale gdy byłem na parkiecie, nigdy nie należałem do kolesi, którzy nadstawiają drugi policzek. Wystarczy, że zajrzycie na YouTube'a i zobaczycie, jak wybucham, kiedy czuję, że ktoś na mnie napada. Czasami robię tak z powodu bólu, kiedy indziej dlatego, że wiem, że gościu posuwa się, kurwa, za daleko. Moja reputacja fightera jest czymś, na co sobie zasłużyłem, i w ogóle się tego nie wstydzę.

Tak czy inaczej, sprawa bólu nie znika. Szybko odkrywam, że jeśli nie działa moja metoda z wychodzeniem z siebie, to mam też inne możliwości. Powiedzmy, że rozwalam kolano, walcząc o zbiórkę. Boli mnie jak skurwysyn. Mogę wtedy zacząć do tego bólu mówić, mogę mówić do swojego kolana. Mogę powiedzieć: „Kolano, weź ty się odpierdol. Przestań ryczeć. Przestań skomleć. Przestań opowiadać mi łzawe historyjki. Daruj sobie. Jesteś tylko kolanem. Mam milion innych części ciała, które funkcjonują, jak należy. A zatem weź się wyprostuj i pozwól mi zająć się robotą".

Jeśli to nic nie da, spróbuj oddychania. Spróbuj zrobić wdech i wciągnąć ból do środka, a potem zrób wydech i go wypuść. Nie krzycz. Nie denerwuj się. Nie myśl. Tylko wdech i wydech. Odnajdź właściwy rytm oddychania i daj mu szansę.

A jeśli nie zadziała oddychanie, to zawsze możesz spróbować tabletek. Kiedy brałem vioxx, nie wolno mi było brać niczego innego. Ale jeśli nie wziąłem vioxxa, mogłem wziąć dwa advile albo tylenole, albo indociny. Średnio zażywałem pewnie po pięć tabletek przeciwbólowych przed każdym meczem.

Wszystkie te sposoby na radzenie sobie z bólem miały głębszy sens: Nie zmieniaj bólu w nienawiść. Może powtórzę to raz jeszcze: n i e z m i e n i a j b ó l u w n i e n a w i ś ć. Trzeba to powtarzać, bo to być może jedyny sposób, żeby powstrzymać się od nienawiści.

Miałem wiele powodów do nienawiści. Wszyscy je mamy. Wszystkich nas spotkała jakaś krzywda. Nasze żale są dobrze udokumentowane. Byliśmy dymani – a niektórzy z nas często nawet nie zdawali sobie sprawy z tego, że są dymani. Możecie mówić, że nienawiść bywa uzasadniona. Możecie nawet znaleźć dobre argumenty za tym, że nienawiść jest autentyczną reakcją na okrucieństwo i niesprawiedliwe traktowanie. Chcesz więc odwzajemnić się nienawiścią, oddać i też sprawić ból albo zrewanżować się w jakiś inny złośliwy sposób.

Ale nauczyłem się – i tu musimy cofnąć się do Księgi Hioba – jednej rzeczy: nienawiść nie zaprowadzi cię do Ziemi Obiecanej. To takie proste. Tak czy inaczej, musimy podążać za głosem grupy soulowej O'Jays, która w utworze *Love Train* śpiewała, że mamy wsiąść do pociągu miłości. Bo to jedyny pociąg, który zawiezie nas tam, dokąd chcemy dotrzeć.

Candace Parker

zobacz **WNBA**

Partnerstwo

Nikt nie zostanie moim właścicielem tylko dlatego, że zapłacił mi kupę kasy. Wierzę w partnerstwo, a nie we własność. Uznawanie zawodnika za czyjąś własność to bezpośredni powrót do czasów niewolnictwa. Dla mnie taka koncepcja jest niedopuszczalna. Nigdy czegoś takiego nie zaakceptuję.

Gary Payton

Gary był kimś, kim chciałem być – zarówno na parkiecie, jak i poza nim.

Kiedy G znajdował się ze mną w jednym pokoju, to tylko siedziałem i starałem się wszystko chłonąć.

A kiedy obserwowałem go na parkiecie, oto co widziałem:

G rozmawia ze swoim trenerem.

G rozmawia z kolegami z drużyny.

Jeden z kibiców ma coś do powiedzenia G, a G ma coś do powiedzenia temu kibicowi.

A teraz G pyskuje coś do sędziego.

A teraz pyskuje do czarnucha, który go kryje.

A teraz G atakuje kosz i zdobywa punkty.

Gary Payton jest maszyną, mistrzem multikonwersacji i multitaskingu. To od niego nauczyłem się swoich wrzasków. Po prostu je skopiowałem. G był mistrzem trash-talkingu. Nie korzystał z niego w złości, tak jak robi to wielu kolesi. W jego trash-talku nie było agresji, takiej jak choćby u Charlesa Barkleya czy u mnie. G był bardziej politykiem. W jego gadce było pełno niuansów, w zależności od tego, z kim rozmawiał. Czasem naskoczył na kolesia gangsterską gadką, a kiedy indziej kładł komuś rękę na ramieniu i mówił w sposób spokojny i racjonalny. Potrafił zmanipulować każdego i dostać to, czego chciał – a oni nawet nie zauważyli, jak pięknie ich rozegrał. Opanował tę sztukę bardzo wcześnie. Kiedy G dorastał na boiskach

W starciu z Garym Paytonem

Fot.Jeff Reinking / NBAE / Getty Images

we wschodnim Oakland, to zawsze grał tam ze starymi wilkami. Chciał wyrobić sobie nazwisko i – tak jak ja w Chicago – chodził od jednej przecznicy do drugiej i toczył pojedynki z najgroźniejszymi koszykarzami w mieście. I przez cały czas pyskował, żeby mieć pewność, że będą wiedzieli, kim jest, i zapamiętają jego nazwisko. Z początku wielu kolesi chciało się z nim bić, więc szybko się nauczył, jak się dopasować i dostosować swoje podejście.

Gdybyście poszli z G na imprezę, zachowywałby się dokładnie tak samo – gadałby z barmanem, z bramkarzem, z chłopakami, z dziewczynami. „Gdzie są drinki? Tu można sobie walnąć shota. Z kim przyszła ta ekipa? Zabierzcie ich stąd". Taki właśnie był G.

W meczach wykrzykiwał komentarze dotyczące rozgrywanej akcji. „Uwaga, stawiamy pułapkę! Pułapka!" Ale kiedy jesteś zawodnikiem przeciwnej drużyny, stoisz pod koszem i słyszysz coś takiego, to nie masz pojęcia, gdzie będzie ta pułapka. A G wykorzystywał zamieszanie. Miał w swoim arsenale różne strategie, które od niego przejąłem. Tak wiele zawdzięczam jemu i kolesiom z jego pokolenia. Wykorzystywałem ich sprytne sztuczki, walcząc z kolejnym pokoleniem, które nadeszło już po mnie, bo wiedziałem, że ni chuja nie będą wiedzieli, co robię.

Ale Gary miał jeszcze jedno oblicze. Był niewiarygodnie ambitny, a jednocześnie bardzo szczodry w dzieleniu się swoją wiedzą o koszykówce. Podczas Weekendu Gwiazd w 2000 roku w Oakland – podczas którego Vince Carter zaliczył epicki występ w konkursie slam dunków – G po treningu wziął na bok mnie i Kobeana i dał nam 30-minutową lekcję tego, jak mamy grać w obronie. Przypominam, że było to po treningu przed Meczem Gwiazd. W ten weekend mieliśmy się przede wszystkim relaksować. Ale nie on, nie G. On chciał nas wyszkolić. Został najlepszym obrońcą w NBA w 1996 roku i przez sześć lat z rzędu był wybierany do pierwszej piątki obrońców w NBA, więc ta prywatna lekcja była absolutnie bezcenna – to tak, jakby Picasso uczył cię malować albo Luther Vandross śpiewać. Pokazał nam wiele tajemnych sztuczek, na przykład jak wyrwać piłkę przeciwnikowi tak, żeby sędzia nie odgwizdał faulu. Powiedział, że musimy sięgać po piłkę na wysokości piersi. A większość zawodników w takiej sytuacji próbuje wybić piłkę dłonią. G uczył nas, żebyśmy zrobili krok do przodu i wykonali ruch ręką w kierunku jamy brzusznej rywala, prawie tak, jakby chciało mu się wyrwać serce. Utrudnia mu się wtedy kozioł. Może uniknąć straty, tylko kozłując tyłem do obrońcy, a wtedy będzie miał ograniczone pole widzenia. A zatem nawet jeśli nie uda ci się zaliczyć przechwytu, to utrudniasz przeciwnikowi grę.

Kiedy następnym razem, już po Meczu Gwiazd, patrzyłem, jak gra Kobe, to zauważyłem, że wykorzystuje sztuczki, których nauczył nas Gary. Wtedy nie wysyłało się jeszcze SMS-ów i przez jakiś czas nie widywałem się z Beanem. Ale kiedy spotkałem go po dłuższej przerwie, to powiedziałem mu:

– Widzę, że korzystasz z tego gówna, które pokazywał nam GP.

– Zauważyłeś? – zapytał.

– No raczej, kurwa.

Na koniec sezonu Bean został po raz pierwszy wybrany do pierwszej piątki najlepszych obrońców NBA. Oczywiście razem z G, który dokonał tej sztuki po raz siódmy z rzędu*.

Peanut Butter and Jelly. Masło orzechowe i galaretka

Zdarzało mi się jadać w pięciogwiazdkowych restauracjach. Lubię wykwintne miejsca. Nie ma znaczenia, że nie jestem w stanie wymówić nazw dań z menu. Uwielbiam dziczyznę. Mogę być gdziekolwiek – w Paryżu albo Rzymie, w Berlinie czy Bangkoku, w Sydney bądź w Honolulu. Nowe przygody kulinarne są super. Chętnie udaję się na wyprawę, żeby dziabnąć kawałek czegoś, czego nigdy wcześniej nie jadłem.

---

* W sumie Payton był wybierany do pierwszej piątki najlepszych obrońców NBA dziewięć razy z rzędu, w latach 1994–2002.

Nie jestem koneserem ekskluzywnego jedzenia, ale nauczyłem się doceniać różne egzotyczne gówna, takie jak japońska wołowina Wagyu albo zupa z płetwy rekina. Ale na koniec dnia, a zwłaszcza przed meczem, najchętniej wracam do korzeni – czyli białego pieczywa z masłem orzechowym i galaretką.

Powrót do korzeni oznacza powrót do dzieciństwa. A powrót do dzieciństwa jest równoznaczny z powrotem do strefy komfortu. Powrót do czasów, kiedy jedzenie było proste, a koszykówka kojarzyła mi się tylko z przyjemnością. I może właśnie dlatego musiałem przed meczem zjeść kanapkę z masłem orzechowym i galaretką. Stało się to moim rytuałem, a rytuały są ważne, bo dają ci oparcie, pomagają nadawać życiu sens. Możesz na nie liczyć.

Sztab szkoleniowy w Minnie wiedział o mojej obsesji kulinarnej i dbał o to, żebym dostawał to, czego potrzebuję. Kanapka zawsze na mnie czekała. Ale kiedy trafiłem do Bostonu i wspomniałem, że to stały element mojej diety, nikt nie zareagował. Mieli to w dupie. No dobra, skurwiele, ale ja nie mam tego w dupie. Tak bardzo nie miałem tego w dupie, że załatwiłem z chłopcami od podawania piłek, żeby robili mi takie kanapki. I były pyszne – tak pyszne, że zanim się zorientowałem, to połowa drużyny pożerała je przed każdym meczem. I może właśnie to był ów magiczny składnik, który pomógł nam pożreć wszystkich rywali i zdobyć mistrzostwo. Nigdy nie bagatelizujcie potęgi masła orzechowego i galaretki.

Rosie Perez

zobacz **Questions. Pytania**

Perfection. Doskonałość

Wspominałem już, jak uwielbiam film *Gra o miłość*, w którym wcielający się w rolę baseballowego miotacza Kevin Costner próbuje zaliczyć w swoim ostatnim meczu idealny występ. Problem w tym, że nie ma czegoś takiego jak doskonałość. Bo nawet kiedy rzucasz idealnie, to ile tak naprawdę piłek trafia w rękawicę łapacza dokładnie w tym miejscu i w taki sposób, w jaki planowałeś?

Dążenie do perfekcji to coś, z czym zmagałem się przez całe życie. Podczas jednego z turniejów AAU w 1993 roku zdobyłem 24 punkty, odnotowałem 21 zbiórek, 10 bloków i sześć slam dunków. Ale kiedy schodziłem z parkietu, to byłem wkurwiony, bo nie trafiłem łatwego bloku. A przecież chciałem zaliczyć idealny mecz. Doskonałość jest niemożliwa. Dążenie do perfekcji sprawia, że wariujesz. I ja byłem wariatem. Całe życie zajęło mi zrozumienie, że doskonałość i d o s k o n a l e n i e to dwie inne sprawy. Doskonałość to cel. A doskonalenie to proces.

W życiu osobistym ta lekcja była jeszcze trudniejsza. Nadal codziennie zmagam się z perfekcjonizmem. Pracuję nad sobą. Chcę być lepszy. Każdy chce być lepszy. Samodoskonalenie to obowiązek każdego z nas. Ale kiedy popełniamy błędy i zaczynamy mieć do siebie pretensje, że nie jesteśmy doskonali, to znaczy, że nadszedł czas, żeby przypomnieć sobie, że doskonałość to tylko złudzenie.

Kendrick Perkins

Początki mojej znajomości z Perkiem były trudne. To mięśniak z Teksasu, który blokował rzut tak, jakby walił packą muchy. Pierwszy młody dzieciak z nowego pokolenia, który tak pierdolił głupoty. Trafił do Bostonu, gdy grałem jeszcze w 'Socie. Kiedy graliśmy ze sobą po raz pierwszy, od razu zaczął pyskować.

– Hej, skurwielu – powiedział – nie jesteś dobry. Widziałem filmiki.

– No dobra, czarnuchu – odpowiedziałem. – To nie jest film. Poza tym, co ty sobie, kurwa, myślisz? Kim ty niby jesteś?

– Czarnuchem, który skopie twoje chude dupsko, oto kim jestem.

Perk miał właśnie taką mentalność. Odpowiedziałem na ostro. W ciągu kilku pierwszych lat wdawaliśmy się w bójki, wylatywaliśmy z boiska. Żaden z nas nie zamierzał się wycofać. Było naprawdę nieprzyjemnie.

Potem przeniosłem się do Bostonu, gdzie miałem grać pod sztandarami wielkości i chwały. Od razu wziąłem Doca na bok i powiedziałem:

– Tak naprawdę to nie znam tego całego Perka, ale za każdym razem, kiedy graliśmy, kończyło się na tym, że napierdalaliśmy się do upadłego. Nie wszyscy muszą mnie kochać, ale ten typ po prostu mnie nienawidzi.

– KG – odpowiedział Doc – nic nie rozumiesz. Perk cię uwielbia. Jesteś jego ulubionym zawodnikiem. Nikt nie cieszył się bardziej od niego, kiedy okazało się, że do nas przechodzisz.

– Jesteś tego pewien?

– Zdecydowanie.

Tego samego dnia Perk do mnie zadzwonił.

– Ticket – powiedział – co tam, gamoniu? Nawet sobie nie wyobrażasz, jaki jestem szczęśliwy, że do nas dołączyłeś. Byku, przez całe życie marzyłem, żeby móc z tobą grać. A teraz to marzenie się spełnia. Z tobą w składzie możemy wygrać ligę. Czy mogę ci powiedzieć, jak się czuję?

– Już powiedziałeś.

– Kocham cię, bracie. Razem przejdziemy do historii.

Okazało się, że Perk miał rację. Okazało się też, że był jednym z najbardziej emocjonalnych kolesi, jakich w życiu poznałem.

W 2011 roku przy okazji jednego z meczów wyjazdowych Perk przyszedł do mojego pokoju hotelowego i powiedział:

– Ticket, sprzedali mnie. Przechodzę do OKC w zamian za Jeffa Greena.

Nikt go nie uprzedził, że może dojść do czegoś takiego. Tak jak i mnie. Miał łzy w oczach. I ja też. Płakaliśmy i w ogóle się tego nie wstydziliśmy. Płakaliśmy, bo nasze braterstwo było autentyczne. Zero ściemy.

– Na zawsze pozostaniemy braćmi – powiedział Perk.

I pozostaliśmy.

Bo jeśli Perk jedzie z tobą na przejażdżkę, to jedno jest pewne – to będzie długa przejażdżka.

Paul Pierce

Kiedy wchodzisz do hali Garden, czujesz się zupełnie inaczej. Ten klub różni się od wszystkich innych, jakie poznałem. W Minnie miałem zaszczyt chłonąć wiedzę od Kevina McHale'a. Ale T-Wolves byli w NBA zupełnie nową drużyną. Po tym, jak Lakers w 1960 roku opuścili Minnesotę, nie było tu klubu NBA aż do roku 1989. Poczucie nowości wywoływało pozytywną energię. A ja czułem się w tej atmosferze idealnie. Ale Boston miał staroświecki rys, który mnie fascynował. Przychodziłem na mecze wcześniej tylko po to, żeby dotknąć dłońmi swojej koszulki. Patrzyłem sobie na literkę G. I na literkę A. Sprawdzałem szwy na dwóch literkach T. Studiowałem numer 5 na plecach. W szatni byli wypisani wszyscy zawodnicy, którzy grali tu przede mną z piątką. John „Big Ace" Thompson. Bill Walton. John Bagley. Czułem się tak, jakbym był im coś winien. Dołączyłem do braterstwa. I czułem się święty.

Kulminacją tego wszystkiego było oczywiście mistrzostwo z 2008 roku, ale sukces ten stanowił też potwierdzenie wszystkiego, co przejąłem, kiedy się tu pojawiłem. Szacunek dla ogromnej tradycji Celtics to jedno, ale jeszcze ważniejsza była moja relacja z Paulem Pierce'em. Zanim przyjechałem do Bostonu, niektórzy twierdzili, że obaj mamy za duże ego i będziemy się kłócić. Ale ci ludzie nie byli świadomi mojej historii z P. No i mnie nie znali.

Nie wiedzieli też tego, że to P był pierwszą osobą, do której zadzwoniłem, kiedy ustalono szczegóły mojego transferu. Nie tylko uważałem go za brata, był też jednym z najbardziej opanowanych koszykarzy w historii. Trzymał tę siłę spokoju w tajemnicy, aż

Ned Dishman / NBAE / Getty Images

Zastrzeżenie numeru 5 w Celtics

nadchodził czas, żeby eksplodować. A potem to już uważaj. Jedynym kolesiem, który zachowywał zimną krew w porównywalnym stopniu, był Sam Cassell.

Zanim zadzwoniłem do P, przypomniałem sobie mecz ostatniego sezonu, w którym T-Wolves zmierzyli się z Bostonem. Obie drużyny miały za sobą fatalne rozgrywki, a P powiedział mi, że tego wieczora wrzasnął do właściciela Celtics, Wyca Grousbecka: „Jeśli serio myślisz o zdobyciu mistrzostwa, to musisz ściągnąć tego gościa". I wskazał na mnie. A podczas meczu powiedział:

– KG, co robimy, bracie? Albo ty tu przychodzisz, albo ja przechodzę do Minneapolis.

P wszystko przewidział, więc kiedy w końcu do niego zadzwoniłem, musiałem wyrazić swój szacunek dla niego.

– Posłuchaj – powiedziałem – wiem, że to twoja drużyna. Wiem, że pojawiam się na tej imprezie spóźniony, i wiem też, że to ty jesteś gościem, który stworzył tu coś wielkiego. Nie musisz się więc martwić, że będę chciał błyszczeć w świetle reflektorów. Nie mam problemu z tym, żeby stać w twoim cieniu.

– Jesteś zbyt wielki, żeby stać w czyimkolwiek cieniu.

– Przecież wiesz, o co mi chodzi.

– Wiem, kim jesteś, Ticket. Znam cię. Przyjechałeś tu, żeby zwyciężyć. Nic innego się nie liczy.

– To fakt.

Kiedy myślę sobie o tych wszystkich cudownych wspomnieniach z lat, które spędziłem z P w Celtics, to wyróżnia się jedno, jeszcze przed zdobyciem tytułu: nasz pierwszy wspólny mecz w hali Boston Garden. Stało się to 2 listopada 2007 roku, a naszym rywalem byli Washington Wizards. Wygraliśmy 103:83. P zdobył 28 punktów i zaliczył 20 zbiórek. Choć muszę być szczery: mój pierwszy rzut oddany w barwach Celtics okazał się totalną cegłą. Po meczu Doc powiedział dziennikarzom: „Był dziś taki podjarany, że pierwszym rzutem prawie połamał tablicę".

Na dwie i pół minuty przed końcem meczu Doc nas zmienił. Choć wygrywaliśmy bardzo wysoko, prawie nikt nie wychodził z hali. Minęło sporo czasu, od kiedy kibice Celtics mieli jakieś powody do radości. I zgotowali nam owację na stojąco, tak jak na początku meczu. Widzieli, jak wyjątkowa jest ta drużyna, i chcieli cieszyć się każdą chwilą.

Kiedy szliśmy razem z P w kierunku ławki, objąłem go. Piętnaście lat po meczu McDonald's All-American znowu byliśmy kolegami z drużyny, gotowymi pokazać Bostonowi i całemu światu, co możemy zrobić. Obaj podnieśliśmy palce wskazujące w kierunku wiwatującego tłumu. Jeszcze niczego nie widzieliście.

Scottie Pippen

zobacz **Hollywood; Invitation. Zaproszenie; Isiah; Kevin McHale**

Players First. Po pierwsze zawodnicy

Zanim przyjechałem do Bostonu, życie było tu gówniane. Nie istniała żadna struktura. Razem z Dokiem Riversem, Paulem i Rayem pomogliśmy ją zbudować. Stworzyliśmy kulturę wokół nastawienia, że to zawodnicy są najważniejsi. Rządziliśmy szatnią. To było nasze małe sanktuarium.

Gdy ktoś – nieważne kto – próbował zaatakować naszą przestrzeń, jeden z nas – a zazwyczaj tym kimś byłem ja – mówił szybko: „Wypierdalaj stąd. Dlaczego w ogóle tu jesteś? Gdzie jest ochrona? Zabierzcie go stąd".

Jeśli spotykaliśmy się z jakąś negatywną reakcją, to trudno. „Zapominamy o starym gównie, zapominamy o zeszłym roku. Teraz tak właśnie działamy".

Chodziliśmy razem na kolacje, oglądaliśmy razem filmy, udzielaliśmy razem wywiadów.

Doc był bardzo pomocny w zaszczepieniu nastawienia, że zamykamy się za żelazną kurtyną. Jej moc chroniła nas przed jakąkolwiek negatywną energią z zewnątrz. Pozytywna energia tworzy się sama i to właśnie ona, generowana przez fakt, że to zawodnicy stali się teraz najważniejsi, pomagała nam iść do przodu.

Prejudice. Uprzedzenia

Pod koniec kampanii 2013 Jason Collins przyznał, że jest gejem. Była to głośna historia, bo został pierwszym sportowcem z jednej z największych lig – koszykarskiej, baseballowej, futbolowej i hokejowej – który otwarcie przyznał, że jest homoseksualistą. Potem grał z numerem 98, bo właśnie w tym roku Matthew Shepard był torturowany i został zamordowany za to, że był gejem. Koszulka Collinsa z numerem 98 stała się bestsellerem w sklepach NBA. Jason podpisywał każdą sprzedaną koszulkę i przekazywał wpływy na fundację imienia Matthew Sheparda.

Ucieszyło mnie to. Pod koniec kariery grałem z Jasonem w Brooklyn Nets. Okazał się zajebistym kolegą. Jego seksualność nigdy nie stanowiła problemu. Był jednym z nas. W dzieciństwie odziedziczyłem wiele uprzedzeń charakterystycznych dla mojego pokolenia. Jako młody sportowiec nigdy nie wyzywałem gejów ani nie próbowałem ich upokorzyć. Mówiąc szczerze, nie miałem nawet świadomości, jakiej są orientacji. Ale kiedy dorosłem i ruchy gejowskie się ujawniły, przeszedłem transformację. Patrzyłem na siebie i docierało do mnie, że w głębi serca mam uprzedzenia. A nie podobały mi się żadne uprzedzenia. Musiałem więc skonfrontować się sam ze sobą. O co chodzi z tymi uprzedzeniami? Jak to bywa z większością uprzedzeń, chodziło przede wszystkim o strach przed nieznanym. Biali tak naprawdę nie znają czarnych, lecz się ich boją. A ponieważ strach to bardzo niekomfortowe uczucie, często zmienia się w nienawiść. Łatwiej jest radzić sobie z nienawiścią niż ze strachem. Podobnie jest z ludźmi hetero i z gejami. Hetero boją się gejów, bo boją się, że mogą okazać choćby najdrobniejsze gejowskie skłonności. I znowu strach zmienia się w nienawiść.

Wielkie dzięki dla kolesi takich jak Jason Collins, który miał odwagę przeciwstawić się strachowi i nienawiści i – w obliczu tego wszystkiego – stać prosto z dumnie podniesioną głową.

Prince

Organizowaliśmy tradycyjne dla amerykańskiego Południa imprezy – i u Mamy, i u cioci – z muzyką na cały regulator. Peabo Bryson. Curtis Mayfield. Aretha Franklin. Stevie Wonder. Chmury dymu z blantów, butelki whisky Crown Royal, grill i ciasteczka, wszyscy siedzący wokół stolika do gier karcianych i granie do północy. W tym czasie dzieciaki bawiły się na podwórku, spędzaliśmy czas, szalejąc i skacząc sobie aż do rana.

Mama miała swoich ulubionych wykonawców: Sam Cooke, Gladys Knight, Sam & Dave – same dobre rzeczy. Kiedy razem z siostrami sprzątaliśmy dom, puszczała głośno muzykę i śmiała się, gdy zaczynałem tańczyć z miotłą. Widziała, że dobrze się ruszam. Ale dopiero kiedy pojawił się Prince, zaczęła mnie nim zadręczać. Wychowałem się na muzyce Prince'a. Uwielbiałem go, zanim zacząłem go rozumieć. Docierały do mnie jego rytmy, a nie historie, które opowiadał. Moim ulubionym utworem było *Darling Nikki*. Puszczaliśmy go bez przerwy. Słowa przelatywały mi przez głowę. Prince śpiewał o onanizowaniu się do zdjęć w magazynach, ale ja nie słuchałem tekstu. Tańczyłem.

Mama przerywała mi taniec, wyłączała boomboxa i pytała:

– Co ty wiesz o *Nikki*?

– Nic, po prostu lubię tę piosenkę.

– Przestań ją śpiewać.

– Ale dlaczego?

– Nie musisz wiedzieć d l a c z e g o. Musisz wiedzieć tyle, że nie wolno ci puszczać tej piosenki.

Naturalnie ta rozmowa sprawiła, że jeszcze bardziej polubiłem *Darling Nikki*.

Prince'a poznałem na początku mojej kariery w T-Wolves. Jestem w jego klubie The Quest. Druga nad ranem. Mają tam zaplecze, mogące pomieścić nie więcej niż ośmiu czy dziewięciu czarnuchów. Pytam, czy mogę tam wejść.

Jest w środku. Błyszcząca marynarka. Zajebisty kapelusz. Buty z krokodylej skóry na koturnach.

Kiwa na mnie.

– Chcesz pogadać?

No raczej, że chcę pogadać z Prince'em.

Dyżur ma jego ochroniarz, Big Chick, gigantyczny białas, który czasami nosi swojego szefa na ramionach. Zadba o to, żeby nikt nam nie przeszkadzał. Prince chce porozmawiać o koszykówce. Zna się na baskecie. Grał w kosza w szkole średniej North Community. Ma mnóstwo pytań, a ja mam wiele do powiedzenia. Ale najbardziej podoba mi się, gdy rzuca:

– No dobra, idziemy do Paisley Park. Chodź za mną.

Serce zaczyna mi łomotać. Wskakuję do bryki i jadę za karawaną aut. Jest ich przynajmniej dziesięć. Spełnia się kolejne moje marzenie.

Paisley to połączenie wielkiego muzeum, hali sportowej, sali tanecznej, kompleksu biurowego i audytorium. Dojeżdżamy na miejsce i Prince znika na prawie godzinę. Jesteśmy w sekcji, która służy do organizacji koncertów. Wielka scena, wielka przestrzeń, zero krzeseł. Wszyscy stoją. Wszyscy czekają. Wszyscy wiwatują, kiedy w końcu kapela wychodzi na scenę, a zaraz za nią sam Prince. Zmienił strój. Jest teraz w czarnym skórzanym kostiumie błyszczącym złotem i srebrnych kozakach sięgających mu do ud. Wygląda, jakby miał zaraz wystąpić na Super Bowl, choć jest nas tylko z 50, może 60 osób. Nie musimy długo czekać.

Bum. Rusza muzyka. Gra stare kawałki, takie jak *Kiss* czy *Let's Go Crazy*, i nowsze utwory, jak *Cream*, ale wykonuje też trochę najnowszych kawałków, których nikt z nas nigdy nie słyszał. Nie odpierdala na odczep się, robi to tak, jakby od tego miało zależeć jego życie. Szaleje z gitarą, śpiewa strzelistym falsetem, robi szpagaty, przechodzi z jednego rytmu w drugi. Gra przez godzinę, potem kolejną, ale nie przestaje, w sumie ta improwizacja trwa trzy czy cztery godziny bez przerwy. Jesteśmy bardziej wyczerpani od niego. Nigdy wcześniej czegoś takiego nie widzieliśmy ani nie słyszeliśmy.

A ten skurwiel wciąż nie jest nawet zmęczony.

– Przebiorę się i idziemy zjeść śniadanie – mówi.

Jakąś godzinę później wychodzimy z Paisley Park w palącym słońcu. Jest dziesiąta rano. Listonosze rozwożą już pocztę. Zaczął się nowy dzień, a ja jestem na totalnym haju dzięki jego magicznej muzie, którą wciąż jeszcze czuję w całym ciele.

Jedziemy do jakiejś przydrożnej śniadaniowni. Prince, jakichś trzech braci i ja. Prince nie je mięsa. Tylko pomidory na liściu sałaty. Ja biorę naleśniki z bekonem. Drażni się ze mną. Zadaje mi pytania. Chce jeszcze pogadać o baskecie. Spoko. Możemy gadać, o czym tylko zechce. Opowiada mi o Minnie – jak zmieniają się dzielnice, tłumaczy, dlaczego woli trzymać się z dala od miasta.

– Lubię być daleko i się przyglądać – mówi. – Dystans daje ci inną perspektywę.

Utożsamiam się z tym, wspominając, jak sam byłem małym dzieciakiem w Nicholtown i gapiłem się przez drzewa na jeżdżące w oddali samochody.

Prince zmienia temat i z geografii przechodzimy na koncepcję czakry. Nigdy wcześniej o tym nie słyszałem. Jestem zafascynowany. Opowiada o jodze, o wizualizacjach, o wyższości umysłu nad materią, o ćwiczeniach z oddychania. Kompetentny koleś. Ma głęboki, dźwięczny głos. Mówi falami. Czujesz się tak, jakbyś widział, jak przepływają ci przed oczami. Tak jak wtedy, kiedy śpiewa i wciąga cię w każdą nutę, tak teraz, gdy mówi, wciąga cię w każde wypowiadane słowo. Każde z nich jest właściwe. Atmosfera robi się ciekawsza, kiedy dociera do niego, że dorastałem jako świadek Jehowy. Miało minąć jeszcze kilka lat, zanim oficjalnie zmieni religię, ale już wtedy był zanurzony w wierze. Bracia Świadkowie rozmawiają ze sobą w specyficzny sposób. Rozmawiamy szczerze. Dyskutujemy o Piśmie Świętym. Nie zamierzam się kłócić. Ważne jest to, że rozumiem, skąd przychodzi. Odnalazł coś, co chciał znaleźć. Rozumiem go. On mnie też rozumie. W moich oczach i w moich doświadczeniach z przeszłości dostrzega część siebie. Wyglądamy razem śmiesznie. Jestem od niego o jakieś 60 centymetrów wyższy. Ale to on jest moim starszym bratem, to on jest ode mnie większy. Jestem intensywny, ale on w jakiś fascynujący sposób jest jeszcze bardziej intensywny. Dowodzi, że sylwetka nie ma nic wspólnego z wielkością. Pod wieloma względami Prince jest największym kolesiem, jakiego kiedykolwiek spotkałem. Góruje nad wszystkimi.

Nie muszę mu mówić, że jestem jego wiernym fanem ze względu na kawałki o lizaniu cipki i waleniu konia. Wiem, że jest już dorosły i dojrzały i nie musi już śpiewać takich gówien jak kiedyś. Podbił światowy rynek. Nie bał się totalnie wyluzować. Ale tak totalnie. Nie bał się wkładać wałków we włosy. W dupie miał to, że wygląda mało męsko. Wyróżniał się delikatnymi rysami twarzy. I jeszcze je podkreślał. Sprawił, że można być dumnym z bycia metroseksualnym, że to jest naprawdę spoko. Panienki go uwielbiały. A kolesie go naśladowali. Stworzył sobie taką tożsamość, jaką chciał. Pierdolić kulturę. On zmienił kulturę. Robił wszystko tak, jak chciał. Te spontaniczne występy w Paisley o czwartej nad ranem były zajebiste, ale jeszcze bardziej zajebiste było przedstawienie, które dał na świeżym powietrzu w centrum Minnie naprzeciwko First Avenue, słynnego klubu z filmu *Purpurowy deszcz*. Byłem szczęśliwy, że mogłem siedzieć wtedy na scenie. Obejrzałem się za siebie i zobaczyłem morze ludzi, które sięgało aż do hali Target Center. Wyglądało to tak, jakby wszyscy mieszkańcy Minneapolis stali tam ramię w ramię, żeby zobaczyć, tego kolesia.

Prince wszedł z ulicy na scenę. Wszędzie były głośniki. Zgromadzony tłum był głośniejszy od miliarda pszczół. Prince, ubrany w jeden ze swoich strojów z Marsa, podszedł do mikrofonu i pozwalał, żeby to brzęczenie trwało chyba przez wieczność. W końcu podniósł rękę i tłum umilkł. Nastała martwa cisza. Jak makiem zasiał. Spojrzał na swoje miasto, spojrzał na tysiące gapiących się na niego twarzy. Wziął oddech. Westchnął. Pozwolił ciszy trwać tak długo, aż czułem, że zaraz tego nie wytrzymam. W końcu podniósł mikrofon do ust i zaśpiewał słowa tamtej piosenki: „I knew a girl named Nikki...", i – o kurwa – cały świat podskoczył. To był wstrząs sejsmiczny. Minnie oszalało. Kompletnie oszaleliśmy. Prince uwielbiał pisać teksty, uwielbiał nagrywać, ale nie było niczego, co sprawiałoby mu większą radość niż koncerty, podczas których doprowadzał fanów do totalnego wyczerpania. Kiedy koncert dobiegł końca – a zdawało się, że trwał całą wieczność – zrobił już wszystko, co miał zrobić. Zniszczył nas. Rozjebał. Dał nam więcej radości, więcej czystej przyjemności, więcej siebie, więcej Ducha Świętego, niż byliśmy w stanie przetrawić.

Wiele lat po tym, jak osiadłem w Minnie, jakiś dziennikarz nazwał Prince'a naczelnym dowódcą kultury, a mnie naczelnym dowódcą bycia spoko. Oczywiście było mi bardzo miło, że zostałem wymieniony z nim w jednym zdaniu. Wszystkim jest miło, kiedy mówi im się, że są spoko, ale uważałem, że nie zasługuję na ten tytuł. To Prince powinien otrzymać oba tytuły. Był Królem Kultury i Królem Bycia Spoko. Ta część jego kultury i bycia spoko, która udzieliła się mnie, była darem; uznałem za przywilej, że znałem człowieka, którego nie sposób w pełni poznać. Jego mistyka była magiczna. Jeśli rozpracujecie tajemnicę, która stoi za magią, to magia umiera. I pod tym względem, przynajmniej jeśli chodzi o mnie, Prince nadal żyje.

Promenada

W 2013 roku grałem w Brooklyn Nets. Czułem się podekscytowany tym, że mieszkam w dzielnicy West Village na Manhattanie. To był łatwy wybór. Zawsze chciałem mieszkać w Nowym Jorku. Kiedy przyjeżdżałem tu przez te wszystkie lata, zwiedzałem różne okolice. West Village mi się podobało, bo było klimatyczne, spokojne i wyglądało jak z książki. Drapacze chmur w Midtown wydawały się spoko, znałem kolesi, którzy mieszkali na 90. piętrze, ale wolałem zamieszkać w sześciopiętrowej kamienicy, w której będzie dużo miejsca dla mojej rodziny.

Jestem wyluzowany. Dostosowuję się do artystycznej atmosfery dzielnicy. Chodzę z dzieciakami nad rzekę Hudson, oglądamy łodzie, zaglądamy do galerii i restauracji, żyjemy miejskim życiem, którego nigdy wcześniej nie znałem. Wszystko jest na miejscu, o przecznicę dalej albo zaraz za rogiem.

Wszystko jest spoko poza jedną rzeczą: nie zdawałem sobie sprawy z tego, jak głęboko zakorzeniona jest w Nowym Jorku kultura Knicks. Chociaż nie gram już w Bostonie, to co chwila podchodzi do mnie jakiś kibic i mówi: „Pierdolić Celtics". Albo: „Pierdolić Brooklyn". Kiedy zdarza się to po raz pierwszy, to się tym nie przejmuję. Ale to się powtarza, nawet kiedy jestem z dziećmi. Nie należę do typów, którzy daliby się sprowokować jakiemuś tępemu ignorantowi i trafiliby do pierdla za napaść, ale przyznaję, że mnie kusi.

Letni obóz treningowy odbywa się w Jersey. Treningi są wyczerpujące, ale wciąż daję z siebie wszystko. A potem, z powodów, których nie potrafię wyjaśnić, pewnego magicznego wieczora doświadczam magicznej chwili.

Po wspólnej kolacji z kolegami z drużyny w Hoboken w stanie New Jersey idę sobie promenadą za rzeką Hudson. Jestem sam. Krystalicznie czyste niebo rozświetlają gwiazdy. Spokojna woda. Kilka mew wskakuje i nurkuje w ciemnej wodzie. Dźwięk syreny. Widok holownika. Po drugiej stronie rzeki majaczy oślepiająca panorama Manhattanu. Drapacze chmur świecą jak diamenty. Odległe światła samochodów jadących w górę i w dół West Side Highway. Idę sobie i patrzę. Napotykam jakieś boisko piłkarskie. Znajduję ławkę. Siadam i gapię się na drugą stronę rzeki. Patrzę na zmarszczki na powierzchni wody, w których odbija się światło księżyca. Patrzę w górę na jakiś samolot odrzutowy lecący w kierunku lotniska LaGuardia albo Kennedy'ego. Wspominam ten idealny widok z Nicholtown, kiedy patrzyłem ponad drzewami na jadące samochody. Myślę sobie, jakie to piękne – jakie pocieszające, jakie satysfakcjonujące – siedzieć tak sobie w bezruchu. I że bycie w samym centrum wydarzeń jest fajne, ale czasem obserwowanie tych wydarzeń z oddali bywa jeszcze fajniejsze. Wyobrażanie sobie, co się dzieje na Manhattanie. Klaksony taksówek. Gwar restauracji. Zgiełk przedmieść, zgiełk centrum miasta. Multimilionerzy z dzielnicy TriBeCa, którzy zamieniają odjechane stare lofty w luksusowe pałace, dziwki, panienki do towarzystwa, tłuste koty z Wall Street z workami pieniędzy w limuzynach, bezdomni mieszkający w parkach, naćpani narkomani, studenci o jasnych oczach, dzieciaki rodzące się w jednym skrzydle szpitala, kolesie umierający w drugim. Wdycham powietrze. I wydycham. Te chwile, kiedy się zatrzymujesz i tylko patrzysz przed siebie. Wyłączasz umysł i spoglądasz na drugą stronę rzeki. Gdzieś tam w zaświatach, daleko w kosmosie, kręcą się planety, wszechświaty wewnątrz wszechświatów, nieskończona przestrzeń, nieskończony czas, Bóg Jehowa, źródło wszystkiego, siła i stwórca. Kreatywność, życiodajna kreatywność, nigdy się nie zatrzyma. Teraz i zawsze.

Przewinienie techniczne

zobacz **Rasheed Wallace**

Kirby Puckett

zobacz **Land Cruiser**

Q

Questions. Pytania

Questions. Pytania

Jakie słowo zaczyna się na literę Q? To chyba jakieś zadanie z mistrzostw w scrabble. Hm, pomyślmy…

Jest *quince* (pigwa), owoc, który Rosie Perez wykorzystała w odpowiedzi w teleturnieju Jeopardy! w filmie *Biali nie potrafią skakać*. Ale z pigwą wiąże się w moim przypadku tylko jedna istotna myśl: że Rosie Perez to fajna laska. Jestem za to pigwie bardzo wdzięczny, ale to za mało, żeby zasłużyć sobie na rozdział w mojej książce.

Jest i Q*bert, stara zręcznościowa gra wideo, w którą grałem jako dzieciak. Chodziło się ślicznym pomarańczowym ludkiem z wyłupiastymi oczami i rurkowatym nosem. Ciągle bluzgał, a ja uważałem, że to bardzo śmieszne, a teraz sobie myślę, że może właśnie przez to zawsze tak bardzo przeklinałem. Ale nie mogę powiedzieć, że to była moja ulubiona gra – rozwinę ten wątek, gdy dojdziemy do litery V.

Jest raper Q-Tip i DJ Questlove – panowie, wielkie dzięki dla was. Uwielbiam waszą muzę.

Ale gdy przychodzi co do czego, to jest tylko jedno istotne dla mnie słowo na literę Q. Jest bardzo ważne – być może najważniejsze w całej tej książce. *Questions* – pytania.

Pytania są kluczem do nauki. Jeśli czytając te słowa, jesteś jeszcze młody, zachęcam cię do zadawania jak największej liczby pytań starszym od ciebie. A jeśli jesteś starszy, powinieneś zachęcać dzieciaki do zadawania pytań. Każdy, kto to czyta, musi wiedzieć, że zawsze opowiadam się za zadawaniem pytań.

Nie zawsze znam odpowiedzi, ale zawsze mam jakieś pytania – pytania, które krążyły po mojej głowie, odkąd byłem dzieckiem. Już jako dorosły zrozumiałem, że zadawanie pytań jest dobre. Dorastałem w Sali Królestwa i pod wieloma względami bardzo na tym skorzystałem. Ale Sala Królestwa była zainteresowana raczej udzielaniem odpowiedzi niż zachęcaniem do zadawania pytań.

Nie powiem złego słowa na temat jakiejkolwiek religii. Jeśli dobrzy ludzie są w stanie wynieść coś pozytywnego z danej religii, to niech Bóg ich błogosławi. Ale jeśli mam być uczciwy, to muszę zadać wszystkie pytania i wyrazić wszelkie wątpliwości, które krążą mi po głowie.

Biblia to piękna księga. Być może najpiękniejsza, jaką kiedykolwiek napisano. Nie wiem. Nie przeczytałem aż tak wielu książek. Ale jest jedno pytanie dotyczące Biblii, które od lat mnie nurtuje.

Dlaczego Jezus nie pisał?

Biblia wspomina, że napisał jedną rzecz, lecz pozostaje ona nieznana. Pojawia się w historii o kobiecie, która popełniła cudzołóstwo i została przyprowadzona przed oblicze Pana. Stróże prawa powiedzieli, że według Mojżesza powinna zostać ukamienowana. Jezus odpowiedział: „Kto z was jest bez grzechu, niech pierwszy rzuci kamieniem". Nikt nie rzucił, a Jezus napisał wtedy coś na piasku i odprawił ją, mówiąc: „Ja ciebie nie potępiam. Idź, a od tej chwili już nie grzesz".

Uwielbiam tę historię, ale ciągle się zastanawiam, co takiego wtedy napisał. Zastanawiam się też nad czymś innym: jeśli Jezus chciał być rozumiany – a nie interpretowany – to dlaczego po prostu nie napisał tego, co dokładnie myślał, co czuł i co nakazywał? Dlaczego spisanie tych historii zostawił swoim wyznawcom? Dlaczego sam ich nie opisał? To był Bóg Jehowa, a Bóg Jehowa może robić to, co chce. Myślę sobie, że Bóg Jehowa chciał, żebyśmy zadawali takie pytania. Mam jeszcze jedno pytanie. Pytanie dotyczące zła.

Dlaczego Bóg Jehowa nie rozwalił zła? Dlaczego pozwolił kolesiom takim jak Hitler czynić tyle pierdolonego zła? Możecie odpowiedzieć, że Bóg ustanowił wojnę dobra ze złem po to, żebyśmy mogli odnaleźć w sobie w tej walce dobro. Ale wtedy musicie też zapytać, dlaczego ta wojna nigdy się nie kończy. Jeśli prześledzimy historię i przejdziemy do czasów współczesnych, to okazuje się, że wojna wciąż szaleje. Czy kiedykolwiek się zakończy? Czy Bóg nie może zakończyć wojen, które przynoszą więcej bólu, niż jesteśmy sobie w stanie wyobrazić?

Dzieci umierają na raka. Dlaczego?

Miasta są niszczone przez tsunami. Dlaczego?

Choroby zabijają miliony istnień na całym świecie. Dlaczego?

Pojawia się technologia, która wygląda tak, jakby była siłą dobra, po czym źli ludzie ją przejmują i wykorzystują do siania nienawiści. Dlaczego?

Dlaczego ludzie nie przestają nienawidzić i zabijają się w imię religii?

Dlaczego pokój nie może zapanować na zawsze?

Dlaczego Bóg Jehowa nie może przyspieszyć i sprawić, że teraz, dziś, właśnie w tej chwili nasze ludzkie nieszczęścia nie zamienią się w radość?

Kiedy zadaję te pytania, to nie chcę przez to powiedzieć, że nie wierzę w Boga. Wierzę w najwyższego stwórcę i najwyższą siłę. I zawsze będę wierzył. Ale to, że wierzę, że jestem myślącą istotą ludzką, nie oznacza, że przy całej tej wierze nie dręczą mnie żadne pytania. Otóż dręczą.

Ale to właśnie moja religia sprawia, że wierzę. I moja religia mówi mi: „Twoje pytania są sensowne i właściwe. Możesz zadawać ich tyle, ile chcesz. Ale jeśli jesteś wierny, jeśli kochasz życie, to duch miłości przezwycięży wszystko inne. I możesz to robić, nadal zadając pytania. Możesz to robić nawet wtedy, kiedy twoje pytania pozostają bez odpowiedzi".

R

Reprezentacja olimpijska Stanów Zjednoczonych / Retirement. Emerytura / Pat Riley / Dennis Rodman / Rajon Rondo / Routine. Rutyna / Rubber Band. Gumowa opaska / Bill Russell

Reprezentacja olimpijska Stanów Zjednoczonych

zobacz **Dunk; Europejczycy; Shoes. Buty**

Retirement. Emerytura

To nie dla mnie. Nie lubię słowa *retirement.* A najbardziej nie podobają mi się w nim skojarzenia ze słowem *tired* – zmęczenie.

Kibice pytają: „Co z koszykówką? Nie tęsknisz?".

Odpowiadam, że nie. Kiedy jeszcze grałem, nie zawsze siebie lubiłem. Byłem innym człowiekiem. Zmieniłem się. Nie byłem Kevinem. Grałem w kosza. Chciałem być wszędzie i chciałem, żebyście mnie zapamiętali. Chciałem, żebyście zapamiętali doświadczenia ze mną. I tak właśnie grałem. Dawałem z siebie wszystko. I w meczach, i na treningach. I zawsze chciałem móc powiedzieć: „Kiedy już z tym skończę, to nie zamierzam już nigdy więcej myśleć o koszykówce. Bo zamierzam pozostawić wszystko na parkiecie".

Nie tęsknię za niczym związanym z koszykówką. Nie biorę już piłki do rąk. Nie zamierzam się z tym pierdolić. Myślicie pewnie, że chętnie bym czasem poszedł sobie pograć. Ale kiedy gram, ciało strasznie mnie boli. Do tego stopnia, że przez kolejne dwa dni przechodzę rekonwalescencję. Musiałem wymyślić dla siebie nowy reżim treningowy, który przy ultrazdyscyplinowanym podejściu pasuje do mojego pokoszykarskiego życia.

Dziś zaraz po pobudce idę na jogging i spacer po plaży. Po powrocie do domu kolejnych 45 minut spędzam na siłowni, dźwigając ciężary. Potem naświetlam się podczerwienią. Potem przez pół godziny pływam i zaczynam dzień około jedenastej. Większość moich zajęć przypada na dalszą część dnia, więc poranki mam tylko dla siebie.

Oddałem koszykówce wszystko, co miałem. A potem jeszcze więcej. Nie zamierzam się zamartwiać tym, że już nie gram w kosza. Z przyjemnością oglądam w telewizji mecze NBA i niczego nie żałuję. Nie fantazjuję o tym, że mógłbym wciąż grać. Jestem szczęśliwy tu, gdzie jestem. Nadal jestem hiperaktywny, pod pewnymi względami nawet bardziej niż kiedykolwiek. Jak dla mnie hiperaktywność i szczęście idą ze sobą w parze.

Pat Riley

zobacz **LeBron James; June 29, 1995. 28 czerwca 1995**

Dennis Rodman

Możecie mówić, co chcecie, o Robaku – jednym z najbardziej szalonych specjalistów od zbiórek i najbardziej ekstrawaganckich braci, jacy kiedykolwiek pojawili się w świecie sportu – ale najbardziej cenię go za wytrzymałość. Od razu to w nim dostrzegłem.

T-Wolves i Bulls zakończyli właśnie krwawą bitwę w hali Target Center. Ostrą, okrutną, męską. Doszło do dogrywki. Była jeszcze ostrzejsza niż wcześniejszy mecz. W końcu minimalnie wygraliśmy. Być może właśnie wtedy Minnie po raz pierwszy w historii wygrało z Chicago. Cieszyliśmy się tak, jakbyśmy zdobyli mistrzostwo świata. Confetti i inne podobne gówna.

Po meczu poszedłem do siłowni, nie po to, żeby ćwiczyć, ale żeby się odprężyć. Siedziałem sobie tam i nagle pojawił się tam nie kto

Fot. Glenn James / NBAE / Getty Images

Przeciwko Dennisowi Rodmanowi

inny jak Rodman, ubrany w te swoje wielgachne wojskowe buty, które sięgały mu aż do kolan. Miał na sobie dresy i wojskowe buty – spróbujcie to sobie wyobrazić! Wszedł razem ze swoim fizjoterapeutą. Szybko na mnie spojrzał, po czym powiedział:

– Dobry mecz, młody. Podobała mi się twoja energia.

Po czym wskoczył na bieżnię i zaczął zapierdalać tak, jakby właśnie obrabował bank i policja deptała mu po piętach. I dalej pieprzył do mnie jakieś głupoty.

– Jutro gram z tym dzieciakiem z Jersey. Mówią, że zbiera najlepiej w NBA. Pierdolenie. Zbiorę 45 piłek. Obserwuj mnie.

Obserwowałem. Nie zwalniał. Był cały spocony w tym dresie.

Pomyślałem sobie: No dobra, chyba pora wracać do domu.

Ale nie, jeszcze zwiększył prędkość. Nie mógł się doczekać kolejnego wyzwania i pracował po godzinach, żeby się na nie przygotować. Wariat. Opowiadał mi o kontuzjach, których doznawał na początku kariery, i o tym, jak dzięki treningom siłowym nabrał mięśni i poprawił wytrzymałość. I zapieprzał w tych wojskowych butach, nawijał kilkaset słów na minutę i w ogóle nie tracił oddechu.

Pomyślałem sobie, że to właśnie rodzaj szaleństwa, jakiego będę potrzebował.

Rajon Rondo

Kiedy Danny Ainge, dyrektor operacyjny Celtics, zanim ściągnął mnie do drużyny, poprosił mnie, żebym przyleciał do Bostonu na spotkanie, i zaprezentował mi wtedy swoją wizję. Kiedy tak ją przede mną rozwijał, to w pewnym momencie zniknął, tak że mogłem zobaczyć ten obraz przed sobą, jak jakąś halucynację albo hologram. Na tym właśnie polega wielkość Danny'ego Ainge'a – wie, co zrobić, żeby cię zachęcić. A ja nawet nie zdawałem sobie z tego sprawy. Bo jest w tym aż tak dobry. Sprawia, że myślisz sobie, że to twój pomysł.

– O co chodzi z tym małym afrykańskim obrońcą, którego pozyskaliście? – zapytałem.

Przygotowując się do spotkania, obejrzałem kilka meczów Celtics. W meczu przeciwko Knicks w hali Madison Square Garden doszło do akcji, która się wyróżniała. Ten mały obrońca pierwszoroczniak zdobył punkty, po czym przechwycił podanie zza linii bocznej i zdobył kolejne punkty, tym razem z faulem. Uwielbiałem jego energię. Ale ponieważ byłem dyslektykiem, nie miałem pojęcia, jak wymawia się jego nazwisko. Myślałem, że jest z Afryki albo coś w tym stylu.

Danny dziwnie na mnie spojrzał.

– Afrykańskim?

Z Rajonem Rondo

O kurwa, pomyślałem. Teraz Danny mnie wypróbuje i każe mi wymówić jego imię.

– Tak jest – odpowiedziałem. – Raj-oon.

– A, mówisz o Rajonie. Mówisz o Rondo. On jest z Kentucky.

– Tak jest – mówię. – Rondo. Musicie go zatrzymać. Przejdę do Bostonu, ale musicie go zatrzymać.

Danny przez chwilę się zawahał. Planowali umieścić Doe w pakiecie za mnie.

– Nie – odpowiedziałem. – Jeśli tak, to nici z tego transferu.

I Rondo pozostał w Beantown. Nazywam go Doe i mówię, że jest moim małym bratem. Kiedy P, Ray i ja wylądowaliśmy w Bostonie, to nazwano nas Wielką Trójką. Ale Doe był taką samą częścią wielkiego równania jak każdy z nas.

Od samego początku świetnie się z Doe dogadywaliśmy. Może dlatego, że postrzegałem go jako młodszą wersję samego siebie – a on widział we mnie swoją starszą wersję. Ma trochę ponad 183 centymetry wzrostu i dziesięć lat mniej, ale jest tak samo intensywny jak ja. Czasami, tak jak ja, robił odjechane rzeczy. Jego wybryki były szalone, tak jak moje. Myślał w niestandardowy sposób, tak jak ja. Pod wieloma względami byliśmy podobni.

Jak tego wieczora, kiedy graliśmy w Chicago z Bulls. To był piątek. Zimno jak skurwysyn, padał zajebisty śnieg. Kibice rzucali w nasz autokar śnieżkami. Chicago było w swoim żywiole. Mieli w składzie Derricka Rose'a, młodego zawodnika, którym wszyscy się jarali. Podeszli do meczu z ogromną energią i od razu objęli prowadzenie. Wyglądało to marnie. Ciągle traciliśmy piłkę. Nie byliśmy wystarczająco skoncentrowani. W jednej z akcji Doe rozgrywał piłkę i wywołał, co mamy zagrać. Ale zamiast podać piłkę, żeby to rozpocząć, zaczął kozłować na freestyle'u – za plecami, pomiędzy nogami – a potem wywalił podanie na aut. Nikt nic nie powiedział. Przy kolejnej akcji zrobił dokładnie to samo. Znowu wywołał tę samą akcję, po czym zaczął się wygłupiać i znów wywalił piłkę w aut. Teraz już wszyscy byliśmy wkurwieni, a zwłaszcza ja.

– Ogarnij się, Doe! – krzyknąłem. – Co ty wyprawiasz? Po prostu podaj celnie piłkę. Nie musisz tego komplikować.

Coś tam mi odpyskował. Ja coś mu odpyskowałem. Po kilku kolejnych akcjach Doc poprosił o przerwę na żądanie.

– Co wy sobie wyobrażacie? Że wystarczy, że się pojawicie i wygracie? – zapytał, kiedy staliśmy w kręgu. Był porządnie wkurwiony. – Myśleliście, że rywale będą przerażeni tylko dlatego, że jesteście potężnymi Celtics?

Jeden z chłopców od podawania piłek podał mi kubek wody. Przekazałem go Doe, żeby dzieciak nie musiał wyciągać ręki ponad nami. Ale Doe mnie olał. Udawał, że nie widzi wody, bo jest taki skoncentrowany na timeoucie i na tym, co mówi do nas Doc. Teraz już naprawdę nieźle się wkurwiłem. Wypiłem wodę jednym łykiem, po czym zmiażdżyłem sobie kubek na głowie. Wtedy Doe wstał i obszedł mnie naokoło, żeby wziąć swoją wodę, po czym wypił ją małymi łyczkami niczym gentleman, jakby chciał pokazać, że moje zachowanie nie robi na nim wrażenia. Ale najwyraźniej woda dostała się do niewłaściwego otworu. Zaczął kaszleć, próbował przestać, odwrócił się, żeby nikt tego nie zauważył. Bo teraz to jemu było wstyd. Spojrzałem na niego i pomyślałem sobie: I dobrze ci tak, chłopaku, zadław się.

Zacząłem odpychać resztę chłopaków.

– Uważaj, Perk. Zróbcie mu miejsce. Zadław się! Zabij się! Umieraj! Umieraj!

Kiedy tak wrzeszczałem, wszyscy wciąż stali w kółku. Wszyscy się na nas gapili, jakbyśmy oszaleli.

– Teraz kiedy ktoś będzie mówił, żebyś podał – krzyczę – to podawaj!

Rajon w końcu przestał kaszleć, złapał powietrze, ale z oczu wciąż płynęły mu łzy. Naprawdę się zakrztusił.

– Wszyscy do roboty – powiedział Doc.

Zebraliśmy się do wspólnego okrzyku, po czym przerwaliśmy krąg. Wróciliśmy na parkiet i potem już rozwaliliśmy Bulls.

Taką właśnie relację miałem z Doe. Karmiliśmy się nawzajem i motywowaliśmy. Jeśli jest na świecie ktoś bardziej uparty ode mnie, to tym kimś jest właśnie Doe. A jeśli jest na świecie ktoś bardziej uparty od Doe, to tym kimś jestem ja. Podobną relację miał z Dokiem. O rany, ależ oni się kłócili. Czasami wyglądało na to, że się na siebie rzucą. Ale źródłem wszystkiego była miłość i szacunek, bo obaj tak bardzo pragnęli wygrywać.

Jeśli chodzi o najważniejsze mecze, to niektórzy kolesie w nich pękają. Z Doe jest wręcz przeciwnie. On zawsze gra w takich spotkaniach fantastycznie. Ani razu się nie martwiłem tym, jak zagra w ważnym meczu.

Jeśli Doe się czymś martwił, to potrafiliśmy o tym rozmawiać godzinami. Lubiliśmy rozbrajać takie bomby. Wchodziliśmy głęboko w temat. Rozkładaliśmy problem na czynniki pierwsze i patrzyliśmy na niego z każdej strony. Lubiliśmy analizować.

Doe to myśliciel. Jeden z najmądrzejszych koszykarzy, jakich znam. Jego iloraz inteligencji koszykarskiej wykracza poza skalę. Kiedyś będzie wielkim trenerem. Ja bym nie dał rady, bo brakuje mi cierpliwości. Mam problem z ludźmi, którzy mają ogromny potencjał, ale nie robią wszystkiego, żeby go w pełni wykorzystać. Jeśli widzę, że nie masz odpowiedniej etyki pracy, to nie jestem w stanie tego zdzierżyć. A Doe ma taką cierpliwość, że potrafi zmotywować każdego.

Rutyna

Jedną z rzeczy, jakich musiałem się nauczyć, będąc młodym koszykarzem, było poważne podejście do rutyny. Kiedy trafiasz do NBA, to poświęcasz czas na trening rzutowy, na trening siłowy, na posiłki – istnieje cały harmonogram, któremu musisz się podporządkować. Z początku było mi trudno, zwłaszcza z moim zespołem nadpobudliwości psychoruchowej (ADD). Ale po chwili w to wszedłem.

Na początku trzeciego roku w lidze miałem już ustaloną rutynę. Borykałem się z problemami z nogą i jeden z przyjaciół zasugerował, żebym biegał po plaży. Świetny pomysł. Uwielbiam plażę. Zwłaszcza kiedy jest to bieganie po plaży w Malibu latem.

4.00. Dzwoni budzik.

4.20. Jestem ubrany i wychodzę.

4.30. Parkuję samochód na plaży i biegnę ponad trzy kilometry w jedną stronę i ponad trzy kilometry z powrotem. Po miękkim piasku. Jestem wyjątkowo zdeterminowany, bo wiem, że zawodnicy ze Wschodniego Wybrzeża już wstali i też trenują, bo u nich jest już 7.30. Muszę nadążać za swoimi ziomami.

Podczas drugiego trzykilometrowego interwału robię podskoki. Pomagają mi przy podbijaniu piłki przy zbiórkach. Pomagają mi mieć lepszy timing. Robię 50 podskoków, a potem odpoczywam. Kolejnych 50 i znowu odpoczywam. Robię tak przez cały drugi trzykilometrowy segment. Potem przemieszczanie się w pozycji obronnej. A potem na zmianę marsz i bieg.

Kluczem jest śpiew. Trener Beyoncé nauczył mnie tego, że śpiew powiększa płuca. A zatem śpiewam bardzo głośno. Śpiewam sobie: „W lewo, w prawo". Śpiewam sobie: „Potrzebujemy miłości, miłości, miłości". Śpiewam to, co tylko przychodzi mi do głowy, śpiewam do opuszczonej plaży, do pustego nieba, które zmienia kolor z szarego w błękitny, śpiewam do słabego porannego światła, śpiewam, żeby mieć pewność, że słońce wzejdzie ponad morzem i będzie świecić mi nad głową.

Potem jadę do hali na trening koszykarski. Rozgrzewam się przez dziesięć minut. Zaczynam ćwiczyć rzuty z wyskoku z odległości dwóch metrów. Przemieszczam się, rzucam z siedmiu pozycji, oddaję dziesięć rzutów wolnych, wracam. Rzucam za trzy. Piętnaście rzutów z siedmiu pozycji. I znowu wracam. Rzuty wolne. Więcej rzutów za trzy. Na środku pracuję nad zygzakami. Nad zygzakami w obronie. I na środek. Wracam. Rzucam na drugi kosz. Potem dziesięć kroków pod koszem, skoki do bloku. Skoki. Zastawianie się przy linii rzutów wolnych. Przodem do kosza. Wejście pod kosz po jednym koźle. Praca łokciami. Praca na tablicach. Okrążanie całego świata. Pięć pozycji. I z powrotem na linię rzutów wolnych.

Potem siłownia. Praca ze sztangą. Nie wolno zaniedbywać siłowni. Nie zaniedbuję siłowni. Robię ręce. Robię nogi. Wyciskanie sztangi. Skręty. Pięć dni z rzędu. Dwadzieścia lat z rzędu.

Kiedy grałem jeszcze w kosza, byłem bardzo wierny tej rutynie. Jeśli coś się w niej spierdoliło, czegoś mi brakowało przez resztę dnia.

Ale coś zawsze się pierdoliło. W życiu codziennie natrafiamy na jakieś nieprzewidziane przeszkody. W NBA robią, co w ich mocy, żeby utrzymać cię w bańce i uchronić przed zakłócaniem spokoju. Ale w prawdziwym życiu tak się nie da. O rany, w prawdziwym życiu ciągle coś odwraca twoją uwagę. I rutyna pomaga ci sobie z tym radzić. To ona daje ci solidne fundamenty, na których możesz polegać, niezależnie od tego, jak wszystko się popieprzy. To mogą być małe rzeczy. Takie jak oddychanie. Zarezerwować sobie codziennie kilka minut, kiedy tylko siedzisz i oddychasz. Nie musisz nawet nazywać tego medytacją. To nie musi być aż tak głęboki oddech. Może chodzić o cokolwiek. Nawet pościelenie łóżka po porannej pobudce. Jakikolwiek rytuał, który zapewniłby strukturę nieuporządkowanemu chaosowi bycia istotą ludzką.

Bez rutyny jestem w rozsypce. A z rutyną jestem gotowy.

Rubber Band. Gumowa opaska

Kiedy trafiłem do NBA, brałem marker i pisałem na butach „Mauldin", „Basswood Drive" i „Springfield Park". Żeby sobie przypominać, skąd pochodzę. Nie chciałem o tym nigdy zapomnieć. W podobny, choć inny sposób utrzymałem rytuał zakładania na lewą rękę gumowej opaski.

Ulubione miejsca do gry w kosza latem

1. Los Angeles
2. Vegas
3. Chicago
4. Peachtree w Atlancie
5. Nowy Jork

Tak naprawdę zacząłem to robić, kiedy miałem 13 czy 14 lat. Wpadłem na ten pomysł, gdy zobaczyłem Dawn Staley*, jedną z idolek mojej młodości. Dawn była bystrą, niską, energetyczną rozgrywającą, która grała na Uniwersytecie Wirginii. Uwielbiałem ją oglądać. Nosiła na przegubie ręki gumową opaskę, którą strzelała, kiedy nie udało jej się jakieś zagranie albo straciła piłkę. Uznałem, że to fajny zwyczaj i dobry pomysł, żeby pokazać, że bierze się za siebie odpowiedzialność. Jeśli więc zapomniałem odrobić pracę domową, to strzelałem sobie opaską w rękę. Jeśli nie zrobiłem czegoś, o co poprosiła mnie Mama, to strzelałem opaską. I tak samo było w sporcie. Kiedy źle podałem, kiedy nie trafiłem łatwego layupu – strzelałem opaską. To nie była kara, ale sposób na to, żeby przypomnieć sobie, że następnym razem mam spisać się lepiej.

Wielkie dzięki dla Dawn za to, że wskazała mi drogę. Dawn zaliczyła świetną karierę zawodową i w 2001 roku zdobyła mistrzostwo WNBA z Charlotte Sting. Kiedy już trafiłem do ligi, byłem bardzo podekscytowany, kiedy poznałem ją podczas Meczu Gwiazd. Tak bardzo podziwiałem jej talent, ale byłem bardzo nieśmiały i nawet się nie przywitałem. Na szczęście przedstawiła nas sobie Sheryl Swoopes, kolejna wybitna koszykarka; wszystko poszło gładko, a Dawn nawet mnie objęła. Poznałem w życiu za dużo sławnych ludzi, żeby móc ich tu wszystkich wymieniać, ale ten uścisk zapamiętam na całe życie.

Bill Russell

zobacz **Johnny Joe; *King Kunta*; John Thompson; Zero Fucks. Pierdolić**

---

* Legendarna amerykańska koszykarka, trzykrotna złota medalistka olimpijska, sześciokrotna uczestniczka Meczu Gwiazd WNBA, członkini koszykarskiej Galerii Sław.

S

Arvydas Sabonis / Craig Sager / Sala Królestwa / Adam Sandler / Flip Saunders / Screens. Zasłony. Ekrany / Malik Sealy / Sędziowie / Shadowing / Shoes. Buty/ Showdown. Pojedynek / Silence. Cisza / Siłowanie się na rękę / Snoop Dogg / „Sports Illustrated" / Latrell Sprewell / Springfield, Massachusetts / Dawn Staley / Suits. Garnitury / Sheryl Swoopes

Arvydas Sabonis
zobacz **Europejczycy;** ***King Kunta*****; Zero Fucks. Pierdolić**

Craig Sager*
Wielkie dzięki dla Craiga.
Odpoczywaj w pokoju, drogi bracie.
Muszę tu napisać, jak bardzo mi ciebie brakuje. Muszę wyznać, jak wszyscy za tobą tęsknimy. Muszę to powiedzieć, bo ważne, żeby odróżnić dziennikarzy, którzy wprowadzają wszystkich w błąd, od kolesi, którzy zasługują na szacunek.

Media mogą zrobić wariata z każdego. Media to machina, potwór bez serca, który zjadłby twoją mamę na śniadanie, który zjadłby mamuśkę twojego dziecka na obiad i który zjadłby twoje dzieci na kolację. Media chcą cię wynieść do góry po to, żeby cię później zniszczyć. Media nie mają skrupułów. Media jadą na wskaźnikach oglądalności. A oglądalność buduje się, zbierając brudy. Fakty się nie liczą. Jeśli to ma przyciągnąć czytelników albo widzów, to prokuruj każde gówno. Jeśli to ściągnie uwagę na twój wywiad, to

* Zmarły w 2016 roku amerykański dziennikarz sportowy, który słynął z ekstrawaganckich kolorowych strojów.

Z Craigiem Sagerem

prowokuj zawodnika, żeby powiedział coś, czego powiedzieć nie powinien. Chwyć go za gardło. Nie szanuj jego prawa do prywatności. Zrób to, co trzeba zrobić, żeby wywołać kontrowersję.

Ale ty taki nie byłeś, Craig. Wyróżniałeś się i znalazłeś własną niszę. Znałeś się na koszykówce i zadawałeś pytania dotyczące koszykówki. Wciskałeś właściwe przyciski. Dotykałeś właściwych kwestii.

Pierwszy wywiad ze mną zrobiłeś w dniu draftu, zaraz po tym, jak uścisnąłem dłoń komisarza Sterna i zszedłem ze sceny w czapeczce T-Wolves jako zawodnik wybrany z piątym numerem. Wciąż jeszcze czułem ekscytację, nie byłem nawet do końca pewien, jakie słowa padają z moich ust, ale wyglądało na to, że to wyczuwasz. W twoich manierach było coś delikatnego i uspokajającego, co sprawiło, że się zrelaksowałem. W przeciwieństwie do innych dziennikarzy nie potraktowałeś mnie tak, jakbym był tylko arkuszem ze statystykami. Potraktowałeś mnie tak, jak powinno się potraktować dziewiętnastolatka, który był jednocześnie zachwycony i śmiertelnie przerażony. Pytałeś mnie o to, czym się interesuję poza koszykówką, a kiedy odpowiadałem, to słuchałeś.

Byłeś dumny ze swojej pracy, ale nigdy nie traktowałeś siebie przesadnie serio. Potrafiłeś zażartować albo przyjąć żart na swój temat. No i oczywiście byłeś supermodny. Twój styl miał własny smaczek. I bracia go uwielbiali.

Sam wymyślałeś te swoje pojebane ubrania. Twoje marynarki sportowe w szkocką kratę kłóciły się ze spodniami w prążki, a purpurowe skarpety w kropki kompletnie nie pasowały do kremowych getrów. Uwielbiałem nabijać się z tych strojów. Pamiętam, jak przeprowadziłeś ze mną pomeczowy wywiad w Bostonie. To był mój pierwszy sezon w Celtics, skopaliśmy wtedy tyłki Knicksom 104:59.

– Ale tak serio – powiedziałem. – Nie możesz po prostu wziąć czegoś rodem z lat 70. i próbować ot tak to dzisiaj przywrócić. Retro to wygląd.

– Ale przecież ty próbujesz przywrócić chwałę Celtics – odpowiedziałeś.

– Tyle że to działa. A to – powiedziałem, wskazując na twoją marynarkę – zdecydowanie nie.

Moje ulubione wywiady z tobą – o rany, wszystkie były ulubione, ale ten jeden okazał się wyjątkowy – odbył się, gdy wychodziłem z szatni po Meczu Gwiazd w Nowym Orleanie w 2008 roku. Szedłem do swojej podwózki. Złapałeś mnie i zapytałeś, czy nie poświęciłbym ci kilku sekund. Miałeś wtedy na sobie tę paskudną różowawoczerwoną marynarkę z pasującą do niej chusteczką, czerwone buty i czerwoną koszulę w prążki. Kamera była już włączona. Wszedłem w to.

– No spójrz – powiedziałem. – Wiem, że zdejmą nas z anteny, ale potrzebuję 15 sekund, bo muszę ci coś powiedzieć... I chcę to podkreślić.

Wziąłem jedną z klap jego marynarki pomiędzy palce. Była zrobiona z wysokiej jakości materiału. Włoskie rzemiosło. Twoje gówno może i było paskudne, ale nigdy nie było tanie. Nieważne. Twoja sprawa.

– Posłuchaj, Craig, wiem, że nigdy nie zakładasz tego samego stroju dwukrotnie. Nigdy nie widziałem cię ubranego dwa razy tak samo. Mam więc prośbę: jak wrócisz dziś do domu, to weź ten strój i go spal.

Chwyciłem go za połę jeszcze mocniej.

– W dupie mam, czy to jakiś Versace.

– To Isaia* – odpowiedział Craig.

– Nieważne – kontynuowałem. – Zabierz to i spal tak, żeby został z tego tylko popiół.

– Niczego nie mogę sobie zatrzymać?

– Nie. Niczego. Kiedy już skończyć to palić, powinieneś mieć gołe dupsko.

Poprowadziłeś ten wywiad jak profesjonalista, którym zawsze byłeś. Wiedziałeś, że jestem na fali. Wiedziałeś, że szykuje się coś wyjątkowego, prawdziwe telewizyjne złoto. Potrafiłeś zachować kamienną twarz i mi nie przerywać. Ale „gołe dupsko" cię rozwaliło. Nie umiałeś powstrzymać chichotu.

– I nie zapomnij o butach – powiedziałem. – Spal je. Żadnych pytań. Po prostu je spal. I te czerwone skarpetki, których widzowie nie widzą, też spal. Spal wszystko. Chusteczkę. Limonkowe stringi. Spal to. W porządku? Benzyna. Nafta. Cokolwiek.

Uśmiałeś się, Craig. Śmiałeś się do rozpuku. A potem się dowiedziałem, że naprawdę zorganizowałeś ceremonię palenia tych ciuchów.

Opisuję to wszystko, żeby powiedzieć, że twój duch wciąż płonie jasnym płomieniem. Kultura medialna to szambo. Ale ty jakimś cudem potrafiłeś wyjść z tej kultury czysto niczym jakiś sanepid.

---

* Włoska marka odzieży męskiej, firma została założona w Neapolu w 1920 roku.

Miłość, którą nam ofiarowałeś, i miłość, którą odwzajemnialiśmy, nigdy nie zginie.

Sala Królestwa

zobacz **Arrival. Przybywam; Book of Job. Księga Hioba; Cosmetology. Kosmetologia; Homework. Praca domowa; June 28, 1995. 28 czerwca 1995; Questions. Pytania**

Adam Sandler

zobacz **Uncut Gems. Nieoszlifowane diamenty**

Flip Saunders

Kevin McHale zwolnił Flipa w lutym 2005 roku. Mieliśmy wtedy bilans 12-20. Osobiście nie widziałem w tym żadnego sensu. Flip był wspaniałym trenerem. Sześć lat wcześniej to jego posunięcia taktyczne pomogły nam odmienić tę drużynę i dwa razy z rzędu wygrać ponad 50 meczów.

Lata frustracji, które później nastały, były ciężkie, ale nie winiłem za to Flipa. Kevin jednak najwyraźniej uznał, że będzie wykonywał lepszą robotę, bo mianował trenerem samego siebie. Atmosfera zrobiła się bardzo dziwna, bo tak jak Bug i ja, Kevin i Flip byli najlepszymi przyjaciółmi. Przyglądałem się temu wszystkiemu z boku. Kevin nie przeprowadził ze mną ani jednej rozmowy o tym, co się święci. Nie było już z nami Sama Mitchella, a potem T-Wolves zaniżyli jeszcze ofertę nowego kontraktu dla Latrella Sprewella i Spree też musiał odejść. Uważałem, że to ogromny błąd. Kolejnym z najbliższych mi braci był Sam Cassell. Sam, który chyba jeszcze bardziej ode mnie chciał, żeby Flip został w Minnie, nie dostał propozycji nowej umowy. W rezultacie po raz pierwszy od dziewięciu lat nie awansowaliśmy do play-offów. A wkrótce potem ja przeszedłem do Bostonu.

Z Flipem Saundersem

Ostatecznie dostałem szansę na ponowne spotkanie z Flipem. To właśnie on jako pierwszy ściągnął mnie do ‘Soty. I to on miał być tym kimś, kto ściągnie mnie do siebie po raz ostatni.

W sezonie 2013/14 Celtics przeprowadzili transfer, w ramach którego przeszedłem do Brooklynu. Rok wcześniej Nets przenieśli się z Jersey do nowej supernowoczesnej hali Barclays Center. Podobało mi się to, że jednym z właścicieli drużyny był Jay-Z, i czułem się zachwycony, bo przeszedłem tam razem z Paulem Pierce’em. Naszym trenerem była kolejna supergwiazda, Jason Kidd, a center Brook Lopez zdobywał średnio prawie 20 punktów i zaliczał ponad dziesięć zbiórek na mecz. Lopez był świetnym graczem podkoszowym, ale miał problemy z kontuzjami. Ale nieważne – perspektywy wyglądały obiecująco. P, Jason i ja nie tak dawno zdobywaliśmy mistrzowskie tytuły, więc duch mistrzowski był w nas nadal żywy. Ale Jason szukał w nas Big Ticketa z Bostonu i Paula Pierce'a z Bostonu. A ci goście zdążyli się zestarzeć. Nie byliśmy już w stanie każdego wieczora nieść drużyny na swoich barkach. I wszystkich nas to frustrowało.

Mieliśmy trudny początek, zaczęliśmy kampanię z bilansem 10-21. Ale byliśmy zbyt dobrzy, żeby być aż tak do dupy. P, Joe Johnson, Deron Williams i ja – wszyscy trenowani przez J-Kidda. Coś w końcu zatrybiło i zakończyliśmy sezon z dodatnim bilansem, na szóstym miejscu na Wschodzie. W pierwszej rundzie play-offów zagraliśmy z Toronto. Rywalizacja trwała przez siedem meczów, a decydujący pojedynek wygraliśmy w ostatniej akcji, kiedy P zablokował rzut Kyle'a Lowry'ego w ostatniej sekundzie, zapewniając nam wygraną 104:103. W drugiej rundzie spotkaliśmy się z Miami, którzy odprawili nas z kwitkiem w pięciu meczach.

Kolejna kampania okazała się trudniejsza. P był wolnym graczem i podpisał latem umowę z Washington Wizards, a J-Kidd odszedł trenować Bucks. W połowie sezonu odebrałem telefon od Flipa. Po tym, jak prowadził Pistons i Wizards, w 2014 roku został znowu zatrudniony jako trener 'Soty i ściągnął mojego wielkiego brata, Sama Mitchella, który został jego asystentem. Sam został zwolniony z posady pierwszego trenera Raptors kilka meczów po rozpoczęciu sezonu w 2008 roku. To były jakieś bzdury. Po kampanii 2006/07 Sam został wybrany na Trenera Roku. A rok później wyprzedził Lenny'ego Wilkensa jako trener z największą liczbą zwycięstw w historii klubu z Toronto. Nie zasłużył, żeby robić mu takie świństwo. Ściągając Sama do sztabu, Flip okazał się naprawdę łebskim gościem. Był mądry i lojalny. Uwielbiałem go i chciałem dla niego grać na koniec kariery. Wróciłem więc do 'Soty.

Miałem wtedy problemy z kolanem, więc rozegrałem w tamtym sezonie w T-Wolves tylko pięć meczów. Ale w kolejnej kampanii zaliczyłem kilka ważnych kamieni milowych całej mojej kariery. Zostałem piątym koszykarzem w historii, który grał w lidze przez co najmniej 50 tysięcy minut. Przekroczyłem 26 tysięcy punktów, zostając dopiero 15. zawodnikiem w historii, który tego dokonał. Ale najbardziej niesamowite było to, że wyprzedziłem Karla Malone'a w rankingu największej liczby zbiórek w obronie w historii NBA. Choć wszystko to nie miało znaczenia wobec tego, co stało się z Flipem.

Od jakiegoś czasu narzekał na narośl w okolicy ucha, ale nigdy nie poszedł się przebadać. Kiedy w końcu zrobił to w sierpniu, trafił do szpitala, z którego już nigdy nie wyszedł. Sam przejął obowiązki pierwszego trenera, a 15 października 2015 roku Flip zmarł na chłoniaka Hodgkina. Miał 60 lat. Nie byłem już potem sobą. Nigdy bym się nie spodziewał, że ktoś taki jak Flip może umrzeć tak młodo. Zwłaszcza że miał w sobie tyle niegasnącej energii i tyle niegasnącego optymizmu. Jeśli chodzi o wiedzę na temat koszykówki, był jednym z najlepszych nauczycieli. A w kwestii zrozumienia i miłości do swoich koszykarzy – jednym z najwybitniejszych trenerów.

Kilka dni po tym, jak dotarła do mnie ta tragiczna wiadomość, przyjechałem do hali Target Center i zjechałem do podziemnego garażu. Usiadłem na ziemi przed pustym miejscem parkingowym Flipa, z jego nazwiskiem na ścianie. Nie mogłem uwierzyć w to, że odszedł. Do dziś ciężko mi przyjąć to do wiadomości. Pojawił się na treningu przed draftem w Chicago, kiedy byłem jeszcze w liceum. Dostrzegł we mnie to, czego inni nie widzieli. Dał mi szansę. Uwierzył we mnie. Nigdy nie zapomnę Flipa. I zawsze będę pielęgnował pamięć o nim.

Screens. Zasłony. Ekrany*

W dzisiejszej koszykówce najbardziej nie lubię tego, jak zawodnicy automatycznie wymieniają się przy zasłonach. Sam nawet nie

---

* Gra słów, w języku angielskim słowo *screen* oznacza i zasłonę w koszykówce, i ekran (np. w telefonie).

nazwałbym czegoś takiego zasłonami. Zawodnik atakujący stawiający zasłonę robi tylko tyle, że przesuwa się w kierunku obrońcy, po czym następuje zmiana. Gracz nie musi nawet ustawiać odpowiednio nóg do zasłony.

Pierdolić to.

Tam, skąd pochodzę, koleś stawiający zasłonę musiałby twardo stanąć na ziemi, być jak dąb, bo na pewno spróbowałbym przebić się przez to gówno. (To samo tyczy się sytuacji, w której ustawiałem się do pick and rolla. Przebiłeś się przez pick Ticketa? No to gratulacje, stary). Nie pozwoliłbym zawodnikowi rozgrywającemu piłkę, żeby tak łatwo mnie zgubił. Nie zrezygnowałbym bez walki. Moi koledzy z drużyny dobrze o tym wiedzieli. Wiedzieli, że nie odpuszczę krytemu przeze mnie zawodnikowi, a ich odpowiedzialność polega na tym, żeby przebić się przez zasłonę i pokryć swojego gościa. Przebijanie się przez zasłony nie jest łatwe. To ciężka praca. Ale warto ją podjąć.

Podobnie podchodzę do screenów poza boiskiem. Chodzi mi o ekrany telefonów. I media społecznościowe.

Rozumiem ich siłę i to, że mogą czynić dobro, ale wiem też, że mogą spierdolić ci życie. I rozumiem, że nie ma od tego odwrotu. To uzależnienie od uzależnień. Cała planeta jest uzależniona. Dziś wiele osób wykorzystuje media społecznościowe do słusznych celów, ale ja muszę nauczyć się zarządzać swoim telefonem. Muszę ustanawiać sobie limity. Bo jeśli tego nie zrobię, to rzeczywistość telefonu zastąpi mi właściwą rzeczywistość.

Kiedy pojawił się Instagram, myślałem sobie, że to spoko. Ale wtedy jeszcze nie wszyscy tam byli. Jechałem na wakacje i wrzucałem kilka fotek. Dzieliłem się pięknymi krajobrazami z przyjaciółmi. Ale z czasem Gram stał się czystą komerchą i wszyscy ludzie na świecie zaczęli z niego korzystać do sprzedawania, robienia przekrętów, promocji i stręczycielstwa.

Dziś, kiedy jestem w jednym pokoju ze swoimi ziomami, to nie chcę, żeby przez cały wieczór gapili się w telefon. Jeśli idę na spotkanie biznesowe, to nie chcę, żeby człowiek, z którym się spotykam, co dziesięć sekund sprawdzał pocztę albo czytał SMS-y. A jeszcze ważniejsze jest to, że kiedy jestem na wakacjach i widzę wyspę, której nigdy wcześniej nie widziałem, to chcę patrzeć na tę wyspę, a nie zastanawiać się, jak mam zrobić najfajniejszy filmik prezentujący to, co widzę.

Wolę być obecny. Tu i teraz.

Kiedy pierdolimy się ze swoimi komórkami i iPadami, to tracimy kawałek życia. Nie doświadczamy czegoś prawdziwego, zamiast tego doświadczamy nagrywania tego doświadczenia. Dla mnie to głupota.

Życie jest po to, żeby przeżywać je własnymi oczami. A ludzi należy słuchać własnymi uszami. I emocje należy przeżywać swoim własnym sercem.

Telefony nie mają serc. Mogą zmierzyć ci tętno i bicie serca – i spoko – ale nie zastąpią ci umiejętności oddychania w prawdziwym życiu.

Pewnego dnia jeden z braci, którego bardzo szanuję, powiedział, że zapłacił kupę kasy za dobre miejsce na trybunach podczas meczu NBA. Miał już dość oglądania tego gówna w telewizji.

– Ale najbardziej wkurwiało mnie to – powiedział mi potem – że spędziłem wtedy kupę czasu, gapiąc się w ten zajebiście wielki ekran znajdujący się ponad parkietem. Nie mogłem oderwać od niego oczu.

Ekrany przejęły świat. Są wszędzie, gdziekolwiek spojrzysz. Ale kiedy patrzysz na ekran, to nie patrzysz na prawdziwe życie. Widzisz tam jedynie odbicie prawdziwego życia. A ja mam dość tych odbić. Mam dość tego, że wszyscy tak bardzo pragną tych cudownych urządzeń. Bo one wcale nie są cudowne. To życie jest cudowne. A życie, niezależnie od wszystkich towarzyszących mu smutków i radości, jest czymś, czego nie zamierzam przegapić.

Malik Sealy

zobacz **Anything Is Possible! Wszystko jest możliwe; Derrick Coleman; Escort; Learning. Nauka; May 19, 2000. 19 maja 2000; Kevin McHale; Showdown. Pojedynek; Tatuaże**

Sędziowie

zobacz **Rasheed Wallace**

Shadowing. Gra z cieniem

Trenowałem, żeby przygotowywać się do meczów. Kiedy spierdoliłem coś podczas treningu, to mogłem dokonać korekt w grze i wykorzystać to podczas meczu. Jeśli nie ćwiczysz na najwyższych obrotach, to nie będziesz w stanie tego zrobić. Musisz wejść na taki poziom intensywności jak w meczu. Podczas jednego z treningów Doc się wściekł, że trenuję zbyt ostro. Powiedział, żebym odpuścił kilka powtórzeń. Chciał posadzić mnie na ławce i wstawić Leona Powe'a. Ale nie zamierzałem zejść z parkietu. Nie byłem zadowolony ze swojej gry. Eddie House skopał mi tyłek. Gdybym usiadł na ławce, nie miałbym szansy nad tym popracować i zacząć grać lepiej.

– Leon, wchodzisz za KG – rzucił Doc.

– Kurwa mać! – wrzasnąłem i kopnąłem jedną z piłek. Nie miałem zamiaru pozwolić na to, żeby Leon mnie zastąpił. – Wejdź za kogoś innego – powiedziałem.

I żeby pokazać, jakim jestem chujkiem, usiadłem na parkiecie, żeby spierdolić im trening. Tak jakbym chciał powiedzieć: „Będziecie musieli, kurwa, ściągnąć mnie stąd siłą".

Nie po raz pierwszy dostałem takiej furii. I Doc, i wszyscy inni wiedzieli, że muszą odczekać z minutę i wtedy mi przejdzie – że w końcu wstanę i zejdę z boiska. I tak właśnie zrobiłem. Ale tamtego dnia wpadłem na pewien pomysł. Nadal chciałem pracować, więc siedząc za linią boczną, zacząłem udawać, że to ja wciąż gram, a nie Leon. Doe rozgrywał piłkę, a Leon ustawiał zasłonę. Robiłem więc to samo i ustawiałem się w wyobraźni. A kiedy Leon wchodził pod kosz, to ja wchodziłem tam razem z nim.

Nazwałem to „grą z cieniem". Z początku wszyscy patrzyli na mnie i się zastanawiali: „Co on, kurwa, wyprawia?". Mieli mnie za wariata. Ale Doc dostrzegał piękno i inteligencję takiego podejścia. I potem wszyscy zaczęliśmy to robić. Jeśli podczas naszych treningów obserwowałeś, co robi ławka, to widziałeś, jak dwóch czy trzech zawodników, którzy nie przebywali akurat na boisku, rozgrywa swoje wyimaginowane mecze. Pewnie wyglądało to głupio, jeśli ktoś nie widział, co się dzieje. Ale to było bardzo na serio. Gra z cieniem zmuszała nas do koncentracji i wykorzystywania każdej minuty treningu.

Shoes. Buty

Kiedy byłem dzieciakiem, to na początku jedynymi butami sportowymi, na które mogłem sobie pozwolić, były podróby jordanów z dyskontów obuwniczych Payless. Gdy zakładałem je do szkoły, to dzieciaki mnie wyśmiewały: „O kurwa, popatrzcie na te dziadowskie buty, które ma na sobie Kevin".

– Nie są aż takie złe – mówił mi Bug. Zawsze stawał po mojej stronie. – Są całkiem spoko.

Ale one nie były spoko. Były dziadowskie.

Ulubione buty

1. Nike Garnett 3

2. Adidas Garnett 1

3. Jordan 11 Concord

4. Jordan 1

5. Air Force 1 (całe białe)

6. Timberlandy (w kolorze pszenicznym)

Kiedy jesteś młody, to status ma dla ciebie znaczenie. A kiedy się starzejesz, staje się on jeszcze ważniejszy. Mój przyjaciel opowiedział mi kiedyś o producencie muzycznym, którego buty były szyte ręcznie w Anglii i kosztowały 1200 dolarów. W jego szafie było 125 par takich butów. Inny koleś był fanem butów kowbojskich. Ze skóry aligatora, strusia, bizona, ze skóry cielęcej, wołowej, ze słonia – cokolwiek jesteś sobie w stanie wyobrazić. Myślę, że jego kolekcja była warta siedmiocyfrową kwotę. Cała jego tożsamość – i jego poczucie własnej wartości – były związane z tymi butami. Ale jeśli w końcu zmądrzejesz – a może to trwać wieczność – to dociera do ciebie, że status jest gówno wart. Tyle że prawdopodobnie będziesz to w stanie stwierdzić dopiero wtedy, kiedy już osiągniesz jakiś status. Zajęło mi całą wieczność, zanim doszedłem do punktu, że mogłem pozwolić sobie na buty, które dowodzą jakiegoś statusu.

Buty British Knights były pierwszą markową parą, jaką miałem. Ale okazały się niewiele fajniejsze od dziadów z Payless. Były bardziej niż niefajne, bo naznaczały mnie jako kogoś biednego. A ja nienawidziłem być naznaczany w jakikolwiek sposób.

W końcu, kiedy byłem już na tyle dobry, że zacząłem grać w drużynie, udało mi się pozbyć tego piętna. A może nie? Może to głębokie znamię pozostało we mnie na zawsze? Może tylko je ukrywałem?

Muszę uwierzyć w to, że fajne buty sportowe mogą też przykryć ból. Albo że przynajmniej sprawią, że będę się dobrze czuł. Muszę też uwierzyć, że takie twierdzenie jest prawdziwe w przypadku milionów dzieciaków. Ciekawe, że ten ogólnoświatowy fenomen kultury butów sportowych został zbudowany przede wszystkim na butach do koszykówki. Buty do biegania też są super, podobnie jak zwykłe buty do chodzenia, ale prawdziwą siłą napędową tego biznesu jest koszykówka. Przyczyny są dla was tak samo oczywiste jak dla mnie. W butach do koszykówki możesz się odbić. I tańczyć. Możesz wejść w nich wyżej. Buty do koszykówki kojarzą się też ze stylem. A najlepsze z nich ucieleśniają styl danego zawodnika.

Wszystko to wykrystalizowało się w 1989 roku, kiedy miałem 13 lat. Plotka popędziła przez naszą okolicę niczym tornado. Jakiś dzieciak został zamordowany przez air jordany. Czerwono-czarne air jordany.

To była ta chwila – zabrzmiał dzwonek alarmowy. Wtedy skończył się jeden świat i narodził kolejny. Żadne buty – w jakiejkolwiek dyscyplinie sportu, jakiegokolwiek sportowca – nie sprzedawały się lepiej. Nabywców znalazło ponad milion pierdolonych par air jordanów.

Posłuchajcie mnie uważnie: jestem dziś dorosłym facetem i z przerażeniem patrzę na tę przemoc. Z przerażeniem patrzę na to, że dzieciak stracił życie przez parę butów. Ale muszę coś powiedzieć. Muszę się z wami tym podzielić. Pozwólcie, że wejdę w umysł dziecka, które usłyszało tę informację.

Jak to? Jaki but może być tak zły, że skłania do morderstwa?

Pobiegłem więc razem z kumplami do sklepu i zobaczyliśmy go w Foot Lockerze, w pudełku z plexiglasu, wysoko, oświetlonego promieniem światła.

Oto Święty Graal.

A potem zadaliśmy to samo pytanie, które zadawały wszystkie dzieciaki: „Ile kosztują?".

S t o d w a d z i e ś c i a d o l a r ó w!

Nigdy nie słyszałem, żeby jakieś buty kosztowały 120 dolarów.

W tamtych czasach buty kosztowały 30, 40, czasem 50 zielonych. Ale ta cena tylko zwiększała atrakcyjność i budowała ich legendę.

Pamiętacie mojego kumpla, Eldricka Leamona, który zginął tak młodo? No cóż, kiedy zarobił kupę kasy, pracując na ulicy, to kupił air jordany wszystkim w naszej dzielni. Wszyscy pozakładaliśmy te kicksy, serca prawie wyrywały nam się z piersi, patrzyliśmy w dół na te zajebiste buty; z początku szliśmy powoli, potem trochę szybciej, później zaczynaliśmy biec, ale nie, nie podskakiwaliśmy, nie chcieliśmy ryzykować, że zabrudzimy te cuda. Air jordany to było o wiele więcej niż tylko buty, to była szalona obsesja. Co ciekawe i ważne – nie miały w sobie nic białego. Były czerwono-czarne. Po tym, jak zabójstwo chłopaka pojawiło się w wiadomościach, Nike się wycofało i zaczęło wypuszczać również inne wersje. Białą, czerwoną, czarną. Ale pierdolić nowe wersje. Nic nie zastąpi oryginału. Święty Graal był święty. Był święty, bo przelewano za niego krew, był święty, bo zainspirował miliony wiernych.

To właśnie wtedy Nike zaczęło wjeżdżać na szczyty na plecach innych i uczyniło z tego oś swojej strategii. Postanowili, że pójdą w górę na plecach Jordana. Zabierali go do Paryża. Zaczęli robić reklamy z najlepszych fragmentów jego meczów. Stawiali go na scenie i mówili mu: „Załóż te buty, a potem w nich zadunkuj. Załóż te buty, a potem traf w nich za trzy punkty. Załóż te buty i po prostu wyskocz".

Kto dunkował w porównywalny sposób przed Jordanem? Oczywiście Doktor J. Ale Jordan był lepszą wersją Doktora J. Doktor J dobrze rzucał z wyskoku, ale nie był to rzut z wyskoku Jordana. To Jordan napisał scenariusz, za którym wszyscy mieliśmy podążać. To on był awatarem. Mike był mantrą. A Nike było korporacyjnym monstrum, które sprawiało, że wszystko to było możliwe.

Kiedy w wieku 19 lat zacząłem grać w NBA, podpisałem kontrakt z Nike. Chciałbym powiedzieć, że wybrałem Nike, ale prawda jest taka, że to Nike wybrało mnie. Byłem oczywiście zachwycony. Szybko zacząłem zakładać na siebie wszystko z logotypem tej firmy.

Do mojego pierwszego spotkania z Nike doszło przy okazji podpisania umowy. Ale drugie, podczas kolejnego sezonu, kiedy T-Wolves grali w Portland, dotyczyło designu. Ric Wilson, zajebisty brat, był moim korporacyjnym kontaktem w Nike. Uwielbiałem go. Pracował pod dwoma innymi kolesiami – Steve'em Rigginsem i Howardem White'em. Howard to brat, który sprowadził Jordana. Wszyscy ci kolesie to reprezentanci czarnej doskonałości w biznesie.

Zabrali mnie na tour po kampusie Nike. Przepiękny krajobraz budynków. A potem pojawiło się oświadczenie, które mnie rozwaliło: „Dajemy ci własny but. Nazwiemy go Garnett 1".

Podczas tego spotkania towarzyszył mi Bug. Nigdy nie zapomnę jego miny. Tego wyrazu twarzy, który mówił: „Ja pierdolę!".

Pamiętajcie – minęły niespełna dwa lata, od kiedy wyleciałem z liceum Mauldin.

Przedtem reklamowałem nike jumpmany. Ale jumpmany były częścią marki Jordan. Drugi poziom promowany pod parasolem MJ-a, żeby sprawdzić, czy inni zawodnicy też będą w stanie sprzedawać buty. Ja byłem pierwszy, a potem dołączyli do mnie Eddie Jones, Jim Jackson, Jason Kidd i Jamal Mashburn. Od dawna grałem w jumpmanach. Ale też każdy brat, który kiedykolwiek grał w kosza, chciał mieć własne buty. Jeśli o mnie chodzi, to buty Garnett 1 były prawdziwym krokiem milowym.

Jeszcze jedna rzecz związana z butami sportowymi dodaje im atrakcyjności – są po prostu fajne. Kiedy wiążesz sznurowadła, to niezależnie od tego, czy masz cztery, czy 40 lat, to wiesz, że zaraz wyjdziesz i będziesz się świetnie bawił. A w ten sposób mogę przejść do kolejnego powodu, dla którego lubię Nike. Włączyli mnie do Fun Police, serii reklam, które pomogły wypromować moją markę, choć nawet nie wspominano w nich o butach. Fun Police pomogło zaprezentować mnie w roli osobowości telewizyjnej, a nawet kogoś w rodzaju aktora. Może i byłem jednym z głównych członków Fun Police, ale nie jedynym. Towarzyszyli mi moi ziomale: Tim Hardaway, Gary Payton, Jason Kidd i Alonzo Mourning. W Fun Police koszykarze występowali w cywilnych ubraniach jako gliniarze, którzy dbali o to, żeby wszyscy dobrze się bawili. Ale zawsze pojawiał się jakiś niespodziewany zwrot akcji. Na przykład w jednej z reklam, w której wystąpiliśmy ja, Zo i Hardaway, Fun Police wskazuje ludziom drogę do miejsc na trybunach przed meczem NBA. Kiedy jakaś bogata para pokazuje nam bilety w pierwszym rzędzie, posyłamy ją do ostatniego rzędu na samej górze hali. A kiedy trzech czarnych chłopców pokazuje nam bilety w najwyższym sektorze hali, pokazujemy im drogę do pierwszego rzędu. Sprawiedliwość zwycięża.

Te minidramy stały się częścią popkutury. Koszykarze w roli gliniarzy udających fajnych, dobrze bawiących się kolesi, koszykarze, którzy są bohaterami, nawet nie dotykając piłki do koszykówki.

Poznanie kultury Nike było pouczające. Zobaczyłem kawał historii firmy. Spróbuj tych butów Bo Jacksona*. Albo tych, Deiona Sandersa**. Załóż buty Andre Agassiego. Oto wielka i wspaniała machina promocyjna, działająca przez 24 godziny na dobę, siedem dni w tygodniu, światowy przemysł budowania marek, który mogę podziwiać z bliska i osobiście.

Poznajcie Vince'a Cartera. Vince chciał się wymiksować z umowy z Pumą. Działo się to w 2000 roku, kiedy graliśmy razem w reprezentacji olimpijskiej i zdobyliśmy złoty medal na igrzyskach. Po wygranej z Francją Nike zorganizowało imprezę na jachcie. Vince był tam ze swoim agentem. Czułem, że robią jakiś biznes. Potem się okazało, że Vince nie rozumiał, że skoro jest pierwszym głośnym nazwiskiem w stajni Pumy, to może stać się ich globalnym ambasadorem. Wolał Nike. I dostał Nike, ale Nike tak naprawdę nigdy nie wykorzystało go tak, jak mogło. Firma nie zrobiła z nim tak wielu

---

* Amerykański futbolista i baseballista, jedyny sportowiec w historii, który wystąpił w Meczach Gwiazd NFL i MLB, twarz kampanii Nike z hasłem *Bo Knows*, promującej sygnowane jego nazwiskiem buty do uprawiania różnych dyscyplin sportu.

** Amerykański futbolista i baseballista, jedyny sportowiec w historii, który wystąpił w finałach obu lig – NFL i MLB, w NFL zdobył dwa tytuły mistrzowskie – z San Francisco 49ers i Dallas Cowboys.

reklam, ile mogła. Nie napompowała jego marki tak bardzo, jak by się dało.

Patrzyłem na to wszystko. Myślałem o tym. I zrozumiałem, że jeśli chodzi o biznes obuwia sportowego, należy działać ostrożnie.

Szczególnie uwielbiałem dwa modele Nike: Garnett Air Flightposite 2, na których podeszwie napisałem podziękowania dla Karoliny Południowej i Chicago. To było dla mnie bardzo ważne. Oszalałem też na punkcie przezroczystych, opalizujących, wypełnionych bąbelkami powietrza spodów i kontrastujących ze sobą kolorów błękitnego i czarnego. Model Garnett Nike Air 3 też był zajebisty, zwłaszcza w zielonych kolorach Minnie ze śnieżnobiałymi paskami.

Ale w Nike nie zawsze było tak fajnie, zwłaszcza wtedy, kiedy wprowadzili nową technologię, Shox. Shox mi nie pasował. Nie podobało mi się to, jak czułem się w tych butach na parkiecie. Nie podobał mi się też ich wygląd. Próbki, które mi pokazywali, sprawiały idiotyczne wrażenie. Do konfrontacji doszło podczas Meczu Gwiazd w Atlancie w 2003 roku. Nike urządziło wielką imprezę w garderobie. Wszędzie były kamery. Media szalały. To tam Nike chciało zaprezentować światu model Garnett 4 Shox. Ale kiedy pokazali mi te buty, nie byłem w stanie udawać, że jestem zachwycony. Naprawdę mi się nie podobały. Szefowie Nike powiedzieli mojemu agentowi, że mam się zachowywać tak, jakby to gówno przypadło mi do gustu, mimo że było wręcz przeciwnie. Kiedy wyproszono dziennikarzy, to przedstawiciele Nike zaczęli napierdalać się z moim agentem. Krzyczeli, że powinienem okazać miłość wobec ich produktu, a mój agent odpowiadał sarkastycznie: „O tak, mój klient z pewnością powie, że uwielbia te najbrzydsze buty, jakie kiedykolwiek wypuściliście".

Chodziło o mnóstwo kasy i pewnie mogłem udawać. Ale buty są dla mnie jak malarstwo. Zaczynasz od pustego płótna. Potem wkładasz w to mnóstwo serca. Muszą oddawać twój rytm i twoje poczucie stylu. A model Garnett 4 był nędzny.

Buty sportowe są jak rap. Potrzebują flow. Najbardziej zajebiści raperzy posiadają własny flow. I tak samo jest z najbardziej zajebistymi butami. Na początku Nike włączało mnie w proces kreatywny. Ale z czasem firma uznała, że zna mój gust, i stworzyła model, który nawet w części mnie nie przypominał. Uznałem więc, że trzeba spierdalać.

Odszedłem od Nike z pełnym szacunkiem dla ich technologii. Mają ją na wybitnym poziomie. Nie powiem, że zawsze używali najlepszych materiałów, ale nauczyli mnie, co to znaczy używać dobrych materiałów. I to mi pomogło, kiedy zrobiłem następny ruch.

Podpisałem umowę z AND1. Wiele osób było w szoku. Zrobiłem to z trzech powodów. AND1 było otwarte na moje pomysły. To po pierwsze. AND1 było też otwarte na przekazanie mi udziałów. W tamtych czasach nawet Jordan nie dostawał więcej niż dwa procent od sprzedaży. Uważałem, że to bez sensu. I AND1 się ze mną zgodziło. Zaoferowali mi 20 procent. Bo oni też budowali markę. AND1 było też otwarte na mój upór, żeby używać materiałów najwyższej jakości.

Wykorzystałem wszystko, czego nauczyłem się od Nike, i zastosowałem to w AND1. Produkty Nike nie były może najlepsze, ale ich marketing to klasa sama w sobie. I z pewnymi wyjątkami, takimi jak Shox, miały piękną estetykę, prawie jak Apple, gdzie wszystko jest wygładzone i ma futurystyczny wygląd. A jeśli chodzi o buty, to futuryzm jest wszystkim.

Ocean obuwia sportowego jest pełen rekinów. Ale w AND1 nie było takich klimatów. Słuchali mnie tam. Na początku trochę się wahali. Ekipa AND1 składała się z kolesi z Harvardu, którzy chcieli być czarnuchami. I choć takie nastawienie mnie irytuje, nie mogę aż tak bardzo marudzić, bo przecież takie samo nastawienie sprawiło, że w koszykówce i hip-hopie pojawiły się szalone pieniądze. Białe dzieciaki wyczuwające kreatywną energię czarnych braci. Biali odwzajemniający ich energię i pragnący jej posmakować. To tradycyjny amerykański miks: bierzemy czarny produkt – czy to ze świata muzyki, czy sportu – i docieramy z nim na masowy rynek.

Podczas spotkań w AND1 bywało czasem gorąco.

Mówili:

– Zrobimy buty streetballowe.

– Wywodzę się ze streetballa – odpowiadałem. – Znam streetball, ale teraz gram w NBA, więc zrobimy buty do NBA.

Słuchali mnie. Postępowali zgodnie z moimi sugestiami, żeby wstawić bąbelki z powietrzem, żeby wprowadzić zygzaki, dołożyć suwaki, całe to gówno, którego nauczyłem się w laboratorium Nike i które mogłem teraz wykorzystać tak, żeby pokazywało, kim jestem.

Ale jednocześnie miałem wrażenie, że siedzę w sali konferencyjnej z grupką kolesi, którzy chcą być kimś, kim nie są. Czułem się z tym niekomfortowo. Kiedy biali muszą udowadniać, że kumplują się z czarnymi, to ja się wycofuję. I po kilku kolejnych latach wycofałem się też z AND1.

Kolejnym przystankiem był Adidas. Zakochałem się w Adidasie. Byli jak Morze Śródziemne. Zatrzymujesz się, wskakujesz do ciepłej wody i jest idealna. Nie musiałem się martwić o rekiny. Adidas był spoko, ale brakowało mu elegancji Nike. Adidas chciał stworzyć coś, co zostało już sprawdzone. Firma nie była zainteresowana wychodzeniem poza standardowe myślenie. A ja tak. Chciałem stworzyć coś na wyższym poziomie. Tyle że Adidas chciał robić swoje. Tymczasem Nike zamierzało wszystkich zdeptać i mieć wszystko. Nike było jak Imperium Rzymskie. Nie byłoby usatysfakcjonowane, dopóki nie podbiłoby całego świata.

W Adidasie zaczął się proces przyciągania i odpychania. Tak jak Ric Wilson był moim ziomalem w Nike, tak w Adidasie kimś takim był Chris Persinger. Musiałem go cisnąć, żeby był bardziej kreatywny, odważniejszy, i w końcu tak się właśnie stało. To również moja zasługa, że udało mi się stworzyć warunki, które doprowadziły do wypuszczenia na rynek yeezy boostów. Trochę to trwało, ale udało mi się też przekonać Chrisa, żeby zmiksował i powiązał ze sobą sportowców z różnych dyscyplin sportu. Na początku podróży z Adidasem moimi partnerami byli tam Timmy Duncan i Tracy McGrady. Cieszyłem się z tego, że w jednej reklamie wystąpili ze mną Timmy, Tracy, Chaunce, Josh Smith, Derrick Rose i Dwight Howard. Podobało mi się, że Adidas zgodził się na gang supergwiazd grających razem w kosza. Ale uczepiłem się też myśli o skrzyżowaniu różnych nurtów kultury.

Adidas w końcu mnie posłuchał – posadzili przy ogromnym stole Jamesa Hardena, piłkarza Leo Messiego, rapera Pusha T i wiele innych gwiazd i dali im pogadać. Ja wystąpiłem w ich reklamie razem z Davidem Beckhamem, Kate Moss i Young Jeezym. Slogan kampanii brzmiał: *Celebrate Originality* (świętowanie oryginalności), a my świetnie się bawiliśmy.

Kiedy w 2010 roku nasza umowa dobiegła końca, zimny wiatr powiał mi w twarz. W negocjacjach Adidas zrobił się gwałtowny i asertywny. Ludzie z firmy przychodzili też do mnie z kiepskimi materiałami kreatywnymi. Zamiast wyglądać w tych reklamach świeżo, sprawiałem wrażenie zmęczonego. To mi się nie podobało. Uważałem, że pomogłem zredefiniować firmową kulturę. Znali moją wartość. Próbowali ją obniżyć za pomocą drobiazgów, które mnie irytowały. Już wcześniej zauważyłem, że reklamy z moim udziałem uległy stagnacji. Teraz zrozumiałem, że zrobili to, żeby poprawić swoją pozycję negocjacyjną. To wszystko mnie wkurwiło. I rozstałem się z Adidasem.

Poszedłem do przodu. Znalazłem firmę z Azji*, która wykupiła wiele fabryk w Chinach, wyrzuciła z nich Nike i zaczęła produkować

---

* Chodzi o firmę Anta Sports.

buty dla klientów z tej części świata. Oznaczało to głównie małe rozmiary. Nigdy wcześniej nie podpisali umowy ze znanym zawodnikiem, co dawało mi sporą dźwignię finansową. Miałem know-how i wyrafinowany styl, dzięki czemu mogłem pomóc im tworzyć wzory i produkować buty dla zawodowych koszykarzy. Zaiskrzyło między nami pod względem estetycznym. Miałem kilka zajebistych designów, które firma potrafiła wcielić w życie. Problemem były materiały. Okazały się niewystarczająco dobre. Zatrudnili więcej ludzi, żeby poprawić jakość butów. I buty rzeczywiście stały się lepsze. A ja byłem zadowolony, że ktoś mnie słucha. Ale nawet po tych ulepszeniach buty rozwalały mi stopy. Nie mogłem biegać po parkiecie bez uczucia, że coś jest nie tak. I choć firma czyniła cuda dla popularyzacji mojej marki w Azji, to znów musiałem się wycofać. Nie mogłem sprzedawać czegoś, w co sam nie wierzyłem.

Ostatni rozdział mojej przygody z butami nastąpił kilka lat temu – już po tym, jak zakończyłem karierę w NBA, powróciłem do AND1. Podpisałem umowę jako dyrektor kreatywny i ambasador marki. Kilka miesięcy później Jay-Z został dyrektorem kreatywnym Pumy. Lubię myśleć sobie, że to ja stworzyłem ten precedens.

AND1 zamierzało wypuścić buty Attack 2.0, modele Tai Chi i Tai Chi Mixtape. Zostałem ich reprezentantem. Moja praca polegała na tym, żeby pokazywać światu ich buty i dbać o to, by technologia była odpowiednia. Miałem już wtedy głęboką wiedzę na temat procesu tworzenia butów – począwszy od wzornictwa przez proces produkcji aż do brandingu i marketingu. Dostałem też zadanie rekrutowania zawodników do stajni AND1.

To wyjątkowo trudny proces. Czasami zwracałem się do zawodnika i pytałem:

– Czy ważna jest dla ciebie jakość butów?

– Mam to w dupie. Chcę tylko mieć buty z moją własną marką.

Kto inny mógłby na takie pytanie odpowiedzieć:

– Chcę tylko zarobić mnóstwo kasy.

Ale dla niektórych graczy jakość produktu była ważna i nie zamierzali promować swoim nazwiskiem jakichś butów klasy B.

Ponieważ zależało to od sytuacji, musiałem się dostosowywać. Nie było to łatwe, bo miałem wtedy własny program telewizyjny na TNT, *Area 21*, w którym prowadziłem wywiady ze wszystkimi, począwszy od gwiazd WNBA, takich jak Sue Bird i Candace Parker, a skończywszy na raperze i aktorze Ludacrisie czy D-Wadzie.

AND1 przesadziło, firma zaczęła mi mówić, w co wolno mi się ubierać do programu, a w co nie. Któregoś dnia usłyszałem: „Chcemy, żebyś założył szarą bluzę z kapturem, Ticket". A następnego dnia: „Załóż dziś białą bluzę z kapturem, Ticket".

Ponieważ to był mój program i miałem własne kontrakty sponsorskie, które nie miały nic wspólnego z AND1, to powiedziałem szefom AND1, że nie mogę uwierzyć, że w ogóle prowadzimy tę rozmowę. I poszedłem dalej.

Tak czy siak, tak właśnie wyglądał koniec mojej kariery z branżą obuwia sportowego. Ale jednocześnie widzę, że mogę zacząć ją raz jeszcze – i to już niedługo. Nigdy nie utraciłem pasji do butów sportowych i nigdy jej nie utracę. To gówno, które oddziela cię od ulicy, ta skóra albo guma, albo lateks, albo cokolwiek, co pozwala ci się poruszać po zimnym betonie, po twardym drewnie, po mokrej trawie, po błocie czy po cegle, to coś więcej niż tylko but. To oświadczenie.

Showdown. Pojedynek

Dwudziestego dziewiątego maja 2004 roku. Wielki wieczór – moje 28. urodziny i czwarta rocznica śmierci Malika.

T-Wolves wygrali w pierwszej rundzie play-offów z Denver – odnieśliśmy nasze pierwsze zwycięstwo w pierwszej rundzie play-offów – i w półfinałach mieliśmy zagrać z Sacramento. Myślałem o Maliku, tak jak myślę o nim przy okazji każdych swoich urodzin. Chciałem, żeby tym razem wyglądały inaczej niż zwykle. Chciałem wygrać dla niego. Ale żeby tego dokonać, musiałem pokonać Chrisa Webbera.

Siedziałem w szatni hali Target Center i w ciszy przygotowywałem się do meczu. Nie było mowy o tym, żebym przestał być podjarany. Ale musiałem jakoś odnaleźć równowagę. I wejść w odpowiedni rytm.

Wyczuwało się ogromne napięcie – tłum kibiców robił ogromny hałas. Trochę się martwiłem, bo Sam Cassell, po zdobyciu 40 punktów w pierwszym meczu, nie był potem sobą. Bardzo bolały go plecy i biodro. Za każdym razem, kiedy biegł przez parkiet, na jego twarzy malował się ból. Ale miał taką naturę, że nie przejmował się bólem. To twardziel. Uwielbiałem swoich kolegów z drużyny: Spree i Sama, Trentona i Freda, Wally'ego i Marka, Ervina i Gary'ego, Darricka i Michaela*. Zawsze uwielbiałem kolegów z drużyny. Zawsze na nich liczyłem. Zawsze ich wspierałem. Zawsze ich potrzebowałem. Ale wiedziałem też, że odpowiedzialność za ten mecz spoczywa na moich barkach.

Od otwierającego spotkanie rzutu sędziowskiego miałem wrażenie, że jest inaczej. Przy pierwszych rzutach czułem się fantastycznie. W obronie dostrzegałem rzeczy, zanim te się wydarzyły. Miałem zajebisty timing. Czułem się jak bokser. Jak często się zdarza w takich sytuacjach, nawet nie słyszałem odgłosów tłumu ani okrzyków trenera. Widziałem tylko to, co robiłem. Widziałem obręcz. Widziałem rzut. Odczuwałem spokój w nadgarstkach, spokój w ramionach. Serce zwolniło mi do tego stopnia, że oddychałem płynnie i łatwo.

Do przerwy prowadziliśmy różnicą dziewięciu punktów. Osiem z nich Kings odrobili w trzeciej kwarcie. O wszystkim miało więc zdecydować ostatnich 12 minut. Rzucałem, blokowałem i zbierałem jak jakiś potwór, ale nie miałem świadomości swoich statystyk. Liczył się tylko wynik.

---

* Latrell Sprewell, Sam Cassell, Trenton Hassell, Fred Hoiberg, Wally Szczerbiak, Mark Madsen, Ervin Johnson, Gary Trent, Darrick Martin, Michael Olowokandi.

Na 2,2 sekundy przed końcem prowadziliśmy różnicą trzech oczek. Hala Target Center szalała. Kings mieli piłkę na swojej połowie. Wszyscy wstali. Wszyscy kibice. Wszyscy zawodnicy. Dla Kings to był wóz albo przewóz. Wszyscy w naszej drużynie myśleli, że piłka powędruje do Peji Stojakovicia, najlepszego w ich drużynie specjalisty od rzutów za trzy punkty. A ja sobie myślałem: Czy będę miał szansę na faul, żeby mogli zdobyć tylko dwa punkty z rzutów wolnych, a potem my dostaniemy piłkę? Żadnej dogrywki. Kings nie mieli już do dyspozycji przerw na żądanie, więc musieli rozpocząć akcję w ciągu pięciu sekund. Legendarny sędzia Dick Bavetta podał piłkę obrońcy Kings Dougowi Christiemu, a ten miał wyprowadzić ją z boku. Rozpoczęło się odliczanie pięciu sekund. Wszyscy zawodnicy Kings zaczęli błyskawicznie zmieniać pozycje, żeby wprowadzić zamieszanie w naszym ustawieniu w obronie. Biegali po boisku niczym karaluchy po zgaszeniu światła.

Christie precyzyjnie podaje piłkę lobem przez całe boisko. Wyskakuję, ale ta cegła mija czubki moich palców o kilkanaście centymetrów i wpada prosto w ręce Chrisa Webbera. O k u r w a! W mgnieniu oka odzyskuję równowagę. Webb delikatnie markuje rzut, a ja daję się nabrać i wyskakuję tak wysoko, jak to możliwe, żeby odbić rzucaną przez niego piłkę. Nie udaje mi się zablokować rzutu. Ale na szczęście wyskakuję na tyle wysoko, że nie fauluję go moimi wyciągniętymi w górę rękami i górną częścią ciała. Gdybym go sfaulował, a jego trójka znalazłaby drogę do kosza, przegralibyśmy.

C-Webb nie traci rytmu i oddaje piękny rzut, perfekcyjnie wymierzony, po idealnym łuku. Piłka leci prosto w środek obręczy, po czym… w jakiś niewiarygodny, niemożliwy sposób… się od niej odbija. C-Webb nadał piłce ciut za silną rotację.

To koniec. Ostatecznie zdobyłem 32 punkty, miałem 21 zbiórek – to numer Malika! – i pięć bloków.

Trzęsę się ze szczęścia i wysyłam tę radość duszy Malika. Pilnuję też, żeby podziękować C-Webbowi i mocno go przytulić. Uwielbiam tego gościa. To on mnie inspirował i pomógł sprawić, że jestem tym, kim jestem. Musi się o tym dowiedzieć.

Wskakuję na stolik sędziowski i wyrzucam ręce w górę, dziękując kibicom. Ale zwycięstwo okazuje się mieć słodko-gorzki smak. Po porażce z Lakers w finale konferencji moja 12-letnia przygoda z T-Wolves wkrótce dobiegła końca. Miałem opuścić miasto, które tak pokochałem.

Silence. Cisza

Nienawidziłem przegrywać, ale lata mijały, a ja zaczynałem rozumieć, że chodzi o coś więcej. Umiałem sobie radzić z porażkami. Przegrałem w życiu setki meczów. Nie chodziło o przegrane, ale o to, j a k s i ę p o n i c h c z u ł e m. Porażki sprawiały, że czułem się bezwartościowy. Beznadziejny. Porażki sprawiały, że czułem się znowu jak mały chłopiec zamknięty w domu u Mamy w Mauldin. Porażki sprawiały, że czułem się znowu tak jak wtedy, kiedy kumple zrobili ze mnie kozła ofiarnego i wyleciałem ze szkoły. Porażki przypominały mi chwilę, kiedy Mama zostawiła mnie i Ashley w punkcie odbioru bagażu na lotnisku Midway. Porażki sprawiały, że dopadała mnie depresja. A depresja – bardzo głęboka, w rodzaju: jestem-w-ciężkiej-dupie, nie-da-się-wyjść-z-tej-kurwy – to coś, do czego nikt nie chce się przyznać.

Zamiast się do tego przyznać, nic nie mówiłem. Po przegranym meczu – albo po kilku przegranych meczach – zamykałem się w sobie. Nie wolno było zadawać mi żadnych pytań. Nie wolno było ze mną rozmawiać. Lepiej się było do mnie w ogóle nie zbliżać. Pozwólcie mi schować się w kącie, bo nie wiem, jak mam wyrazić to, co czuję. A nawet gdybym wiedział, to nie chcę. Nie chcę niczego analizować. Nie chcę być analizowany. Po prostu zostawcie mnie, kurwa, w spokoju. I pozwólcie mi się pozadręczać.

Słyszałem głosy, że depresja to gniew skierowany do wewnątrz. Ma to nawet sens. Źródłem wściekłości może być coś, co przeżyłem, będąc jeszcze dzieckiem, albo coś, co wydarzyło się wczoraj. To bez znaczenia. Na boisku mogę wyrazić złość przez siłę swojej gry w kosza. Mogę grać jak nawiedzony. Ale jak mam znaleźć ujście dla złości, kiedy jestem poza boiskiem? To płynie do wewnątrz. A wtedy stawiam ścianę i oddzielam się nią od reszty świata. W ciszy.

Oczywiście, że nieprzyjemne uwagi mogą zranić tych, których kochasz. Ale cisza może ich ranić jeszcze bardziej. Pasywna agresja to wciąż agresja. Jedyną rzeczą, jaka może ci pomóc, to mieć pod ręką kogoś, na kim możesz się wyżyć. Brat. Siostra. Przyjaciel. Psycholog. Utrzymywanie furii w sobie sprawia, że może być tylko gorzej. Wydobycie jej na zewnątrz pomaga ci utrzymać zdrowie psychiczne. Ten brat, siostra albo przyjaciel – pod warunkiem, że są prawdziwymi kumplami – zrozumie, że jego zadanie polega tylko na tym, żeby cię wysłuchać, pozwolić ci wybuchnąć i łagodnie przypomnieć ci o tym, że powinieneś przywrócić wszystkiemu właściwą perspektywę. Świat się nie kończy. Twoje życie się nie kończy. I to także przeminie.

Potem nauczyłem się, że przegrana to także egzamin z charakteru. Każda porażka to również lekcja. A jeśli nic z niej nie zrozumiesz, to będzie jeszcze bardziej dotkliwa. Lecz jeśli czegoś się nauczysz, to w przyszłości będziesz ponosić mniej porażek. Tak czy inaczej, nauka przegrywania jest bardzo ważna.

Siłowanie się na rękę

zobacz **Glen Davis**

Snoop Dogg

Wiem, że mówiłem wcześniej, że nie czuję już potrzeby dotykania piłki do kosza. Jedyny wyjątek robię dla Snoopa. Jeśli dzwoni i zaprasza mnie do swojego kompleksu, żeby pograć w kosza i wyjarać kilka blantów, to nigdy nie odmawiam. Snoop jest nie tylko geniuszem muzycznym, ale uwielbia też oglądać i uprawiać sport. No i należy do moich ulubionych czarnuchów. Ale te mecze to nic więcej – stare wilki po prostu dobrze się bawią. Zero agresji, żadnego walenia się łokciami. Nikt nie wariuje. I prawdę mówiąc, jesteśmy już na takim etapie życia, że bardziej interesuje nas jaranie trawy niż koszykówka.

„Sports Illustrated"

Muszę poinstruować młodzież, która czyta tę książkę i nie ma pojęcia, czym był magazyn „SI". Kiedyś nie mogło być nic ważniejszego niż znaleźć się na okładce tego periodyku. A ja wylądowałem na okładce przynajmniej z dziesięć razy. Wspomniałem już, że po raz pierwszy zdarzyło mi się to, gdy zgłosiłem się do draftu. Miałem wtedy 18 lat. Kiedy zobaczyłem ten numer w kiosku, nie mogłem w to uwierzyć. „Gotowy czy też nie…" – brzmiał nagłówek. Wiem, że chodziło im o to, czy to ja jestem gotowy na NBA. Ale wtedy tego w taki sposób nie odbierałem. Odczytywałem to w inny sposób: czy NBA jest gotowa na mnie? Wtedy myślałem, że nie. Nie mieli pojęcia, co nadchodzi.

Latrell Sprewell

zobacz **MV3**

Springfield, Massachusetts

Siedziba Koszykarskiej Galerii Sław.

Zostaję członkiem Galerii Sław. Czuję, że powinienem być bardziej podekscytowany, niż jestem. Nie chodzi o to, że nie szanuję tej instytucji. Ani o to, że nie zdaję sobie sprawy z tego, jak niewielu koszykarzy ma okazję doświadczyć takiego honoru. Ani o to, że nie podoba mi się uznanie.

Ale rocznik 2020 jest inny*. Trzech zawodników wchodzi do Galerii Sław, ale na ceremonii obecnych będzie tylko dwóch. Timmy Duncan i ja. Kob nie żyje. Nieobecność Beana zmienia wszystko. Ciężko będzie się cieszyć czy po prostu być szczęśliwym podczas ceremonii. Część mnie chce z niej w ogóle zrezygnować.

Nasze nominacje ogłoszono w kwietniu, niespełna trzy miesiące po śmierci Koba. Wtedy wydawało się to nieistotne. Próbowałem spojrzeć na to pozytywnie. Bean został słusznie uhonorowany. Timmy był kluczowym elementem wielkiej dynastii w San Antonio i też odbierał należyty szacunek. Kobean 18 razy zagrał w Meczu Gwiazd, a ja i Timmy – po 15 razy. Lista naszych dokonań i wyróżnień jest bardzo długa.

Wciąż muszę wymyślić jakiś spicz. Bo nie przychodzi mi do głowy nic ponad coś w stylu: „Kocham Beana, kocham Timmy'ego, kocham koszykówkę, dziękuję i do widzenia". Może to jeszcze jakoś ubarwię. Pomyślę o tym.

Ale prawda jest taka, że wolałbym, żeby cała ceremonia odbyła się w długim milczeniu, podczas którego będziemy jedynie wspominać wielkość Kobe Bryanta i całe dobro, jakie ofiarował światu.

Dawn Staley

zobacz **Rubber Band. Gumowa opaska; WNBA**

Suits. Garnitury

Latem, kiedy podpisałem kontrakt z Celtics, trenowaliśmy w Rzymie. Zainspirowało mnie to do tego, żeby pomyśleć o szytych na miarę włoskich garniturach. Zadzwoniłem więc do projektanta, ten

---

* W związku z pandemią COVID-19 planowana na rok 2020 oficjalna ceremonia dla nowych członków koszykarskiej Galerii Sław się nie odbyła. Na 2021 rok planowane jest uhonorowanie dwóch roczników – 2020 (z Bryantem, Duncanem i Garnettem) i 2021 (m.in. z Paulem Pierce'em).

przyszedł i wziął ode mnie i od moich kolegów z drużyny miarę na garnitury. Nie tylko od zawodników, ale też od trenerów, członków sztabu, stażystów – od wszystkich. Nawet od kolesi, którzy nie mieli szans przebić się do drużyny. Nie zrobiłem tego dla PR-u, lecz po to, aby okazać wdzięczność, że mogę grać w tej drużynie, i wyrazić ekscytację zbliżającym się sezonem.

Kiedy byłem już weteranem w T-Wolves, kupowałem nowe garnitury dla wszystkich debiutantów. Robiłem to, żeby im przypomnieć, że są już dorosłymi facetami, którzy muszą zajebiście wyglądać i nosić się jak prawdziwi zwycięzcy. Chciałem im pokazać, że na tym między innymi polega bycie zawodowcem. Dla niektórych debiutantów, którzy nie zostali wybrani w drafcie na tyle wysoko, żeby móc się totalnie odpicować, był to pierwszy garnitur w życiu.

W naszej charakteryzującej się niestarannym ubiorem kulturze odpowiednie odzienie – we właściwym miejscu i we właściwym czasie – to dobry i ważny ruch.

Sheryl Swoopes

zobacz **Rubber Band. Gumowa opaska; WNBA**

T

Tatuaże / John Thompson / Twardziele / Trash-talk

Tatuaże

Lubię dziary. W procesie upiększania ciała sztuką i słowami nie ma niczego, co by mi nie pasowało.

Szacun dla Allena Iversona, że rozpoczął to szaleństwo. To on chciał wyrażać swoją indywidualność w każdy możliwy sposób. I pierdolił to, co myśli cały świat. Kolejnym pionierem był Dennis Rodman. Robak wyniósł tę sztukę na inny poziom. Poza tatuażami miał wszystko poprzekłuwane – od nosa przez wargi aż po pępek. Skurwiel farbował włosy wszystkimi kolorami tęczy i uwielbiał imprezować w sukienkach i bluzkach bez pleców. No i bardzo dobrze. Jedź do przodu i przełamuj stereotypy.

Jak dla mnie tatuaże mówią, że nikt nie jest naszym właścicielem. Nasze ciała należą do nas. To nasza skóra i będziemy ją malować tak, jak będzie nam się podobało. Propsy dla kolesi takich jak Chris Andersen, który naprawdę nieźle zaszalał. Wielki kolorowy tatuaż na jego szyi głosi „Free Bird" (wolny ptak)*. Wprawdzie twierdzi, że chodzi o tytuł piosenki zespołu Lynyrd Skynyrd, ale ja uznaję to za metaforę – że wszyscy jesteśmy wolnymi ptakami.

Moje tatuaże też mają dla mnie głębokie znaczenie:

---

* Andersen miał też przydomek Birdman.

„Spoczywaj w pokoju, MS2" – odnosi się oczywiście do Malika Sealy'ego i numeru, z którym grał.

„21" – z tym numerem Malik grał w St. John's, ja występowałem w Mauldin, no i tyle lat byłem w NBA.

Inne mówią same za siebie:

„Tylko Bóg może mnie osądzać".

„Krew, pot i łzy".

„Nie ma żadnych granic".

„Ashley" – dla mojej siostrzyczki.

Smok.

Skorpion.

Puchar imienia Larry'ego O'Briena, który zdobyłem w Bostonie.

Tatuowanie ciała to niekończący się projekt artystyczny. Pewnie będę miał kolejne tatuaże. I pozwolę biegowi życia zadecydować o tym, co zechcę upamiętnić.

To przepiękny rytuał. Jego częścią jest ból. Ale jeśli w coś wystarczająco głęboko wierzysz, to zniesiesz ból, żeby mieć to coś wygrawerowane na ciele. To akt afirmacji. Nowe tatuaże dodają mi nowej energii. Potwierdzają też, że mój umysł i moja dusza ewoluują. I mogę wyrazić ten proces na własnej skórze. Nic nie jest statyczne. Wszystko się rozwija. Wszystko się zmienia i porządkuje na nowo. A zmiana i nowy porządek nadają życiu świeże znaczenie.

John Thompson

Po zwolnieniu Flipa, kiedy T-Wolves dołowali jak nigdy, John Thompson złapał mnie po jednym z meczów na wywiad telewizyjny. Żebyście mnie dobrze zrozumieli: uwielbiam Johna. Tak jak uwielbiam praktycznie wszystkich braci, którzy grali w kosza. Był dla mnie jak ojciec. Jego sukcesy trenerskie na Uniwersytecie Georgetown, to, jak zarządzał zawodnikami takimi jak Allen Iverson, Patrick Ewing, Alonzo Mourning i Dikembe Mutombo, fakt, że został pierwszym czarnym trenerem, który zdobył mistrzostwo NCAA, to, jak grał w NBA i wspierał Billa Russella w Celtics w latach 60. – wszystko, co łączyło się z Big Ace'em, było równoznaczne z sukcesem.

John był wielkim gościem – miał 208 centymetrów wzrostu i był pozytywną duszą. I choć wywiad był ostatnią rzeczą, na jaką miałem wtedy ochotę – zwłaszcza w kontekście zwolnienia Flipa – to nie mógłbym nigdy odmówić Johnowi Thompsonowi. Bo miałem dla niego mnóstwo szacunku.

Zaczął od tego, że nie oczekuje ode mnie politycznej poprawności. Powiedział, że chce prostych odpowiedzi. Co czułem do Flipa? Powiedziałem, że Flip był trenerem, dla którego ważne było dobro zawodników. Że nie powiem na jego temat złego słowa. Że i ja, i moi koledzy z drużyny zrobilibyśmy dla Flipa wszystko. Flip uwielbiał to, jak postępowałem wbrew przepisom, jeśli chodzi o raporty skautów. Klub karał zawodnika grzywną, jeśli ten nie zwrócił raportów. Ja płaciłem z góry, bo nigdy nie zamierzałem ich zwracać. Nie przestawałem ich studiować. Flip miał identyczną mentalność. Miał też pierdolca na punkcie zapisów wideo. Jeśli chodzi o oglądanie nagrań meczów, to potrafiliśmy z Flipem siedzieć razem godzinami i studiować każdą akcję. Flip miał oko trenera i dostrzegał rzeczy, których nie widziałem. Flip był moim człowiekiem, ale teraz już go z nami nie było. A ja musiałem skupić się na przyszłości.

– Jak bardzo jesteś załamany, Kevin? – zapytał John.

– Jestem totalnie załamany, John.

– Podwajali cię, potrajali. Łapali cię za ramię. Przytrzymywali. Powiedz mi wprost: jak tam obecnie z twoim zdrowiem?

– Przecież tu jestem – odpowiedziałem. – Każdego wieczora przebieram się w strój i gram. Potłuczony i obolały…

– Dajesz z siebie wszystko. Zawsze dajesz z siebie wszystko. Co cię napędza?

– To, że przegrywam. Przegrywam…

Próbowałem powstrzymać łzy, ale było już za późno.

– To łzy bólu – powiedziałem.

– Łzy dumy – powiedział John.

– Mnóstwo dumy. Dumy, która mnie pożera.

– Kevin, ale przecież grasz tak samo dobrze jak w poprzednim sezonie.

– To nie golf. Ani tenis. Nie chodzi o mnie. Chodzi o nas. Nie chodzi o to, co robię. Najwyraźniej to, co robię, nie wystarcza. Bardzo mi wstyd, że tak się przed tobą posypałem, stary.

Łzy wciąż mi płynęły.

– Nie – odpowiedział Big Ace. – Szanuję cię za to, że okazałeś emocje. Nie straciłem do ciebie ani odrobiny szacunku… Przecież dźwigasz ciężar odpowiedzialności za losy drużyny na swoich ramionach, prawda? Bierzesz za to pełną odpowiedzialność?

– Nie mam wyboru… Nie lubię okazywać emocji, bo to cię odsłania. Czujesz, o co mi chodzi?

– Kevin, czy myślisz, że to, co teraz pokazujesz, to oznaka słabości?

Za bardzo mnie zatkało, żeby odpowiedzieć.

– To siła – powiedział John. – Zaraz stoczymy tu walkę. Okazujesz siłę. A to coś zupełnie nowego.

– Nie chcę się tak zachowywać, John. Jestem silnym gościem. I nie chcę, żeby ludzie, którzy to oglądają, myśleli, że jestem słaby. To dla mnie bardzo ważne. Nie dlatego, że tak muszę. Spójrz na mnie. Jestem taki od urodzenia. Nie grasz w kosza, bo musisz. Nie biegasz sprintów, bo musisz. Nie ćwiczysz w nieskończoność rzutów, bo musisz. Niczego z tego wszystkiego nie muszę. To jestem ja. Tak zostałem zbudowany.

John zmienił temat i zapytał, czy żałuję, że spędziłem tyle lat w Minnie. Odpowiedziałem, że nie. To właśnie miałem na myśli. Ale John jeszcze mnie docisnął.

– Jesteś pewien, że to nie to tak bardzo cię martwi? Że czujesz się częścią Minnie i że chciałbyś to zmienić?

– To nie tak, John. Ja po prostu nie chcę już przegrywać. Cokolwiek miałoby się wydarzyć, nienawidzę przegrywać. Po prostu nienawidzę. To mój największy problem. Nie pogodzę się z porażką. Nigdy się z tym nie pogodzę. Nikomu nie pozwolę nazywać się przegrywem.

Kiedy wywiad dobiegł końca i wyłączono kamerę, John mnie przytulił.

– Byłeś wspaniały, synu – powiedział.

Wielki John ukoił moją smutną duszę.

A kiedy przeszedłem do Bostonu, dostałem jego szafkę i grałem z jego numerem 5.

Teraz John już nie żyje*, ale jego duch jest żywy. Jego duch żyje we mnie.

Twardziele

Jest ogromna różnica pomiędzy twardzielem a ostro grającym koszykarzem. Grałem ostro, ale nie uważam się za twardziela. To, że nie cofnę się przed bójką, nie sprawia automatycznie, że jestem twardzielem. Każdy gracz NBA musi być gotowy do bójki. Tutaj nie ma miejsca dla słabych. Nie będziesz w stanie przeżyć w NBA, jeśli będziesz okazywał choćby najdrobniejszą słabość. Tę ligę tworzą ludzie, którzy wyszli ze swoich dzielnic jako superbohaterowie. A dzielnicą mógł być zarówno kampus studencki, jak i getto. Nieważne. Ci bracia są naprawdę zajebiści. Mają swój styl. Mają wsparcie całej swojej społeczności. I kiedy tylko trafiają do NBA, są nieustannie testowani – nie tylko przez przeciwników, ale również przez kolegów z drużyny, którzy martwią się, że stracą przez nich miejsce w składzie. Konkurencja jest ogromna. Musisz grać ostro albo cię nie ma.

* John Thompson zmarł 30 sierpnia 2020 roku w wieku 78 lat.

Ale twardziele to kategoria sama w sobie. Najlepiej definiuje się ją w następujący sposób: wyobraź sobie, że znajdujesz się w dziwnym, pełnym bandziorów mieście. Puste budynki. Gnijące na ulicach śmieci. Biegające szczury. Ryk syren. Nie masz pojęcia, jak się zachować. Wiesz tylko tyle, że czarnuchy mogą cię zaatakować, kiedy najmniej się tego spodziewasz. W końcu trafiasz do jakiejś ciemnej uliczki. Żeby dojść tam, dokąd zmierzasz, musisz pokonać tę kurwę. Przebiega przed tobą czarny kot. W połowie drogi widzisz stojących na środku pięciu czy sześciu braci, którzy wyglądają tak, jakby się na ciebie zaczaili. Pytanie brzmi: gdy wchodzisz w tę uliczkę, to kogo chciałbyś mieć wtedy u boku?

Odpowiedź brzmi: twardziela.

Ja bym się zabrał z Charlesem Oakleyem.

Albo z Kenyonem Martinem, jednym z najbardziej zajebistych kolesi, jakich znam.

Na pewno mógłbym polegać na Xavierze McDanielu.

Albo na Larrym Johnsonie.

Ruszyłbym w drogę z jebanym Otisem Thorpe'em.

Z Charlesem Barkleyem.

Chciałbym mieć przy sobie Dwighta Howarda.

Zabrałbym Sama Mitchella.

Poszedłbym z Karlem Malone'em.

Wezwałbym Anthony'ego Masona.

Albo Zacha Randolpha.

Nie wlazłbym tam bez Glena „Big Baby" Davisa.

Oto bracia, z którymi chciałoby się robić interesy.

To zabójcy. Nie pierdolą się w tańcu. Niczego się nie boją. Poszedłbym z każdym z nich na wojnę.

Ale nie chodzi tu tylko o docenienie, jacy są twardzi. Chodzi też o to, że – przynajmniej na parkiecie – można się tak naprawdę tą ich twardością cieszyć.

Na przykład za każdym razem, kiedy grałem przeciwko Zachowi Randolphowi, była to walka z niedźwiedziem. Tak samo wyglądało to z Kenyonem Martinem.

W przeciwieństwie na przykład do pojedynków z Rasheedem Wallace'em albo z Timmym Duncanem. To były raczej szachy. Pojedynek na umiejętności – ich umiejętności ofensywne kontra moje umiejętności defensywne i vice versa. Próbowaliśmy się zrozumieć i poznać w ogniu walki.

Innych zawodników nie da się rozgryźć. Na przykład taki Charles Barkley był podkoszowym wcieleniem Michaela Jordana. On i Olajuwon. Obaj zdawali się nie do zatrzymania. Pod koszem nie było mowy o tym, żeby któremuś z nich podskoczyć.

Ale nie mogłem się doczekać i innych pojedynków. Weźmy takiego Antonio McDyessa. Zawsze cieszyłem się na walkę przeciw niemu. Wiedziałem, że to będzie bitwa. Wiedziałem, że w starciu ze mną Antonio da z siebie wszystko i vice versa.

Miałem to szczęście, że moi koledzy z drużyny też tacy byli. Uwielbiałem grać razem z Bobbym Jacksonem. Troy Hudson też był zajebisty. Między mną a Huddiem istniała chemia. Trent Hassell. Brook Lopez. Zach LaVine. Andrew Wiggins. Rick Rubio. Leon Powe. Terrell Brandon. Doe. Najbardziej lubiłem grać ze świetnymi obrońcami. Uwielbiałem to, że mogę na nich polegać, że mogę się od nich uczyć. Spotkałem mnóstwo koszykarzy z ogromnymi umiejętnościami, rozumiejących, co jest potrzebne, żeby wygrywać bitwy.

Jeśli grasz w kosza na najwyższym poziomie, musisz czasem walnąć kogoś łokciem i łamać zasady. Na tym polega prawdziwa kultura NBA. Tylko spróbuj ją zmienić, a zjedzą cię na śniadanie. Ale jeśli się do niej zaadaptujesz, jest szansa, że wyniesie cię to na wyższy poziom doskonałości.

Czysty, bezpośredni fakt: nie unikniesz fizycznych cierpień. Wokół ciebie biegają po parkiecie wielcy, silni faceci ubrani w samą bieliznę. Nie masz żadnej ochrony. Ci bracia walą cię z całej siły, wskakują ci na plecy. Nie da się lekko znosić takiego gówna. Musisz robić, co trzeba, żeby wytrzymać. Oko za oko, ząb za ząb.

Trash-talk

Szacun dla Mamy. To właśnie jej zawdzięczam moją gadkę. Nauczyła mnie, jak mądrze wykorzystywane słowa mogą dać ci trwałą przewagę. A ponieważ otrzymałem ten dar od Mamy, dorastałem w gospodarstwie pełnym kobiet i nauczyłem się wrażliwości na kobiece tematy, to zawsze przestrzegałem pierwszej zasady trash-talkingu: nigdy nie wolno ci obrażać matki albo kobiety kolesia, którego prowokujesz. Nigdy czegoś takiego nie zrobiłem. Ani razu. To kwestia szacunku. Możesz wykorzystywać nawijkę, żeby pokazać, jaki jesteś twardy – wykorzystywać ją jako część strategii kontrolowania wydarzeń na parkiecie – ale nigdy nie widziałem potrzeby obrażania czyjejś ukochanej osoby. Miałem granice. Wszyscy je mają, a przynajmniej powinni.

Ulubieni trash-talkerzy

1. Gary Payton
2. Charles Barkley
3. Michael Jordan
4. Vernon Maxwell
5. Paul Pierce
6. Antoine Walker

Druga zasada trash-talkingu: musisz udowodnić, że umiesz coś więcej niż tylko ujadać. Większość pyskujących kolesi to totalne ogórki. I najłatwiej jest zamknąć im gęby grą. Pokazując swoją dominację. I kiedy przestają pierdolić, to możesz powiedzieć: „No i co, dupku?".

I tak dochodzimy do zasady trzeciej: jak już zaczniesz trash-talkować, to nie wolno ci przestać. Nigdy. To najgorsze, co mógłbyś zrobić. Musisz się tego trzymać. Jeśli się uspokoisz, to znaczy, że się wycofujesz. A kiedy do tego dojdzie, to koniec.

I tyle. Tylko trzy zasady. Poza tym wszystkie chwyty dozwolone.

Trash-talking jest ważny, bo każdy zawodnik ma swoje wątpliwości. Uważałem, że moje zadanie polega na tym, żeby go w tych wątpliwościach utwierdzać. Jeśli mi się to uda, zyskuję przewagę. A jeśli chcesz wygrywać, musisz zdobywać przewagę na wszelkich możliwych frontach.

Większość opowieści medialnych o tym, co miałem rzekomo powiedzieć do innego zawodnika podczas trash-talkowej wymiany zdań, to bzdury. Dziennikarze nie byli w stanie usłyszeć, co mówię, więc zmyślali. Jedna z prawdziwych historii dotyczy mojego pierwszego starcia ze Stevenem Adamsem z OKC. Wiedziałem, że koleś jest z innego kontynentu, ale nie widziałem dokładnie skąd. A on wiedział, że ja nie wiem. Kiedy więc zacząłem go prowokować, powiedział: „Sorry, ale nie mówię po angielsku". Uśmiałem się. Potem się dowiedziałem, że Steven Adams jest z anglojęzycznej Nowej Zelandii. Dobrze mnie załatwiłeś, Steve.

Jeśli chodzi o mój trash-talking, to większość ludzi nie rozumie, że mówię wtedy nie tylko do innych zawodników – mówię przede wszystkim do siebie. Samokrytyka, automotywacja, samoregulacja. Przez cały mecz odbywam nieprzerwaną rozmowę z samym sobą. Wyzwanie polega na tym, żeby taka dyskusja była konstruktywna, a nie destrukcyjna. Chodzi o to, żeby się zmotywować, a nie psychicznie rozwalić.

I to właśnie uwielbiam w koszykówce. Pozwala nam, a nawet zachęca nas do tego, żeby wejść w głąb siebie w głęboki, wręcz pierwotny sposób. W każdej innej sytuacji, kiedy gadasz coś do siebie, wszyscy myślą, że zwariowałeś. Ale koszykówka pozwala ci wyrazić te uczucia i emocje w sposób, na który w prawdziwym życiu nie mógłbyś sobie pozwolić. No bo sam pomyśl: w jakim innym zawodzie bluzganie i obrażanie kolegów z pracy jest nie tylko akceptowane, ale wręcz szanowane? Wyobrażasz sobie, że wchodzisz do biura i mówisz: „Hej, Bob, co to, kurwa, było z tą prezentacją? Co to za jebane gówno? Przecież to się, kurwa, nadawało do śmietnika. Musisz się bardziej postarać, chłopie". Od razu wyrzuciliby cię z roboty.

U

Ubuntu / Uncomfortable. Niekomfortowo / Uncut Gems.
Nieoszlifowane diamenty / Understanding. Zrozumienie /
Uniwersytet KG

Ubuntu

Doc był mistrzem kreatywnej motywacji. I mistrzem kreatywnego języka. Słowa, których używasz. Słowa, których nie używasz. Weźmy frazę „bostońska kultura". Zawsze się mówiło, że Boston jest miastem rasistowskim. Doc oczywiście o tym wiedział, ale miał własny sposób na to, żeby sobie z tym radzić. Kiedy nadszedł nasz mistrzowski sezon, nie nawiązywał do bostońskiej kultury ani do rasizmu. Wykorzystał jedno słowo – Ubuntu – a ono zawładnęło naszą wyobraźnią. Przedstawił je jako koncept wywodzący się z języka południowoafrykańskiego, ucieleśniający wiele znaczeń, ale dla Doca jego istota zawierała się w zdaniu: „Jestem tym, kim jestem, dzięki temu, kim wszyscy jesteśmy".

– Każdy z was – mówił Doc – będzie miał własną wersję Ubuntu. I bardzo dobrze. Niech wasze Ubuntu żyje w waszych sercach. Niech rośnie w waszej duszy.

Przed każdym treningiem chodził po sali i prosił każdego z nas, żebyśmy wytłumaczyli mu swoje Ubuntu.

Mogłem powiedzieć: „Jestem, ponieważ jesteśmy".

Paul Pierce mógłby powiedzieć: „Drużyna".

Doe powiedziałby: „Poświęcenie dla dobra wszystkich".

Docowi podobały się wszystkie te definicje. Podobało mu się to, że Ubuntu sprawiało, że myślimy we właściwy sposób. Postrzegał to zjawisko jako wzorzec braterstwa. Krąg, w ramach którego wszyscy jesteśmy równi. Potrzebujesz obrońcy, jest obrońca. Potrzebujesz strzelca, oto strzelec. Doc mógłby powiedzieć o Dumie Celtów i przypomnieć nam, że tak naprawdę naszym obowiązkiem jest przywrócenie chwały temu legendarnemu klubowi. Ale umieszczając nas pod parasolem Ubuntu, na nowo zdefiniował naszą misję. To nie było już tylko: „Musimy to zrobić dla miasta Boston albo dla mieszkańców stanu Massachusetts, albo dla całej Nowej Anglii". Ubuntu wykraczało poza geografię bądź rasę. Ubuntu było mądrością uniwersalną. I choć była to mądrość starożytna, dla nas okazała się nowa, ożywcza i motywująca. To było słowo Doca. Ale stało się naszym słowem. A kiedy sezon się rozkręcił, połączyło nas wszystkich – całą drużynę, rodzinę, przyjaciół i kibiców.

Uncomfortable. Niekomfortowo

Zawsze kiedy znajdowałem się na parkiecie, chciałem, żeby moi rywale czuli się niekomfortowo. Tak właśnie grali w kosza reprezentanci starej szkoły z lat 80. i 90. Robili wszystko, żebyś poczuł się niekomfortowo tak szybko, jak to możliwe. Prowokowali cię, uprawiali trash-talking. Walili cię łokciem. Robili, co się tylko da, żeby wytrącić twoje dupsko z rytmu.

Odebrałem od nich tę lekcję i sam zacząłem stosować podobne chwyty. Sprawianie, żeby moi rywale czuli się niekomfortowo, stało się jednym z moich najważniejszych zadań. A ono musiało się siłą rzeczy wiązać z tym, że sam też wychodziłem ze swojej strefy komfortu. Aby robić postępy, musisz pokonywać dyskomfort. A dzięki dyskomfortowi uczysz się rzeczy, których potrzebujesz, żeby wejść na wyższy poziom. I wszystko to stosuje się również do prawdziwego życia.

Kiedy trafiłem do Bostonu, to usiadłem do rozmów z właścicielem klubu, Wykiem Grousbeckiem. Pragnąłem, żebyśmy byli po tej samej stronie. Gdyby pojawił się między nami jakiś dyskomfort, nie chciałem, żeby działało to na moją niekorzyść. Obaj mieliśmy silne osobowości, ale na szczęście od samego początku Wyc traktował mnie z szacunkiem. A ja odwzajemniałem mu się tym samym. Potem zaś poznaliśmy się jeszcze lepiej.

Moim ulubieńcem w grupie właścicieli Celtics stał się Jim Pallotta. Staliśmy się niemal najlepszymi przyjaciółmi. Był brutalnie szczerym Włochem z North End, włoskiej dzielnicy Bostonu. Wszyscy go kochali, bo wracał do rodzinnej dzielnicy i pomagał lokalnej społeczności. W końcu spełnił odwieczne marzenie i wykupił udziały w Celtics. Chciał, żebym razem z nim zainwestował w klub piłkarski AS Roma, ale z powodów, których nigdy nie zrozumiem, zablokował to David Stern. Ale to nie powstrzymało Jima przed zaproszeniem mnie do swoich kolejnych przedsięwzięć.

O niektórych właścicielach nie warto nawet wspominać. Inni, tacy jak Jim, są godni pochwały.

Uncut Gems (Nieoszlifowane diamenty)

Poza moją nieuwzględnioną w napisach końcowych rolą w filmie *Drużyna asów* zagrałem kiedyś w jeszcze jednym filmie – *Historia Earla „Kozła" Manigaulta*. Tytułowego bohatera, legendarnego streetballowego koszykarza z Harlemu, zagrał Don Cheadle. Film został nakręcony w Toronto, podczas mojego debiutanckiego sezonu, a ja zagrałem w nim młodego Wilta Chamberlaina. Mała rola, za to wcieliłem się w kogoś, kto był moim idolem. Fascynował mnie cały proces filmowy.

W trakcie kariery nakręciłem też mnóstwo reklam. Zawsze ciekawiło mnie, jak się je tworzy, a proces ten dawał mi szansę sprawdzenia się przed kamerą. Przykładem była wspomniana wcześniej seria

Fot. Allen Berezovsky / Getty Images

Z Adamem Sandlerem

Fun Police. Ale największą radochę sprawiło mi to, gdy kilka lat temu bracia Safdie, Josh i Benny obsadzili mnie w filmie *Nieoszlifowane diamenty*, w którym Adam Sandler gra Howarda Ratnera, zwariowanego żydowskiego jubilera / kanciarza / psa na baby, uzależnionego od koszykówki i hazardu. Bohater grany przez Sandlera wchodzi w posiadanie rzadkiego kamienia szlachetnego, który ma dać mi – KG grającemu KG – dodatkowy zastrzyk energii podczas półfinałów Konferencji Wschodniej w 2012 roku przeciwko Philly. Byłem bardzo zadowolony, że mogę zagrać tę rolę. No bo przecież jak bardzo można spieprzyć granie samego siebie?

Kręciliśmy zdjęcia w miejscu, w którym nikt wcześniej tego nie robił – na nowojorskiej Czterdziestej Siódmej Ulicy, w dzielnicy diamentów. Udało się, bo pracował tam ojciec braci Safdie. Intensywność tego miejsca mnie rozwaliła. Kolesie z potarganymi brodami, ubrani w długie czarne chałaty, targający po ulicach skrzynki diamentów wartych miliony dolarów, tak jakby to były wózki z ziemniakami.

W filmie rządził Adam, który zachowywał się jak Al Pacino na sterydach. Miażdży w tej roli wszystkich. Bardzo podobało mi się to, że scenariusz nie lukruje żadnego z bohaterów. Bracia Safdie opowiadają, jak jest, i pozwalają Howardowi Ratnerowi być kurewsko odjechanym.

Praca, jaką włożyłem w ten film, przypominała to, co robiłem, grając w koszykówkę. Totalna koncentracja. Godziny prób, podczas których traciłem rachubę czasu. Nie dawałem się, bo widziałem, z jakim poświęceniem podchodzą do tego wszyscy aktorzy. I chciałem wykazać się tym samym. Uczyłem się od wszystkich. Adam wszedł w głowę Howiego Ratnera i już nigdy z niej nie wyszedł. LaKeith Stanfield, którego znałem z serialu Donalda Glovera *Atlanta*, był wirtuozem z szerokim repertuarem. A Julii Fox, która grała kochankę Ratnera, wszystko wychodziło naturalnie.

Nie jestem pewien, czy mi też wszystko wychodziło naturalnie, ale miałem poczucie harmonii pomiędzy aktorami – takie samo jak wtedy, gdy zdobywaliśmy mistrzostwo w Bostonie. Poza relacjami, jakie nawiązałem z aktorami, i tym, że czułem się częścią czegoś większego niż ja sam, byłem zachwycony możliwością poznawania produkcji filmowej, ustawień kamery, synergii pomiędzy producentami i scenarzystami. Estetycznie to doświadczenie przeniosło mnie w inne miejsce.

Bracia Safdie myśleli w sposób niestandardowy. Pozwalali swojej narracji iść we właściwą stronę. Fabuła była jednocześnie śmieszna, okrutna, radosna, nieokrzesana, komiczna i tragiczna.

Ulubione reklamy, w których wystąpiłem

1. *Fun Police* (Nike)
2. *He's Got the Whole World in His Hands* (Adidas)
3. *20, 10 & 5* (AND1)
4. *The Revolution Will Not Be Televised* (Nike)
5. *Edge Shave Gel*, z Kareemem

To doświadczenie sprawiło, że założyłem Content Cartel, firmę produkcyjną, w której razem z partnerami tworzymy i nadzorujemy bezkompromisowe relacje o życiu czarnych. Hollywood to machina, tak jak NBA. I tak jak w NBA zdarza się, że nowicjuszy robi się w chuja. Lepiej pilnować portfela. I tego, co masz w gaciach. Bo ktoś może kopnąć cię w jaja i skraść twoją historię. Nauczyłem się, że historię NBA można napisać na nowo. Z Hollywood jest tak samo. Zasady piszą się na nowo, w przeciwnym razie bylibyśmy wciąż karmieni tymi samymi operami mydlanymi, którymi karmi się nas od zawsze.

Nadszedł czas na nowe historie, na prawdziwe historie, na historie, które aż wrzeszczą, bo nie mogą się doczekać, kiedy ktoś je opowie.

Understanding. Zrozumienie

Sportowcy nigdy nie chcą słyszeć słowa „operacja". W 2009 roku, rok po tym, jak zdobyliśmy z Celtics mistrzostwo, jednak musiałem się z nim zmierzyć. Po raz pierwszy w karierze miałem poważny problem ze zdrowiem – pojawiły mi się złogi wapienne w tkankach prawej łydki.

Nie chciałem o tym myśleć, bo sezon rozpoczęliśmy znakomicie. Wygraliśmy 17 z pierwszych 19 meczów. W pewnym momencie wygraliśmy 19 meczów z rzędu. Ustanawialiśmy kolejne rekordy. Byłem zdeterminowany, żeby przezwyciężyć tę kontuzję, korzystając z metod, o których wspominałem wcześniej, stosując własne sposoby radzenia sobie z bólem.

Po pierwsze próbowałem patrzeć na to jak na doświadczenie, które nie dotyczy mojego organizmu. Zdystansować się od niego. Ból jest tam, a ja jestem tutaj. To nie ja. To tylko ból, na który mogę patrzeć z daleka.

Ale to podejście nie przyniosło skutków. Niezależnie od tego, jak bardzo się starałem, nie byłem w stanie zgiąć nogi. Nie mogłem się z niej wybić. Nie potrafiłem wyzwolić się z bólu. Prawda jest taka, że w ogóle gówno mogłem zrobić.

Kolejne podejście polegało na tym, żeby wziąć głęboki oddech. Wdech. I wydech. Patrzeć, jak powietrze opuszcza moje ciało. Tyle że ono nie opuszczało ciała. Pozostawało w nim. I było jeszcze gorzej.

No dobra, pora stawić czoła kontuzji. Porozmawiać z nią.

– Pierdol się – powiedziałem do swojego bólu. – Wszystkie inne części mojego ciała działają, jak należy. Nie zamierzam się tobą przejmować.

– A jednak będziesz musiał – odpowiedział ból. – Nie masz wyjścia. Bo ja nigdzie się nie wybieram. A dopóki tu jestem, to nie będziesz grał dobrze. Dalej będę cię rozjebywał.

– No to potnę cię na kawałki.

– Masz na myśli operację?

– Tak jest, zrobię sobie operację.

– A mówiłeś, że nigdy nie poddasz się operacji.

– Mówiłem różne rzeczy. Nieważne, co mogłem kiedyś mówić, przechodzisz do historii.

Podjąłem decyzję. Bolało mnie tak bardzo, że w lutym musiałem dać sobie spokój z grą. Trzeba było się wyedukować, żeby wybrać odpowiedni zabieg chirurgiczny. Spotkać się z lekarzami. Wysłuchać ich opinii. Sprawdzić możliwości. A potem zrobić operację.

W maju zameldowałem się w szpitalu. Poszedłem pod nóż. Operacja się udała. Kiedy dochodziłem do siebie, patrzyłem, jak moja drużyna przegrywa z Orlando w półfinałach konferencji. Latem ostrożnie, ale z optymizmem powróciłem do treningów. Byłem podwójnie zdeterminowany. Niektóre stare wilki w NBA mówiły mi: „Ticket, możesz być zdeterminowany tak bardzo, jak chcesz, ale już nigdy nie będziesz tak samo dobry".

To nie tak, że byli wobec mnie okrutni. Patrzyli na to realistycznie. Nie próbowali mnie wystraszyć. Chcieli mnie tylko odpowiednio przygotować. Doceniałem ich szczerość.

I rzeczywiście, już nigdy nie byłem tak samo dobry – nigdy nie powróciłem do formy sprzed operacji – ale muszę też powiedzieć, że moja zdwojona determinacja dała mi jeszcze siedem lat aktywnego grania. Niektóre były wspaniałe, inne tylko OK, ale żaden sezon nie okazał się smutny. Pozostałem szczęśliwym wojownikiem.

Muszę wytłumaczyć, co mam na myśli, kiedy mówię, że to dzięki determinacji kupiłem sobie jeszcze trochę czasu. Determinacja polegała na czymś więcej niż tylko założeniu: „wyjdź na parkiet i urwij sobie jaja". Byłem zdeterminowany, żeby studiować naturę łydki. Zapamiętać jej umięśnienie. Zobaczyć, jak operacja zmieniła jej strukturę. Nauczyć się radzić sobie z odnowioną częścią ciała. Nie spieszyć się. Posuwać się powoli z powrotem. Być sprytnym. Uczyć się anatomii. Słuchać fizjoterapeutów i wybiec na boisko dopiero wtedy, kiedy mi na to pozwolą.

Nauczyłem się też kontrolować swoje ruchy na parkiecie. Wykorzystałem znajomość ligi, żeby obchodzić własne ograniczenia. Widziałem, że wiedza i zrozumienie to dwie różne sprawy. Wiedza nie zawsze doprowadzi cię tam, dokąd chcesz. A zrozumienie – owszem.

Uniwersytet KG

Przetrwał tylko dwa lata i miał zaledwie kilku studentów. Nie posiadał żadnych obiektów ani budynków. Jedynie salę gimnastyczną. I był tam tylko jeden profesor – ja. Ale i tak go uwielbiałem. Uwielbiałem to, że mogę stać się trenerem i nauczycielem.

Zrezygnowałem z gry w koszykówkę, bo kolana odmówiły mi posłuszeństwa. Musiałem odejść, w przeciwnym razie ryzykowałbym trwałą kontuzją. Miałem długą karierę, ale często myślałem sobie, że mogłaby potrwać sześć, może siedem lat dłużej, gdybym grał w ciepłej kalifornijskiej pogodzie, zamiast zmagać się z mroźnymi zimami w Minnie, Bostonie i Brooklynie. Nienawidzę zimna i tego, jak szkodzi ono mojemu ciału.

Fot. Joe Murphy / NBAE / Getty Images

Ostatni mecz w NBA

Nieważne – w 2016 roku, w wieku 40 lat, skończyłem z koszykówką. Nie myślałem zbyt wiele o nauczaniu, dopóki Doc Rivers, który trenował wtedy Clippersów, nie poprosił mnie o to, żebym poćwiczył z jego zawodnikami starcia jeden na jednego. A Docowi nigdy bym nie odmówił.

Moimi studentami były supergwiazdy – Blake Griffin i DeAndre Jordan. Doc uważał, że Blake za dużo myśli – przesadnie analizuje, zamiast od razu reagować. Przekazałem mu własną metodę. Kiedy zaczynałem grać, to analizowałem każdego, kto mógłby mnie teoretycznie kryć. Wiedziałem, że każdy obrońca ma swoje plusy i minusy. Wiedziałem, jak unikać ich silnych stron i atakować słabości. Do tego stopnia, że nie musiałem o tym w ogóle myśleć. Po prostu to robiłem.

Moja metoda polegała również na tym, że szedłem prosto na przeciwnika. Jestem zdecydowanym zwolennikiem podejścia: „rozwal tę pierdoloną obręcz". A kiedy już się na to zdecydujesz, zrób to tak, jak tylko ty to potrafisz. Nikt ci nie dorówna. Nikt cię nie pokona.

Blake Griffin przejmował ode mnie wiarę w totalne atakowanie kosza. Łykał to i wykorzystywał we właściwy sposób. Miał wspaniałą etykę pracy. Uwielbiałem z nim pracować.

DeAndre Jordan, nawet przy swoim gigantycznym talencie, nie posiadał wystarczająco dużo wiary we własne umiejętności ofensywne. Pracowaliśmy więc równolegle nad tym elementem gry i nad jego pewnością siebie. Nie ma na świecie nikogo, kto nie potrzebowałby zachęty, dotyczy to nawet tak wielkiego chłopa jak DeAndre. Uwielbiam skopać komuś dupsko w ogniu walki. Ale jeszcze bardziej lubię wspierać brata. DeAndre ma wspaniałą duszę – i na boisku, i poza nim – i do dziś czerpię ogromną satysfakcję, widząc, jak z roku na rok staje się na parkiecie coraz lepszy.

Rozeszła się wieść, że jestem gotów trenować, więc zaczęli się pojawiać kolejni zawodnicy, tacy jak Jaren Jackson junior z Grizzlies i Giannis Antetokounmpo z Bucks, być może najniegrzeczniejszy chłopak od czasów Brona. Nie jestem pewien, jak wiele tak bardzo utalentowany zawodnik wyniósł z treningów ze mną. Niektóre nasze sesje dotyczyły bardziej taktyki psychologicznej niż rozgrywanych akcji. Zajebiście było zobaczyć, jak wkrótce po naszych wspólnych treningach zdobył nagrodę MVP ligi. Słowa uznania należą się Giannisowi, a nie mnie.

W wolnym czasie pracowałem ze swoimi ziomalami – Big Babym Davisem, Perkiem i Leonem Powe'em. Wychodziłem, rzucałem z nimi do kosza i dzieliłem się swoją wiedzą.

Po całym życiu spędzonym na grze w koszykówkę nie próbowałem być fałszywie skromny i udawać, że się na tym nie znam. Znam się świetnie. Ale wiem też doskonale, że każdy zawodnik jest wyjątkowy. Nie miałem też z góry ustalonego pomysłu na to, jak sprawić, że dany koszykarz będzie grał lepiej, poza tym, że starałem się go jak najlepiej przeanalizować i zobaczyć, czy będę w stanie zrobić dla niego tyle, ile kiedyś trenerzy robili dla mnie – odnajdywać te elementy w jego grze, których nie uznawał za swoją silną stronę, i zamieniać słabości w nowe aktywa.

Ogólnie rzecz biorąc, te dwa lata, podczas których zatrudniłem samego siebie w roli trenera, okazały się przepiękne.

V

Vibrations. Wibracje / Video Games. Gry wideo / Vulnerable. Słabości

Vibrations. Wibracje

Opowiadałem wcześniej o Wielkiej Trójce i o tym, jak ważny na boisku jest brak egoizmu, ale tak naprawdę wcale nie chcesz, żeby zawodnicy byli totalnie bezinteresowni. Nie istnieje totalnie bezinteresowna gwiazda drużyny. Będą się zdarzały mecze, w których ktoś może być na fali, a wtedy chcesz, żeby rzucał niezależnie od tego, jak wielu obrońców próbuje go pokryć. Będą też i takie spotkania, kiedy o wyniku zadecyduje ostatni rzut, i chcesz wtedy, żeby to gwiazdor wziął na siebie odpowiedzialność za losy drużyny. I nawet jeśli będzie wystarczająco dużo czasu, żeby podać piłkę, będziesz chciał, żeby wylądowała w jego rękach. Kiedy ważą się losy meczu, pójdziesz za nim w ogień.

W Celtics kimś takim był czasami P, kiedy indziej Ray, a czasami ja. Ale z jakiegoś powodu każdego wieczora bez żadnej dyskusji wiedzieliśmy, kto to powinien być. Bo kiedy gracie w kosza przez tyle lat, zaczynacie mieć telepatyczne relacje. Każdy mecz ma własną wibrację, niczym fale dźwiękowe. I to rytm gry powie ci, kto powinien oddać ostatni rzut. Koszykówka zawsze wie to najlepiej.

Video Games. Gry wideo

Uwielbiam gry. Zawsze tak było. Kiedy dorastałem, większości moich kumpli nie było stać na konsolę. Gromadziliśmy się zawsze w domu jednego z kolesi, którzy mieli Segę albo Nintendo. Gdy podpisałem umowę z Minnie i przeprowadziłem się do nowej chaty, to jedną z pierwszych rzeczy, jakie zrobiłem, był zakup wszystkich możliwych konsol i zajebiście wielkiego telewizora. Nigdy nie zapomnę, jak graliśmy w Madden NFL 97 i jeden z moich ziomali w ostatnich sekundach zaliczył desperacką zwycięską akcję. Prowadziłem jednym punktem i ustawiłem obronę. Jeden z jego skrzydłowych zaliczył przyłożenie, a ja jak głupek wyskoczyłem w górę, rzuciłem padem w telewizor i rozbiłem ekran. Uprawiając sport, przeżyłem wiele rozdzierających serce porażek, ale tę też zaliczam do jednej z najgorszych. À propos – jedną z najwspanialszych chwil w mojej karierze było to, że znalazłem się na okładce NBA 2K9.

Gram do dzisiaj. We wszystko – w gry sportowe, strzelanki, skradanki. Niesamowite jest dzisiaj to, że możesz grać z jakimś kolesiem, który znajduje się po drugiej stronie świata. To wspaniałe, że gry mogą tak zbliżać ludzi.

Ale siedzenie godzinami w domu, niewychodzenie na zewnątrz i niewystawianie się światu – i na niebezpieczeństwa, i na ekscytacje – może być niezdrowe. Zwłaszcza dla dzieciaków. Bo wiecie, kto jest na zewnątrz? Starsze dzieciaki, które mogą chcieć skopać ci dupsko. Ale kto jeszcze tam jest? Twoje potencjalne dziewczyny i chłopaki. Nowi kumple. Ludzie. Cały świat.

W domu jest bezpiecznie. Bezpiecznie jest siedzieć przed ekranem komputera. Ale bezpieczeństwo bywa nudne. Uwielbiam gry. Ale nigdy nie grałem w grę, która byłaby bardziej ekscytująca od prawdziwego życia.

Vulnerable. Słabości

Nauczyłem się tego słowa w dość przykrych okolicznościach.

Kiedy byłem dzieciakiem, nie chciałem, żeby łatwo było mnie zranić. Nie chciałem mieć złamanego serca. Nie chciałem, żeby zdeptano moje uczucia. Chciałem być twardy. Chciałem wyhodować grubą, kilkuwarstwową skórę. Chciałem znaleźć się w miejscu, w którym nikt nie zrobi mi krzywdy. Chciałem być twardy, a nie miękki, chciałem być niezniszczalny, niepokonany. Wszystko, byle tylko nie mieć słabości.

Umiejętność dostrzeżenia, że posiadanie słabości jest błogosławieństwem, to jedna z wielkich lekcji życia. To jedyny sposób, żeby nauczyć się tego, czego trzeba się nauczyć. Mogłem być dymany jak każdy. To, że nieźle grałem w kosza i dunkowałem, nie oznaczało, że nie miałem słabych stron. A najbardziej ślepi są kolesie, którzy uważają samych siebie za niezniszczalnych.

Gdy jesteś wielkim sportowcem, to łatwo wpaść w pułapkę arogancji. Kumple i kibice tylko cię nakręcają. Laski cię kochają. Masz kasę, sławę, małe dzieci oddają ci cześć. Ale uważaj, jeśli całe to gówno sprawia, że zaczynasz czuć się jak Bóg. Bo nie jesteś Bogiem. Jesteś tylko kolejnym zawziętym czarnuchem, który szuka guza. Rzadko kto nigdy nie dostaje po łbie. Ale uwierzcie mi – kiedy siniak zniknie, będziecie dużo silniejsi i mądrzejsi niż wcześniej.

W

Antoine Walker / Rasheed Wallace / Way to Do Things Right. Sposób na to, żeby robić wszystko, jak należy / Chris Webber / Weed. Trawka / Kanye West / The Wiggle. Podrygi / Bill Willoughby / Ben Wilson / Wilt / WNBA / Wu-Tang Clan / Wyrzucenie z boiska

Antoine Walker

zobacz **Hot Dog; Kobe; Tyronn Lue**

Rasheed Wallace

Trash-talking to tylko jeden ze sposobów na wytrącenie przeciwnika z równowagi. Kolejnym są przewinienia techniczne. W przypadku większości koszykarzy są one przypadkowe. Zdarza się, że kolesie zatracają się pod wpływem chwili i pozwalają się ponieść emocjom. Ale jest kilku koszykarzy, którzy podchodzą do tego metodycznie i rozumieją, że precyzyjnie osadzony w czasie faul techniczny może odmienić dynamikę meczu, a ostatecznie nawet jego rezultat. Najlepszy był w tym Sheed. Kiedy dołączyłem do NBA, uprzykrzał mi życie i nabijał się z tego, że nie poszedłem na studia. Razem z Garym Trentem robili sobie ze mnie jaja, ale kupowałem ten typ poczucia humoru. Był spoko. Koniec końców stali się jednymi z moich najlepszych kumpli (a mama Sheeda zaprzyjaźniła się z moją).

W trakcie trwania kariery Sheed złapał 317 przewinień technicznych. Tylko Karl Malone i Sir Charles mają ich na koncie więcej. Ja jestem siódmy na liście wszech czasów – mam 176 dachów. Sheed jest też rekordzistą pod względem liczby przewinień technicznych w pojedynczym sezonie – zaliczył ich 41, co oznacza, że łapał je w co drugim meczu. Oczywiście nie wszystkie przewinienia techniczne Rasheeda były celowe. Na początku naszych karier sędziowie byli dużo bardziej wyluzowani. Jeśli uznawali, że przeginasz, to zabierali cię na stronę i mówili, że masz sobie odpuścić. Po męsku. I dopiero później, jeśli to nic nie dało, karali cię technikiem. Ale w późniejszych latach arbitrzy zaczęli bardziej wtrącać się do gry. Szybciej sięgali po gwizdek. Zwłaszcza po wielkiej bijatyce w hali the Palace pomiędzy Pistons i Pacers w 2004 roku, kiedy bójki przeniosły się na trybuny. Po tej awanturze władze ligi zaczęły na serio wprowadzać rygory dotyczące zachowania zawodników. Zaczęli nas traktować jak dzieci.

Sheed znajdował się w samym środku tamtej awantury. Od razu wkroczył do akcji i próbował rozdzielić adwersarzy. Ludzie często uważają go za raptusa, ale tamtego wieczora starał się zachować zimną krew. Wyczuwał temperaturę wydarzeń lepiej niż ktokolwiek inny. Kontrolował ją. I robił to pomimo fauli technicznych i tego, że często był wyrzucany z boiska (wylatywał z niego 29 razy, dwa razy więcej niż ktokolwiek inny – będzie to jeden z najtrudniejszych do pobicia rekordów NBA). Jeśli jego drużyna nie prezentowała wystarczającej energii, to często łapał dacha, żeby rozgrzać kolegów. A jeśli drużyna przeciwna seryjnie zdobywała punkty, to łapał upomnienie, żeby wybić rywali z rytmu. Był bardzo utalentowanym zawodnikiem, ale mało kto miał porównywalną umiejętność wykorzystywania gwizdków sędziowskich do wpływania na rytm gry. Uważam, że Sheed jest moim lustrzanym odbiciem, tyle że lepszym, a jego przewaga bierze się z doświadczenia gry na uczelni.

Jesteśmy braćmi i mamy wiele wspólnych zainteresowań oraz pasji. Kiedy zacząłem prowadzić program *Area 21* na TNT, Sheed dołączył do mnie jako współprowadzący. Mój brat jest też fanem muzyki i zajebistym DJ-em. Codziennie dziękuję Bogu Jehowie za mojego zioma, nazywam go Ra-Booger.

Way to Do Things Right. Sposób na to, żeby robić wszystko, jak należy

Będę się teraz chwalił, więc lepiej się zatrzymaj i uważaj. Ego to twój najlepszy przyjaciel, który jednocześnie chce cię zabić. Potrzebujesz ego, żeby rywalizować, zdobywać i załatwiać sprawy. Ale jeśli nie będziesz go pilnował, to ego zje cię na śniadanie.

Cieszę się, że mam duże ego i że moje ego chce wam powiedzieć, że moją największą wygraną w karierze nie były prawdopodobnie występy w Meczach Gwiazd, nagrody MVP czy nagroda dla Najlepszego Obrońcy w NBA. Największą moją wygraną jest to, że mi nie odwaliło, nie miałem much w nosie, nie wywyższałem się i koncentrowałem się na robocie. Po prostu wychodziłem na boisko, zapierdalałem i grałem w kosza najlepiej, jak potrafię. Nie mówię, że nie miałem żadnych niemiłych konfrontacji, zarówno na parkiecie, jak i poza nim. Byłem znany z trash-talkingu. Ale nigdy nie żywiłem do nikogo urazy. Koncentrowałem się na koszykówce i znalazłem sposób na to, żeby robić wszystko, jak należy.

Chris Webber

zobacz **Duke kontra Michigan; Learning. Nauka; Showdown. Pojedynek**

Weed. Trawka

Czułem zapach trawy od dzieciństwa, kiedy w sobotnie wieczory grałem w kosza na podwórku, a moi wujkowie i ciocie siedzieli w środku i słuchali piosenek Ala Greena.

Ale tak naprawdę trawka nigdy mnie interesowała. Zawsze chciałem być przede wszystkim w dobrej formie. Nie zamierzałem używać niczego, co mogłoby mnie spowolnić albo w jakikolwiek sposób zahamować mój rozwój. Kiedy wpadłem w tarapaty w liceum i trafiłem na zwolnienie warunkowe, bardzo się pilnowałem, żeby unikać wszelkich narkotyków, zarówno w Mauldin, jak i potem w Chicago. Gdy jechałem z kimś samochodem i ktoś zaczynał jarać, wyskakiwałem z auta. Kiedy przyszedłem do NBA, ani razu nie oblałem testu na obecność narkotyków w organizmie. A to dlatego, że pierwszego skręta wyjarałem w 2004 roku, i to tylko dlatego, że denerwowałem się swoim zbliżającym się ślubem. Kumpel powiedział mi, że kilka machów mnie odpręży. Jeśli zdarzyło mi się potem sobie pofolgować, to zawsze jedynie w przerwie letniej. Nie pozwoliłbym, żeby cokolwiek przeszkodziło mi w utrzymaniu formy.

Na początku mojej kariery w NBA było mnóstwo koki. Kolesie regularnie wciągali, a władze ligi doskonale o tym wiedziały. Działacze widzieli, że wszystko się rozlatuje, i ustanowili odpowiednie przepisy. I bardzo dobrze, bo moim zdaniem koka oddziela cię od duszy. Koka to niebezpieczne gówno. Nigdy jej nie zażywałem.

Znam koszykarzy, którzy jarali trawkę, żeby lepiej grać. Za bardzo pobudzeni kolesie mogli się dzięki niej odprężyć, inni potrzebowali nowej perspektywy. Dobry joint może cię wprawić w odpowiedni nastrój. Ale uważaj, żebyś nie wpadł w pułapkę. Zacząłem sprawdzać rynek marihuany wiele lat temu. Uważałem, że to szansa na inwestycję. Wskoczyłem do tego pociągu relatywnie wcześnie i jestem z tego bardzo zadowolony. Dowiedziałem się, że 40 procent konopi to kannabidiol (CBD), który ma przeróżne zastosowania w medycynie. Światowy rynek CBD, od olejków po cukierki, znajduje się w rozkwicie. CBD nie sprawia, że jesteś na haju. Za to odpowiedzialny jest inny składnik, THC (tetrahydrokannabinol). Jeśli więc nie chcesz mieszać sobie w głowie, to spożywasz produkty z CBD. A jeśli masz na to ochotę, musisz sobie znaleźć jointa z połączeniem CBD z THC, który skieruje twój umysł w takim kierunku, w jakim będziesz chciał. Mnie wystarcza samo CBD. To lekarstwo i uspokajacz. Poza tym CBD dopasowuje się do mojej

Fot. Michael Caulfield / WireImage for ESPN / Getty Images

Z żoną

dysleksji. Ponieważ widzę słowa pisane od tyłu, to i słowa wypowiadane często mieszają mi się w głowie. I trawka pomaga mi to gówno wyprostować.

Nasza kultura dostrzega w końcu pozytywne aspekty odpowiednio wyhodowanych konopi.

Czasy się zmieniły i sport też musi się zmienić.

Dawniej zdarzało się, że baseballiści upijali się na umór, a władze ligi MLB odwracały wzrok. Dawniej palenie papierosów było spoko. Hollywood promowało to rakotwórcze gówno praktycznie w każdym filmie. Aktorzy – zwłaszcza w scenach miłosnych – palili jak smoki.

Kolesie tak bardzo lubili kokę, bo dobrze robiła im na ego. Ale potem koka zamieniała się w ecstasy, a następnie w crack, kokainę w kryształkach. A crack był już bardzo szkodliwy, być może najbardziej ze wszystkich narkotyków w historii. Crack okrył wszystkie narkotyki niesławą. Ale kiedy rząd połączył kokę z trawką, to pokazał jedynie swoją ignorancję. Marihuana nie tylko przetrwała krucjatę przeciwko narkotykom. Marihuana zwyciężyła, bo udowodniła, że jest czymś więcej niż tylko narzędziem do imprezowania. Pomaga też zapanować nad bólem.

Słyszałem o kolesiach, którzy dziś są po siedemdziesiątce, a w latach pięćdziesiątych trafiali do więzień za posiadanie jednego jointa. Historia oskarżania użytkowników trawki jest długa i okropna. Powinniśmy się cieszyć, że żyjemy w czasach, kiedy tego typu ignorancja jest pieśnią przeszłości – przynajmniej w przypadku osób z otwartymi umysłami.

Ostatnia rzecz dotycząca marihuany: znani mi kolesie, którzy doceniają trawkę, potrafią ją zasadzić i wyhodować. Jej uprawa wymaga nie tylko wiedzy, ale też czułej, matczynej troski. Zupełnie jak rozwijanie młodego sportowca. Myślę sobie o Dellu Currym, który wychował swoich utalentowanych synów, Stepha i Setha, na świetnych koszykarzy. I o Richardzie Williamsie, który wychował swoje utalentowane córki, Serenę i Venus, na wybitne tenisistki. Poświęcasz komuś wystarczająco dużo uwagi. Odpowiednio go odżywiasz. Szukasz równowagi. Nigdy nie przestajesz monitorować postępów. Aż w końcu pozwalasz naturze podążać swoją drogą.

Kiedy byłem dzieckiem, Stevie Wonder wydał płytę zatytułowaną *Journey Through the Secret Life of Plants* (Podróż przez tajemnicze życie roślin). Opowiadała o tym, jak odczuwają rośliny. Mówił, że nasiona są jak gwiazdy i mogą nas zabrać do nieba. I kiedy w odpowiedni sposób je hodujemy, to życie kwitnie. Miłość kwitnie. A świat staje się lepszym miejscem.

Kanye West

zobacz **Japonia; Kenny G; *King Kunta***

The Wiggle. Podrygi

Kolejne określenie na „adaptację" albo „dostosowywanie". Podrygi to jedna z tajemnych odpowiedzi na pytanie, jak przebrnąć przez życie.

Bill Willoughby

zobacz **Izolacja; One-and-Done. Rok i z głowy**

Ben Wilson

Ben Wilson został zastrzelony w Chicago 12 lat przed tym, jak tam przyjechałem, ale jego legenda wciąż żyje. Na ulicach wciąż jest sławny, pewnie nawet bardziej dlatego, że zginął, niż przez to, jak żył. Dorastał w South Side w Chicago. Chodził do liceum Simeon. Kiedy był w drugiej klasie, grał już w szkolnej reprezentacji. Gdy uczył się w trzeciej, ESPN stwierdziło, że jest najlepszym koszykarzem w kraju. Wszyscy porównywali go do Magica i mówili, że będzie od niego lepszy. Jeszcze bardziej magiczny. Nikt wcześniej nie widział takiego zestawu umiejętności u rozgrywającego.

Zostać zastrzelonym w wieku 17 lat podczas bójki ulicznej w Chicago w naćpanych latach 80. to żaden news. Bóg jeden wie, ilu braci, sióstr, mamusiek i tatusków, babć i dziadków zginęło z rąk policjantów zabójców, zabójczych narkotyków albo innych demonów, które dręczyły – i nadal dręczą – nasz kraj. Zatrzymujemy się, modlimy i oddychamy, a obok nas dochodzi do milionów tragedii, o których nie mamy pojęcia.

Ale kiedy o jakiejś się dowiadujesz – zwłaszcza o takiej, która dotknęła być może najlepszego koszykarza swojego pokolenia – to czujesz ten ból. To ja mogłem być Benem Wilsonem. Mogłem być jednym z wielu braci, którzy snuli niesamowite plany na przyszłość. Przyszłość przepełnioną wielkimi nadziejami. Nie mogę przypisywać sobie żadnych zasług za to, że udało mi się spełnić marzenia. Wystarczyło wejść w pewnym momencie w niewłaściwą ulicę, skręcić w nieodpowiednią stronę, zrobić coś za szybko albo za późno – każda z tych rzeczy mogła mi się przytrafić. I to, że tak się nie stało, nie jest powodem do świętowania i samouwielbienia. Byłem ostrożny, ale co z tego – możesz być ostrożny jak skurwysyn, ale i tak dostać po dupie.

Wilt

Było tak, jakby Bóg zstąpił na ziemię i pojawił się na meczu. Uczestniczyłem wtedy w Meczu Gwiazd w Cleveland, tym samym, podczas którego spotkałem Biggiego. Podczas sobotnich konkursów spojrzałem w pewnym momencie na trybuny i go zobaczyłem. Gość był przeogromny. Miał tak szerokie ciało, że zajmował trzy miejsca. Siedział zgarbiony, ze skrzyżowanymi nogami, ale totalnie jak szef. Wszystkie oczy były skierowane na Wilta. Ubrany na czarno, w czarnej opasce, w czarnej koszulce bez rękawów, tak że widać było jego wielkie ramiona, w czarnych dżinsach, designerskich czarnych wsuwanych butach i z czterema albo pięcioma złotymi łańcuchami na szyi. Miał w sobie jakiś magnetyzm, laski przesiadały się do jego rzędu na środku hali, a on machał do nich, uśmiechał się i wzywał do siebie sprzedawców jedzenia i kibiców, żeby coś mu przynieśli. Podpisywał autografy. Rozmawiał z dziennikarzami. Panował całkowicie nad sytuacją. Po prostu wódz. Wszystko miał pod kontrolą. Nie mogłem się powstrzymać. Musiałem tam pójść i uścisnąć dłoń Boga.

Zbliżyłem się do niego jak jakaś groupie.

– Przepraszam, panie Chamberlain – powiedziałem. – Chciałem tylko, żeby pan wiedział, że jestem pana wielkim fanem.

– O, dziękuję, młody człowieku. Skąd jesteś?

– Z Karoliny Południowej.

– No proszę, a ja myślałem, że z Chicago.

– Chodziłem do liceum w Chicago.

– Uwielbiam twój styl gry. Pracuj ciężko. Nabieraj siły. Rozwijaj umiejętności. Nie pozwól nikomu mówić, że czegoś nie dasz rady zrobić. Rozumiesz, o co mi chodzi?

– Tak, proszę pana. To, co pan mówi, bardzo wiele dla mnie znaczy, panie Chamberlain.

– Dbaj o debiutantów. Dbaj o młodsze pokolenia. To ważne.

– Oczywiście! Rozumiem.

– Nie przestawaj dawać.

– Bardzo pana szanuję, panie Chamberlain. Bez pana by mnie nie było.

– Baw się dobrze podczas tego weekendu. W przyszłości przeżyjesz jeszcze wiele podobnych.

Po czym wyciągnął rękę, żeby uścisnąć mi dłoń. Jego dłonie powędrowały aż do mojego przedramienia. To były największe dłonie, jakie w życiu widziałem.

– Nie chcę zabierać panu więcej czasu – powiedziałem.

Uśmiechnął się i skierował uwagę na kolejną grupkę lasek, które szły w jego stronę. Wiem, że napisał w swojej książce, że przeleciał tysiące panienek. Ten wieczór pokazał mi, że mówił wtedy prawdę. Wywoływał uczucie podekscytowania wielkością swojego ducha i miał charyzmę, z jaką nie spotkałem się nigdy wcześniej.

Wilt był gigantem. Królem parkietu.

WNBA

W Minnie bardzo wkręciłem się w WNBA. Kupiłem karnet sezonowy na spotkania Lynx i uwielbiałem chodzić na mecze. Sportsmenki są tak samo inspirujące jak mężczyźni. A może nawet bardziej, bo musiały przełamać tyle barier. I pokonywanie ich oznaczało budowanie niesamowitej etyki pracy. To ona sprawiała, że doprowadzały swoją grę do mistrzostwa. Nie dostawały kasy i nie spotykały się z uznaniem i szacunkiem, na jakie zasługują.

Patrzyłem, jak Cynthia Cooper-Dyke wymiata z Comets w Houston, zdobywając trzy tytuły mistrzowskie i trzy tytuły królowej strzelczyń. Uwielbiałem patrzeć, jak Coop wchodzi pod kosz. Albo Chamique Holdsclaw. Moja idolka Dawn Staley. Moja kochana przyjaciółka Candace Parker. Wspaniała Sheryl Swoopes. Ta lista nie ma końca. Członkinie Galerii Sław. Złote medalistki igrzysk olimpijskich. Kobiety, które pokazywały nam, że niezależnie od tego, jak bardzo będziemy honorować naszego brata Jamesa Browna, musimy przyznać, że popełnił błąd, kiedy zatytułował swoją piosenkę *It's A Man's World* (To świat mężczyzn).

Cztery lata temu Minnesota Lynx wyprzedziły konkurencję i założyły koszulki z napisem: „Zmiana zaczyna się od nas: sprawiedliwość i odpowiedzialność"*. Wnosiły światło w czasach, kiedy

---

* W 2016 roku zawodniczki Minnesota Lynx protestowały przeciwko brutalności policji, która doprowadziła do śmierci Philando Castilego i Altona Sterlinga.

mroczna śmierć zaczęła zbierać żniwo w całym kraju. Zawodniczki New York Liberty zaczęły organizować coroczny Unity Day, żeby zwrócić uwagę na niesprawiedliwości społeczne. Bardzo wcześnie, mocno i niepokornie zapoczątkowały ruch Black Lives Matter.

Oglądam nie tylko kobiecą koszykówkę, ale w ogóle śledzę sportowe wyczyny kobiet. Mii Hamm w piłce nożnej. Venus i Sereny w tenisie. Daniki Patrick w wyścigach samochodowych. Może to dlatego, że moja Mama była taka silna. A może dlatego, że wychowałem się wśród kobiet. Wiem, że ich siła to dobra siła. Wiem też, że kobiety były zamykane, blokowane i narażone na pogardę ze strony kontrolowanego przez mężczyzn społeczeństwa.

Moje pytanie jest proste: co takiego, do kurwy nędzy, my mężczyźni niby osiągnęliśmy, pacyfikując kobiety w każdym aspekcie życia?

Wu-Tang Clan
*Ain't Nuthing ta Fuck Wit**.

Wyrzucanie z boiska
zobacz **Rasheed Wallace**

---

* Tytuł singla Wu-Tang Clan, amerykańskiej grupy hip-hopowej z nowojorskiej dzielnicy Staten Island, w wolnym tłumaczeniu: Lepiej się nie pierdolić.

X

Malcolm X / X's and O's. Schematy w ataku i w obronie

Malcolm X

Kiedy byliśmy dzieciakami, to związki Mamy ze świadkami Jehowy sprawiały, że bagatelizowaliśmy imprezy urodzinowe. Być może dlatego minęło tak dużo czasu, zanim się zorientowałem, że skoro urodziłem się 19 maja, to mam urodziny tego samego dnia co Malcolm X. Ale za to uświadomiłem sobie ten fakt we właściwym miejscu, bo w Harlemie. Grałem już wtedy od jakiegoś czasu w NBA. Razem z kumplami robiliśmy zakupy w Dr. Jay's. Kierownik był tak miły, że zamknął dla nas sklep, żebyśmy mogli zrobić zakupy w spokoju. W środku była tylko jakaś kobieta z trojgiem dzieci i odliczała monety, żeby kupić im jakieś ciuchy, więc z przyjemnością uregulowałem rachunek. Takie rzeczy zawsze sprawiają, że wszyscy mają milszy dzień. Ta pani była mi bardzo wdzięczna. Potem kupiliśmy jakieś rzeczy dla siebie. Kiedy wyszliśmy ze sklepu, to wieść, że tam jesteśmy, już się oczywiście rozeszła i na ulicy było pełno ludzi. Wyglądało to tak, jakby tysiąc osób przyszło mnie pozdrowić. Ale było to bardzo miłe, doświadczyłem samej miłości.

– Zawsze będziesz tu, w Harlemie, mile widziany, KG.

– Fajnie cię widzieć, Ticket.

Dziękowałem braciom i siostrom stojącym wokół. W pewnym momencie podszedł do mnie jakiś starszy koleś i powiedział:

– A wiesz, że macie z Malcolmem urodziny tego samego dnia?

– Z jakim Malcolmem? – zapytałem.

– Z Malcolmem X.

Zatrzymałem się.

– Serio?

– Tak jest, byku – powiedział. – Robisz wszystko w duchu Malcolma. Musisz być świadomy swojej potęgi, stary.

– O rany – tylko tyle byłem w stanie powiedzieć.

– Pokój z tobą – powiedział i sobie poszedł. Nie miał żadnych pierścieni, żadnych metek. Ot, po prostu jeden z wielu braci na ulicy.

Wywarło to na mnie duży wpływ. Wróciłem myślami do lat spędzonych w Chicago, kiedy zdarzało mi się wpaść razem z kumplami w sam środek jakiejś blokerskiej awantury, ale potrafiłem wtedy mówić z taką śmiałością, że udawało nam się uniknąć niebezpieczeństwa. Skąd wzięła się u mnie taka szybkość i bezpośredniość wypowiadania słów? Czasem mówiłem tak pewnym tonem, że nawet mnie to zadziwiało. O tym, że często wypowiadałem się w imieniu moich przyjaciół, kolegów z drużyny czy mojej rodziny. Sama myśl, że mógł mną choćby w minimalnym stopniu kierować duch kogoś tak przełomowego i odważnego jak Malcolm X, była dla mnie pouczająca. A 19 maja stał się dla mnie jeszcze ważniejszą datą.

Nie chodzi o religię ani o politykę, ale o to, co oznaczał Malcolm X jako czarny – był wybitnym przedstawicielem gatunku ludzkiego. Mówił prawdę, nie czuł w sercu strachu. Nikt nie był w stanie zamknąć mu ust. Mówił prawdę i nie uznawał żadnych kompromisów. Nikt nie był w stanie przekręcić jego słów. Bo były jasne i czyste. Wyrażały głębię jego dumy. Odzwierciedlały poczucie własnej wartości. Wypowiadał się w imieniu uciemiężonych w swój własny, wyjątkowy i potężny sposób.

Był człowiekiem, który mówił: „Potknięcie to jeszcze nie upadek".

Człowiekiem, który mówił: „Nie ma nic lepszego od nieszczęścia. W każdej porażce, każdym zawodzie, każdej klęsce zawiera się ziarenko, to lekcja, która odpowie ci na pytanie, jak następnym razem zrobić coś lepiej".

Jeszcze jedna perełka: „Na początku swojego życia nauczyłem się, że jeśli bardzo czegoś pragniesz, to powinieneś głośno się o to starać".

I kolejna: „Nie da się oddzielić pokoju od wolności, bo nikt nie będzie naprawdę spokojny, jeśli nie będzie wolny".

I może najmądrzejszy cytat: „Jeśli nie jesteś gotowy za coś umrzeć, to wykreśl ze swojego słownika słowo »wolność«".

Oto słowa wypowiedziane przez człowieka, który przebudził ducha Czarnej Ameryki, ducha, który już nigdy więcej nie zaśnie.

X's and O's. Schematy w ataku i obronie

Ustalanie taktyki jest fascynujące. Wymyślanie strategii. Nauka. Rozrysowywanie akcji. Przewidywanie tego, co zaraz nastąpi. Umiejętność odczytywania pułapek. Zastanawianie się nad tym wszystkim. Podczas timeoutów trzeba robić te wszystkie analizy i kalkulacje, które bazują na doświadczeniach z przeszłości i głębokiej wiedzy. Ale choć kiedy wracasz na parkiet, wszystkie te ofensywne i defensywne taktyki krążą ci po głowie, to lepiej, żeby mózg umiał zareagować na rzeczywistość, z jaką się mierzysz. A ta może sprawić, że wszystkie schematy okażą się bezużyteczne. Rzeczywistość może oznaczać, że będziesz musiał wyrzucić podręcznik do kosza i dać się pokierować instynktowi. Bo on może nie tylko pozwolić wygrać ci mecz, ale w pewnych okolicznościach – w świecie, w którym niebezpieczeństwo czyha na ciebie na każdym kroku – może nawet uratować ci życie.

Y

Yoga. Joga / Youth. Młodość

Yoga. Joga

Chwilę mi to zajęło, bo kiedy wcześniej widziałem kolesi powykręcanych jak precle, myślałem sobie: jaki to ma sens? Dorastałem, bijąc się z braćmi, szarpiąc ich, drapiąc i powalając na ziemię. Ale kiedy wyjechałem z Minnie do Bostonu, zobaczyłem świat z innej perspektywy. Zrozumiałem, że pora się zmienić.

W jodze chodzi przede wszystkim o oddychanie. O świadomość własnego oddechu. O organiczne zjednoczenie całego organizmu. O połączenie elementów, które kiedyś się zwalczały. Czy te zwalczające się elementy wewnątrz mojego organizmu odnalazły spokój? Nie jestem o tym przekonany.

Ale mam pewność, że poza dźwiganiem ponadstukilogramowych ciężarów na siłowni są również inne sposoby na uspokojenie ciała i umysłu. Nie chodzi o to, że mam coś przeciwko podnoszeniu ciężarów. Zwłaszcza że to mnie wzmocniło. Podobało mi się to, że musiałem przy tym pokonywać ból. Podobało mi się zetknięcie ciała z metalem. Lubiłem biegać i pływać. Starałem się korzystać z wszelkich możliwych sposobów, żeby utrzymać formę.

Kiedy byłem dzieciakiem, to znałem tylko jeden taki sposób. Walcz. Atakuj. Chwyć. Wyrwij. Zaduś. A potem walcz, chwyć i duś jeszcze mocniej. Nigdy nie zastanawiałem się nad oddechem. Sporo czasu zajęło mi uzyskanie szerszej perspektywy, dzięki której człowiek pamięta o dawnych czasach, niczego nie żałuje i uświadamia sobie, że spędził przeszłość na prowincji. Greenville miało swoją własną kulturę. Tam marzyło się o tym, żeby poślubić ukochaną z dzieciństwa, przeprowadzić się do Charlotte, Charleston albo – jeśli miałeś szczęście – do Atlanty. Pójść na studia. Dostać pracę w biurze. Mieć dzieci. Przeżyć własną przeszłość. A na koniec zachorować na raka albo na cukrzycę. I umrzeć. Mroczne marzenia.

Owszem, pojawiały się promyki nadziei, jak Orlando Jones, który chodził do liceum Mauldin dziesięć lat przede mną, po czym wyjechał do Hollywood i został komikiem, zagrał w *Mad TV* i pisał scenariusze do serialu *Inny świat*. Wiedzieliśmy, że niektórzy bracia i siostry potrafili się stamtąd wyrwać. Ale co będzie z nami? My musimy starać się bardziej i bardziej, a potem jeszcze bardziej. Nie wolno nam przestać oddychać.

To kojarzy mi się z moją tyradą podczas wywiadu telewizyjnego z trenerem Johnem Thompsonem, kiedy opowiadałem, jak nienawidzę przegrywać. Przegrywanie było dla mnie jak klątwa. A lekarstwem na nią było tylko wygrywanie. Wygrywanie jest wspaniałe, a w zachodniej kulturze potrzebę zwycięstwa wpaja się nam od urodzenia. Ale żądza zwycięstwa, choć bardzo cenna, ma też drugą stronę – może stać się obsesją, wobec której nie liczy się nic innego. I ta chora obsesja może zniszczyć ci duszę. A kiedy tak się stanie, wygrywanie znów zmieni się w przegrywanie.

Dzięki jodze zrozumiałem, że umysł potrzebuje odpoczynku, a ciało ciągłej regulacji. Otworzyła mnie i zaskoczyła, bo mówiąc szczerze, wcześniej nie miałem nawet pojęcia o tym, że jestem zamknięty.

Youth. Młodość

Żadnych uprzedzeń pokoleniowych. Różne czasy, różne kultury, różni koszykarze. Gwiazdy, które grały przede mną, na zawsze pozostaną legendami. Podobnie jak ci, którzy grali razem ze mną. Może nawet większymi dla tych, którzy przyjdą potem. MJ był Doktorem J 2.0. LeBron był MJ-em 2.0. Giannis może się okazać LB 2.0. A Zion Williamson – Giannisem 2.0. A jakiś chłopak, który dopiero co się urodził, pewnego dnia stanie się Zionem 2.0.

I tak to się kręci. Więcej się uczymy, ciężej trenujemy, lepiej się odżywiamy, wymyślamy nowe akcje, znajdujemy sposoby na to, żeby móc grać dłużej. Doceniam tych młodych twardzieli. Wyczuwam ich głód. Świeża krew. Świeża energia. Liga rozwija się dzięki odnowie i nowym odkryciom. To forma sztuki, a sztuka bazuje na oryginalności. Uwielbiałem obserwować, jak sztuka zmienia się na moich oczach dzięki nowym zawodnikom, którzy dorastali w innych czasach i rozwijali się w inny sposób.

Z

Zero Fucks. Pierdolić / Zero tolerancji

Zero Fucks. Pierdolić

Pierdolić wszystko, co nie jest prawdą.
Chuj z ludźmi, którzy mnie nie lubią.
I chuj z tymi, którzy nie lubią mojej muzyki i moich playlist.

Gówno mnie obchodzą ci, którzy nie lubią moich butów.

I pierdolę, jeśli ktoś powie, że uczyłem się, naśladowałem i próbowałem ulepszyć akcje wszystkich – od Billa Waltona przez Patricka Ewinga, Chrisa Webbera, Arvydasa Sabonisa, Roberta Horry'ego aż po Billa Russella z jego umiejętnością blokowania rzutów. Przestudiowałem sposób gry wszystkich wysokich koszykarzy w NBA, od każdego czegoś się nauczyłem i próbowałem stworzyć ich wersję 2.0. Zrobiłem tak dlatego, że na tym właśnie polega kreatywność. Zrobiłem to z wdzięcznością dla wszystkich tych wspaniałych sportowców, których podróż mnie zainspirowała. Ale robiłem to, mając wszystko w dupie.

Mam cię w dupie, jeśli zaczynasz mnie oceniać. Może to zrobić jedynie Bóg Jehowa. Reszta z nas to ludzie, którzy powinni starać się otwierać serca i pogłębiać dusze.

Zero tolerancji

Dla nienawiści.
Dla rasizmu,

Dla seksizmu.

Dla ageizmu.

Dla jakiejkolwiek formy dyskryminacji.

Dla mięczaków, zrzęd i narzekaczy.

Dla tych, którzy nie próbują.

Dla tych, którzy zwalają winę na innych.

Dla tych bez charakteru.

Dla tych, którzy tłumią kreatywność.

Którejś nocy śniło mi się, że przyjechałem do amerykańskiego miasta i skierowano mnie do jakiegoś pokoju. W środku był Malcolm X i rozmawiał z Hueyem Newtonem*. Martin Luther King junior rozmawiał z Marcusem Garveyem**. Byli tam wszyscy ci wielcy ludzie. Wymieniali się pomysłami. I wszyscy mówili to samo: „Musimy wykorzystać swoje moce superbohaterów i rozpowszechnić je w całym kraju. Musimy zająć stanowisko, chronić i wspierać tych, którzy próbują ożyć, tych, którzy chcą po prostu przeżyć, dawać i brać, i otrzymywać sprawiedliwą zapłatę".

Musimy się tego trzymać i obudzić wszystkich, a zwłaszcza tych, którzy są zagubieni i szukają sposobów na to, żeby uratować życie. Musimy ich nakarmić. Musimy dostarczyć im pożywienia, które ożywi ich umysły, ciała i dusze.

I musimy zacząć już dzisiaj.

---

* Amerykański działacz społeczny, Afroamerykanin, jeden z założycieli ruchu Czarnych Panter.

** Ideolog czarnego nacjonalizmu, twórca ruchu społeczno-religijnego Rastafari.

PODZIĘKOWANIA

David Ritz pragnie podziękować Kevinowi za jego ogromne serce i pozytywnego ducha, Seanowi Manningowi za genialną redakcję, Davidowi Vigliano, wspaniałemu agentowi, Danielowi Vollowi, wspaniałemu przyjacielowi, Mike'owi Marangu, wspaniałemu koledze z drużyny. Dziękuję też mojej żonie Robercie, rodzinie, przyjaciołom i Bogu, który jest nieskończonym źródłem kreatywnej energii i bezgranicznej miłości.

Drodzy Czytelnicy,

dziękujemy za zakup naszej książki.
Jesteście czytelnikami *sine qua non*, warunkiem koniecznym istnienia dobrych książek, a Wydawnictwo SQN istnieje dzięki ludziom takim jak Wy. Mamy nadzieję, że wkrótce spotkamy się ponownie!

Ekipa Wydawnictwa SQN

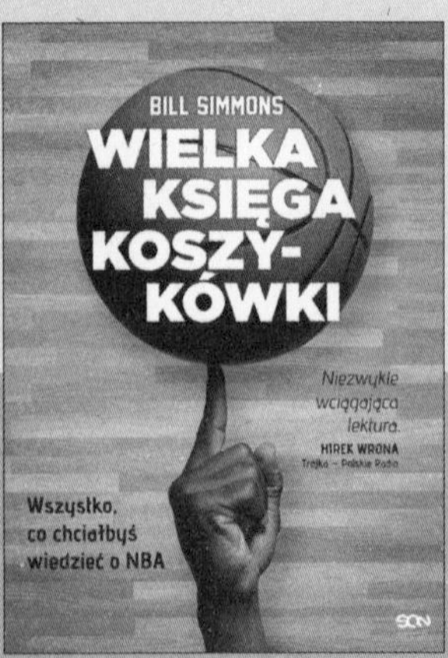

WYDAWNICTWO
SINE QUA NON

SQN STORE.PL labotiga.pl